项目管理
管理流程及方法

叶苏东◎编著

清华大学出版社
北京

内 容 简 介

本书在阐述项目管理基本概念的基础上，以项目管理流程为主线，阐述项目管理流程10个主要环节，并对每个环节所涉及的管理理念、方法、技术和工具进行了详细叙述，全面介绍了项目管理的内容和方法。

全书共分11章，内容包括项目管理概述、项目经理的任命、项目管理的规划、项目团队的建设、项目活动的定义、项目进度计划的制订、项目任务的分配、项目资源计划的制订、项目计划的优化、项目实施的控制、项目收尾的管理。

本书可以作为高等院校项目管理课程的教材或教学参考书，也可以作为项目管理培训教材，还可以供致力于项目管理实践的人员参考。

本书封面贴有清华大学出版社防伪标签，无标签者不得销售。
版权所有，侵权必究。举报：010-62782989，beiqinquan@tup.tsinghua.edu.cn。

图书在版编目(CIP)数据

项目管理：管理流程及方法 / 叶苏东编著. —北京：清华大学出版社，2019(2024.1重印)
(21世纪经济管理精品教材·管理科学与工程系列)
ISBN 978-7-302-51873-0

Ⅰ. ①项… Ⅱ. ①叶… Ⅲ. ①项目管理－高等学校－教材 Ⅳ. ①F224.5

中国版本图书馆CIP数据核字(2018)第285095号

责任编辑：张　伟
封面设计：李召霞
责任校对：宋玉莲
责任印制：丛怀宇

出版发行：清华大学出版社
　　　网　　址：https://www.tup.com.cn，https://www.wqxuetang.com
　　　地　　址：北京清华大学学研大厦A座　　邮　　编：100084
　　　社　总　机：010-83470000　　邮　　购：010-62786544
　　　投稿与读者服务：010-62776969，c-service@tup.tsinghua.edu.cn
　　　质量反馈：010-62772015，zhiliang@tup.tsinghua.edu.cn
　　　课件下载：https://www.tup.com.cn，010-83470158
印 装 者：天津鑫丰华印务有限公司
经　　销：全国新华书店
开　　本：185mm×260mm　　印　张：14.5　　字　数：327千字
版　　次：2019年2月第1版　　印　次：2024年1月第5次印刷
定　　价：44.00元

产品编号：062440-01

前 言

项目管理作为一门新兴管理学科,受到业界的广泛关注,并获得了广泛的应用。如何管理项目,成为项目管理领域的焦点,相关研究成果可谓汗牛充栋,有关书籍难以胜数。虽然项目管理的书很多,并且各具特色,但归纳起来分为三类:一是把项目管理分解为若干个知识领域,分别叙述如何管理每个知识领域,其典型代表是由项目管理协会(美国)编写的《项目管理知识体系指针》(简称 PMBOK);二是把项目管理分解为若干个管理要素和过程,提出基于过程的结构化的项目管理方法,如 PRINCE2 把项目管理归纳为 7 类管理要素和 7 个管理过程;三是把项目管理映射到项目经理的能力要求上,分析项目经理应具备哪些能力,其典型代表是国际项目管理协会的 ICB4.0(项目、项目集和项目组合管理的个人能力基线)。有的作者根据项目的生命周期来编排,克莱门斯和吉多编著的《成功的项目管理》就是其中的代表之一。

作为项目经理,怎样才能高效地管理一个项目?孙子说,"知彼知己,百战不殆"。"知彼"就是要了解我们的管理对象,即了解项目特点、项目过程、项目管理特性等;"知己"就是要了解我们自己,即了解项目经理的职责、职权和能力要求,以及项目团队建设。"知彼知己"只是必要条件,而不是充分条件,项目的成功还需要掌握必要的项目管理方法和工具,解决如何"作战"的问题。本着这一思想,本书共分 11 章,具体内容如下。

第 1 章为项目管理概述,首先对项目进行定义,并分析项目的特性、项目生命期的阶段划分,目的是让读者充分了解被管理的对象,是"知彼";其次,简要介绍项目的实施主体,目的是让读者对项目团队有一个初步认识,是"知己";最后,对项目管理进行定义,并简述项目管理的途径、主要内容、主要过程,以及项目管理的基本流程,目的是让读者初步了解怎样去管理项目,是"百战"。

第 2 章为项目经理的任命。俗话说"蛇无头不行",项目的实施需要一个负责人,这个人就是项目经理。本章分析了项目经理在项目实施机构中的地位与角色;项目经理的职责、权力以及能力要求,如计划与决策能力、组织与协调能力、领导与管控能力、沟通与交际能力等;项目经理的素质要求。

第 3 章为项目管理的规划。凡事预则立,不预则废。就项目管理而言,项目管理的第一要务就是制定项目管理规划。本章内容包括确定项目的管理目标以及项目管理目标的优先顺序和评价标准,简述项目章程的基本作用、编制依据、主要内容。

第 4 章为项目团队的建设。俗话说"鸟无翼不飓",只有项目经理不足以完成项目,还需要建设项目团队。本章描述如何根据项目特征组建项目执行团队,高效团队的特征,成功项目团队的关键要素,以及激励过程和机理。

第5章为项目活动的定义。老子说："为大于细,图难于易。"要实现项目目标,不但要明确要做什么(项目范围),还要对项目进行分解(WBS),以便估计项目活动工期、预测资源需求、估算项目成本,进行任务分工。本章介绍了项目活动定义的依据、工具与技术,详细叙述了工作分解结构的基本概念、分解原则、分解方法、创建过程、主要作用和拓展应用,以及项目活动定义的成果。

第6章为项目进度计划的制订。进度管理是项目管理的核心,本章重点阐述项目进度计划的制订过程,如项目活动工期的估算、项目活动顺序的安排、项目进度计划的表达;以及项目进度计划网络分析,如进度计划网络分析的主要时间参数、双代号网络分析和单代号网络分析。

第7章为项目任务的分配。本章概述了项目任务分配的原则、依据和过程,叙述了如何构建责任分配矩阵(RAM),如责任分配矩阵的主要形式、创建过程以及主要作用。

第8章为项目资源计划的制订。在成本管理中,重点阐述项目资源计划编制依据、编制工具及编制结果,分析了项目的采购计划中的采购分类、采购决策、采购方式和合同类型,简述了项目成本计划的编制和项目费用估算方法。

第9章为项目计划的优化。本章介绍了如何编制资源平衡的进度计划和资源受限的进度计划,如何进行项目成本与进度的优化,如项目工期的压缩和成本与进度优化方法。

第10章为项目实施的控制。项目实施的控制包括项目范围的控制、项目进度的控制、项目成本的控制、项目质量的控制和项目风险的控制。本章叙述控制流程之后,介绍了控制依据和控制方法。

第11章为项目收尾的管理。本章简述了两种项目收尾,即项目合同收尾和行政管理收尾,以及二者之间的关系;介绍了项目管理胜任力评价模型、项目管理成熟度评价模型和项目绩效的评价方法,并分析了项目成功要素。

现代项目管理起源于西方,主要的管理方法和工具也由西方的学者提出。中国古代也有许多管理思想和理念,这些管理思想和理念与许多现代的项目管理思想和理念是相通的。本书在阐述当代项目管理的思想和理念时,结合中国的管理智慧加以叙述。

本书以项目管理流程为主线,涵盖了PMBOK的基本内容,不仅有利于教师进行项目管理教学,还有利于学生自学。

叶苏东
2018年7月1日

目 录

第1章 项目管理概述 ... 1

1.1 项目及其特征 ... 1
- 1.1.1 项目定义 ... 1
- 1.1.2 项目特征 ... 2
- 1.1.3 项目分类 ... 6
- 1.1.4 项目生命周期 ... 11
- 1.1.5 项目管理环境 ... 16

1.2 项目实施主体 ... 17
- 1.2.1 项目团队 ... 17
- 1.2.2 项目团队生命周期 ... 22

1.3 项目管理方法 ... 25
- 1.3.1 项目管理的定义 ... 25
- 1.3.2 项目管理的途径 ... 26
- 1.3.3 项目管理的主要内容 ... 29
- 1.3.4 项目管理的主要过程 ... 30
- 1.3.5 项目管理的基本流程 ... 30
- 1.3.6 项目管理的辅助工具 ... 32

思考题 ... 33

第2章 项目经理的任命 ... 34

2.1 项目经理的地位与角色 ... 34
- 2.1.1 项目经理在组织结构中的地位 ... 34
- 2.1.2 项目经理承担的角色 ... 37
- 2.1.3 项目经理任命流程 ... 38

2.2 项目经理的职责与权力 ... 40
- 2.2.1 项目经理的主要职责 ... 40
- 2.2.2 项目经理的主要权力 ... 43

2.3 项目经理的能力要求 ... 45
- 2.3.1 项目经理的胜任力模型 ... 45
- 2.3.2 项目经理的计划与决策能力 ... 48

2.3.3　项目经理的组织与协调能力 ……………………………………… 49
　　　2.3.4　项目经理的领导与管控能力 ……………………………………… 51
　　　2.3.5　项目经理的沟通与交际能力 ……………………………………… 53
　　　2.3.6　项目经理的基本素质 ………………………………………………… 55
　　　2.3.7　项目经理胜任力要求的变化 ……………………………………… 57
　思考题 …………………………………………………………………………………… 59

第3章　项目管理的规划 …………………………………………………………… 60

3.1　项目管理规划概述 …………………………………………………………… 60
　　　3.1.1　项目管理规划的含义 ………………………………………………… 60
　　　3.1.2　项目管理规划的编制 ………………………………………………… 61
3.2　项目管理目标的确定 …………………………………………………………… 63
　　　3.2.1　项目管理的基本目标 ………………………………………………… 63
　　　3.2.2　项目管理目标的优先顺序 …………………………………………… 65
　　　3.2.3　项目管理目标的评价标准 …………………………………………… 68
　　　3.2.4　项目管理目标的主要作用 …………………………………………… 70
3.3　项目章程的制定 ………………………………………………………………… 70
　　　3.3.1　项目章程的基本作用 ………………………………………………… 71
　　　3.3.2　项目章程的编制依据 ………………………………………………… 71
　　　3.3.3　项目章程的主要内容 ………………………………………………… 72
　思考题 …………………………………………………………………………………… 76

第4章　项目团队的建设 …………………………………………………………… 78

4.1　项目团队的组建原则和流程 …………………………………………………… 78
　　　4.1.1　项目团队的组建原则 ………………………………………………… 78
　　　4.1.2　项目团队的组建流程 ………………………………………………… 80
4.2　项目团队绩效的提升 …………………………………………………………… 83
　　　4.2.1　高效项目团队的主要特点 …………………………………………… 84
　　　4.2.2　成功项目团队的关键要素 …………………………………………… 84
4.3　项目团队的激励 ………………………………………………………………… 88
　　　4.3.1　激励过程 ……………………………………………………………… 88
　　　4.3.2　激励机理 ……………………………………………………………… 89
　思考题 …………………………………………………………………………………… 92

第5章　项目活动的定义 …………………………………………………………… 93

5.1　项目活动定义概述 ……………………………………………………………… 93
　　　5.1.1　项目活动定义的依据 ………………………………………………… 93
　　　5.1.2　项目活动定义的工具与技术 ………………………………………… 94

5.2 项目工作分解结构 ··· 95
   5.2.1 工作分解结构的基本概念 ··· 96
   5.2.2 工作分解结构的分解原则 ··· 96
   5.2.3 工作分解结构的分解方法 ··· 99
   5.2.4 工作分解结构的创建过程 ·· 101
   5.2.5 工作分解结构的主要作用 ·· 103
   5.2.6 工作分解结构方法的拓展应用 ·· 108
5.3 项目活动定义的成果 ··· 110
   5.3.1 项目活动清单 ·· 110
   5.3.2 项目活动属性 ·· 110
思考题 ·· 112

第6章 项目进度计划的制订   113

6.1 项目进度计划概述 ·· 113
   6.1.1 项目进度计划的概念 ··· 113
   6.1.2 项目进度计划的作用 ··· 114
6.2 项目进度计划的制订过程 ··· 114
   6.2.1 项目活动工期的估算 ··· 114
   6.2.2 项目活动顺序的安排 ··· 116
   6.2.3 项目进度计划的表达 ··· 116
   6.2.4 项目进度计划的层级 ··· 121
6.3 项目进度计划网络分析 ·· 123
   6.3.1 项目进度计划网络分析的主要时间参数 ··································· 123
   6.3.2 双代号网络分析 ·· 128
   6.3.3 单代号网络分析 ·· 130
思考题 ·· 131

第7章 项目任务的分配   134

7.1 项目任务分配概述 ·· 134
   7.1.1 项目任务分配的原则 ··· 134
   7.1.2 项目任务分配的依据 ··· 138
   7.1.3 项目任务分配的过程 ··· 138
7.2 责任分配矩阵的构建 ··· 142
   7.2.1 责任分配矩阵的主要形式 ·· 142
   7.2.2 责任分配矩阵的创建过程 ·· 143
   7.2.3 责任分配矩阵的主要作用 ·· 145
思考题 ·· 146

第8章 项目资源计划的制订 147

8.1 项目资源计划概述 147
8.1.1 项目资源计划的编制依据 147
8.1.2 项目资源计划的编制工具 149
8.1.3 项目资源计划的编制结果 151

8.2 项目的采购计划 151
8.2.1 项目采购分类 152
8.2.2 项目采购决策 152
8.2.3 项目采购方式 156
8.2.4 合同类型 158

8.3 项目的成本计划 162
8.3.1 项目成本计划的编制 162
8.3.2 项目成本估算 163
8.3.3 项目成本预算 164

思考题 165

第9章 项目计划的优化 166

9.1 项目计划优化概述 166
9.2 项目资源与进度的优化 167
9.2.1 资源均衡的进度计划 168
9.2.2 资源受限的进度计划 171

9.3 项目成本与进度的优化 174
9.3.1 项目工期的压缩 176
9.3.2 进度—成本优化方法 181

思考题 183

第10章 项目实施的控制 185

10.1 项目实施控制概述 185
10.2 项目范围控制 186
10.3 项目进度控制 186
10.3.1 项目进度控制依据 187
10.3.2 项目进度控制方法 187

10.4 项目成本控制 189
10.4.1 项目成本控制依据 190
10.4.2 项目成本控制方法 191

10.5 项目质量控制 194
10.5.1 项目质量控制过程 194

    10.5.2 项目质量控制依据 ·· 195
    10.5.3 项目质量控制方法 ·· 196
  10.6 项目风险控制 ··· 199
    10.6.1 项目风险的发生过程 ·· 200
    10.6.2 项目风险的管理原则 ·· 201
    10.6.3 项目风险的控制措施 ·· 201
  思考题 ··· 202

第 11 章 项目收尾的管理 ·· 204

  11.1 项目收尾管理概述 ··· 204
    11.1.1 项目合同收尾 ·· 204
    11.1.2 项目行政收尾 ·· 205
    11.1.3 项目合同收尾与项目行政收尾的关系 ································ 205
  11.2 项目管理后评价 ·· 205
    11.2.1 项目管理胜任力评价 ·· 206
    11.2.2 项目管理成熟度评价 ·· 210
    11.2.3 项目绩效评价 ·· 214
    11.2.4 项目管理后评价的意义 ··· 218
  11.3 项目成功要素分析 ··· 218
  思考题 ··· 219

第 1 章

项目管理概述

"知彼知己,百战不殆"是《孙子兵法》中的名言,不但将军和元帅奉为圭臬,就是公司的经理和总裁也深信不疑。"知彼知己,百战不殆"的理念不但适用于竞争场合,如国家间的战争、企业间的商业竞争;也适用于需要合作的场合,如合作协商、合同谈判;还适用于非竞争场合,如项目的实施、企业运作等。

作为管理人员,不但要认识被管理的对象(知彼),而且要认识管理主体本身(知己),为实现管理目标奠定基础。作为项目经理,不但要认识项目(知彼),而且要认识项目团队(知己),从而为实现项目目标奠定基础。"知彼知己"只是必要条件,而不是充分条件,要高效地实现项目目标,还需要掌握必要的项目管理方法和工具("战"的方法和技巧)。因此,在项目实施过程中,项目经理需要做 3 个方面的事情:一是要"知彼";二是要"知己";三是会"百战"。"知彼"就是要了解项目特点、项目过程、项目环境等;"知己"就是要了解项目经理的职责、职权和能力要求,了解项目团队和项目干系人;"百战"就是要掌握项目管理的流程、方法和工具。

1.1 项目及其特征

根据"知彼知己,百战不殆"的理念,要管好项目就必须了解项目:项目是什么?项目有哪些特征?项目有哪些类型?项目生命周期有哪些阶段?项目有什么样的环境?等等。

1.1.1 项目定义

什么是项目?虽然没有统一的定义,但不同的项目定义所反映的项目本质基本相同。下面是几个比较典型的项目定义。

美国项目管理协会(Project Management Institute,PMI)认为项目是为创造独特产品、服务或成果而进行的临时性工作。该定义中,"独特"是指一个项目所形成的产品或服务在某方面不同于其他的产品和服务;"临时性"是指每一个项目在时间上都有明确的起点和终点,但并意味着项目的持续时间就一定短。

国际项目管理协会(International Project Management Association,IPMA)把项目定义为"在事先确定的要求和约束条件下,为实现约定的交付品所做的独特的、临时的、多种专业的、组织在一起的努力"。该定义指出完成交付品的活动是在约束条件下进行的,是独特的,是临时的。需要说明的是,虽然多数项目涉及多个专业,但并不是所有的项目都如此。

国际标准化组织(International Organization for Standardization,ISO)从项目过程的角度把项目定义为一组独特的过程,这些过程是由具有起止时间、相互协调和控制的、实现项目目标所必需的活动所组成的。ISO认为实现项目目标需要提供符合特定要求的交付物。该定义认为项目是由过程组成的,而过程是由活动组成的。

英国商务部的 PRINCE2(PRojects IN Controlled Environments,受控环境中的项目)认为项目是"为了按照商业论证的约定交付业务产品而组建的一个临时组织"。从系统理论的角度把项目看作为了实现一个目标把人员、设备、材料及设施组织起来并加以管理的系统。认为项目是一系列独特而又相互关联的任务,应该系统地考虑才能有效利用资源。因此,其把项目定义为为了在规定的时间、成本和性能参数内实现特定的目标,由个人或团队进行的一组独特的、有明确的起点和终点的、相互协调的活动。

德国标准 DIN69901 直接根据项目的特征对项目进行定义,认为项目是指在总体上符合如下条件的唯一性任务:具有预定的目标,具有时间、财务、人力和其他限制条件,具有专门的组织。该定义体现了项目的主要特征,其中,预定的目标是指根据某种技术规格制订的目标,时间限制条件是指有确定的开始和结束日期,财务、人力和其他限制条件是指对资源消耗的限制,专门的组织是指项目团队。

上述项目定义虽然文字表达有所不同,但实质是相同的,都反映了项目的基本特征:项目是一项独一无二的任务,在一定的约束条件下(主要是指限定时间、限定资源),为实现特定的预期目标而进行的一系列相关工作的总称。但是,从这些定义中看不出,项目涉及多少人,有多大规模,需要多长时间来完成。因此,项目定义有3点需要进一步说明。

(1) 项目是由一系列活动组成的任务。项目侧重于实现某一产品、服务或成果的过程。尽管项目的结果可能是某种产品,但产品本身不等于项目。例如,一条高速公路的建设过程是项目,但建成后的高速公路本身不是项目,而是项目的结果,是一项设施。又如,开发一款新车的一系列研究设计和样车生产等活动是项目,而样车是该项目的结果,是一个产品。

(2) 项目定义不涉及项目规模的大小。项目可能很小,投资不超过万元;也可能很大,投资上万亿元;项目可能在一个组织机构内就可以完成,甚至只需一人就能完成;也可能需要多个,甚至上万个组织机构的几十万人的共同努力才能完成。例如,一个人的学位论文是由个人完成的,而美国的阿波罗登月项目在项目高峰时期,参加项目的组织机构有2万余家企业、200多所大学和80多个科研机构,总人数超过30万。

(3) 项目定义强调了时间限制,但没有定义时间的长短。有的项目在很短时间(如几天时间甚至几小时)内就可以完成,有的则需要很长时间(如几年甚至几十年)才能够完成。例如,一次郊游从策划到实施可能只用了一两天时间,而英法海底隧道项目从提出设想到最终完成将近 200 年。

1.1.2 项目特征

一提起项目,人们就会想到古代的中国万里长城和埃及金字塔,就会想到近代的美国的阿波罗登月、巴西的伊泰普水电站、英法海底隧道、中国的三峡水电站……这种例子不胜枚举,但一般不会把产品批量生产、电厂运行、酒店经营、超市运作等活动看作项目。为什么上述工程被看作"项目",而产品批量生产、电厂运行、酒店经营、超市运作等其他的活动不是项目呢?项目的定义是由对现实中的项目进行概括总结而成的,要想了解现实中哪些是项目,哪些不是项目,就需要了解项目有哪些特征。下面以三峡工程为例,看一看项目具有哪些特征。

三峡工程,又称三峡大坝或三峡水电站,位于湖北省宜昌市长江上游不远处的三斗坪,是一个除了发电以外还具有航运、养殖、防洪、供水等功能的综合水利枢纽工程。在长江三峡建造大坝的设想可追溯至1919年。孙中山先生在1919年出版的《建国方略》一书中认为长江"自宜昌以上……当以水闸堰其水,使舟得溯流以行,而又可资其水利"。20世纪40年代中期,国民政府与美国垦务局签约,准备利用美国资金在长江三峡建设水电站,但因内战而未能实施。毛泽东在1956年发表的《水调歌头·游泳》词中用"更立西江石壁,截断巫山云雨,高峡出平湖"的词句表示出建设三峡工程的设想,并指定由当时国务院总理周恩来督办。1983年水利电力部提交了工程可行性研究报告,并着手进行前期准备。1984年国务院批准了这份可行性研究报告,但由于存在移民搬迁、泥沙淤积、国防安全等问题,遭到许多政协委员的强烈反对。为此,国务院又召集400多位专业人士,分14个专题对三峡工程进行全面重新论证。1992年三峡水电站获得中国全国人民代表大会批准建设,标志着三峡工程正式进入建设期。在全国人民代表大会通过兴建三峡工程的议案后,1993年,国务院设立了三峡工程建设委员会,为工程的最高决策机构,由国务院总理兼任委员会主任。1993年9月27日,中国长江三峡工程开发总公司成立,作为三峡工程的业主单位。1994年12月14日举行了开工典礼,宣告三峡工程正式开工。

三峡水电站的总体建设方案是"一级开发,一次建成,分期蓄水,陆续移民"。工程共分三期进行,总计约需17年。一期工程从1993年初开始至1997年底完工,目标是实现大江截流。二期工程从大江截流后的1998年开始至2003年11月首批4台机组全部并网发电,主要任务是在大江河段浇筑土石围堰,开工建设泄洪坝段、左岸大坝、左岸电厂和永久船闸。三期工程从2002年11月6日实现导流明渠截流后开始至2009年全部工程完工,主要任务是加高右岸的土石围堰,并在其保护下修建右岸大坝、右岸电站和地下电站、电源电站,同时继续安装左岸电站,将临时船闸改建为泄沙通道。全部完工后的三峡水电站,坝高185米,蓄水高175米,水库长600余公里,安装32台单机容量为70万千瓦的水电机组,是全世界最大的(装机容量)水力发电站。整个工程的土石方挖填量约1.34亿立方米,混凝土浇筑量约2 800万立方米,耗用钢材59.3万吨。

整个项目的预测静态总投资为900亿元人民币(1993年5月末价格),其中工程投资500亿元,移民安置400亿元;预测的动态总投资将为2 039亿元,实际总投资约1 800亿元。主要资金来源为三峡工程建设基金(电费附加费)。1994年起,葛洲坝水电站的利润也被直接转为三峡建设资金。2002年成立中国长江电力股份有限公司(中国长江三峡工程开发总公司的子公司之一),掌管葛洲坝和三峡的所有发电资产。该公司2003年在上海证券交易所公开发行股票上市,其募集的资金和此后获得的发电利润也成为三峡建设资金的重要来源。此外,中国长江三峡工程开发总公司(注:2009年9月27日更名为中国长江三峡集团公司)还发行了数期国内债券募集资金。

三峡工程在建设中全面实行项目法人负责制、招标投标制、建设工程监理制、合同管理制等制度,以确保工程质量。为了实现竞争,还把主要建设项目拆成单项进行招标。三峡工程的业主是中国长江三峡工程开发总公司,设计单位和主要监理单位都是水利部长江水利委员会。主要施工单位有中国葛洲坝集团公司(葛洲坝股份有限公司)、中国安能建设总公司(中国人民武装警察部队水电部队)、中国水利水电第四工程局(联营体)、中国水利水电第八工程局(联营体)、中国水利水电第十四工程局(联营体)等。机组设备主要由德国伏伊特(VOITH)公司、美国通用电气(GE)公司、德国西门子(SIEMENS)公司组成的 VGS 联营体和法国阿尔斯通(ALSTOM)公司、瑞士 ABB 公司组成的 ALSTOM 联营休提供。三峡水电站的输变电系统由中国国家电网公司负责建设和管理。

　　由三峡水电站所涉及的活动可以看出,项目具有 5 大特征:特定的目标、一次性任务、有限的时间、阶段渐进性、不确定因素。

1. 特定的目标

　　每个项目都具有确定的目标。项目的结果可能是一种期望的产品,也可能是一种所希望得到的服务,通常采用时间(或工期)、成本和技术性能(或绩效)要求来定义。时间(或工期)指活动是否符合进度表和最终期限的要求,成本指资源支出的费用及其与项目预算比较的结果,技术性能(或绩效)是指对项目产出所规定的说明和要求(如飞行器的速度和射程、消费者对一种新产品的需求)以及与目标相比怎么样。例如,三峡工程的目标是在 17 年内,投资 2 039 亿元,建设一座 185 米高的大坝及其相关的发电、通航等设施。值得注意的是,在项目的具体实施中,外部和内部因素总是会发生一些变化。当项目目标发生实质性变动时,它就不再是原来的项目了,而是一个新的项目,因此说项目的目标是特定的。

2. 一次性任务

　　每一个项目都是唯一的(或独一无二的),因为它需要做一些与以前不一样的事情。例如,三峡工程是世界上独一无二的,既不是利用已有的设计图纸进行施工,也不是模仿某个工程进行设计施工,而是完全根据三峡工程的具体情况和预定的目标进行设计施工建设的。在"常规的"项目中,如房屋的建造,即使最终可交付物相同,但因为地点和时间点的不同,建造同样的一栋房屋也具有许多独特的地方。因此,项目是个一次性的任务,永远不会被完全一样地重复一遍。例如,由于三峡水电站所在的地理位置,该工程不可能重复。即使拆掉在原地重建,但时间点不同,项目环境不同,如法律、劳动力市场、材料供应市场、公共服务等都发生了变化,使重建成为另外一个项目,而不是重复原来的项目。因此,项目具有一次性或单件性。但值得注意的是,整体的一次性并不否定局部的重复性。例如,在许多采用模块化设计项目中,有些模块是重复的;在土建项目中,有些工序是重复的。

　　项目的一次性是项目与日常运作的重要区别之一。日常运营工作通常是不断重复、周而复始的,所以日常运营中的工作基本上是重复进行的常规作业;而项目通常是一次性的工作,每个项目都独具特色,所以项目中存在较多创新性、一次性的工作或活动。

3. 有限的时间

　　项目是在有限的时间内完成的活动。换句话说,项目是一项有时限的活动,这一时限表现为项目生命周期。人员、材料以及设备被组织起来去实现一个目标,通常是在一个安排好的时间范围内;一旦目标实现,组织就被解散或者被重新配置起来开始为另一个新目标工作。例如,为了三峡水电站的建设,专门成立了中国长江三峡工程开发总公司,其主要任务是完成三峡大坝的建设;项目完工后,该公司的主要任务转变为电厂的运行维护。

项目的时限性也是项目与日常运作的重要区别之一。日常运营工作是持续性的活动,只要该活动能够带来利润,就一直持续下去;而项目是一项有时限的活动,一旦实现了项目预定目标,活动就结束。

4. 阶段渐进性

一般把从提出项目概念至项目目标实现的过程(项目生命周期)分为若干个前后接续的项目阶段,依次实施,逐渐实现项目目标。为了便于管理和控制项目风险,每个项目阶段都有预期的可交付成果(一种可见的、能够验证的工作结果或产出物),每个阶段末都进行评审:一是评价本阶段的绩效;二是决定是否要继续。例如,一个工程建设项目通常划分成可行性研究阶段、勘察设计阶段、工程施工阶段和交付使用阶段。可行性研究阶段的可交付成果是项目可行性研究报告,根据可行性研究报告的结果决定是否要继续;勘察设计阶段的可交付成果是项目设计方案,根据设计结果进行施工;工程施工阶段的可交付成果是完成的工程设施和项目竣工验收报告,根据竣工验收报告决定是否投入使用。将一个项目分解成若干个前后接续的项目阶段进行依次实施说明项目具有渐进性。

5. 不确定因素

项目实现过程中(尤其是在决策阶段)存在不确定因素。在项目的具体实施中,外部和内部因素总是会发生一些变化。假如一个项目与先前做过的不一样,那它就具有不熟悉性。项目可能包含一些新技术,同时,对于承担项目的组织来说,可能会遇到大量的不确定性和风险因素,需要特别详细地审查和仔细地研究,因为失败有可能对组织或者组织的目标造成威胁。例如,三峡水电站项目从提出设想到批准立项,相隔70余年,在此期间做了大量的研究和试验。在实施过程中,也有许多不熟悉的地方,特别是截江断流工作。

项目的不确定性是项目与日常运作的重要区别之一。日常运作是在相对确定的条件下进行的,在不断重复的作业过程中,许多不确定性因素逐步得以消除,所以运营中的不确定性较低(主要是不可控的环境因素);而项目工作的一次性和独特性使人们很难全面预测其未来和发展,项目计划也是在一定的假设条件下制订的,所以项目的不确定性较高,除了不可控的环境因素外,本身也存在一些不确定因素。

了解项目的主要特征之后,就可以判断哪些任务属于项目,哪些任务不属于项目。一般而言,具有上述特征的任务与活动都是项目,没有上述特征的任务与活动就不是项目。值得注意的是,把任务分为"项目"和"日常运作"的二分法并不严密。现实中的任务并不是非此即彼,有些工作或活动介于二者之间,既可以看作日常运作,也可以看作项目。例如,新产品开发具有项目的一切特征,是一个典型的项目;新产品开发完成后进行的大批量生产则是日常运作;但是,新产品的试生产则是介于二者之间,具有部分项目的特点,也具有部分运作的特点。

1.1.3　项目分类

每个项目都是独特的、彼此不同的或至少是不完全相同的,其主要差异表现在下述一个或多个方面:可交付成果的不同,利益相关者的影响不同,所需资源不同,约束条件不同,所用方法不同,等等。但是,如果过分地强调项目的独特性而忽略其相似性,则不利于项目管理经验的学习和传承,不利于推行项目管理标准化。因此,最好的方法是根据项目之间的相似性,把具有某些共同点或相似特征的项目归属于一个不确定集合(项目分类),从而对项目的特性有更为深入的了解和认识。

世界上的事物如此多样,要一件一件地认识它们,是多么的艰难啊!分类方法就是认识纷繁复杂的世界的一种工具,使表面上杂乱无章的世界变得条理清晰。由于事物的属性是多方面的,分类的方法也是多样的。

勒内·笛卡儿(Rene Descarte)认为,分类是使事物(研究对象)条理化的方法,应将试图解决的问题尽可能按便于解决的原则划分为多个问题。在项目管理中,除了工程项目、商业项目、科研项目等分类之外,还可以根据项目某些特性来定义项目的类型,如根据项目的复杂度进行分类,根据项目的效益进行分类,根据项目的主要特征进行分类,等等。不同的分类有不同的作用,在不同的情况下,可以采用不同的分类方法。

1. 基于项目复杂度的项目分类

项目可以用项目的组织复杂度和技术复杂度两个关键变量来进行分类,目的是选择合适的项目经理。采用二分法把项目组织分为简单组织与复杂组织,把项目所需要的技术分为简单技术与复杂技术,从而把项目分为4类:简单任务型项目、技术复杂型项目、组织复杂型项目、关键任务型项目,如表1-1所示。

表1-1　基于项目复杂程度的项目分类

技术复杂程度	组织复杂程度	
	简单	复杂
简单	简单任务型项目	组织复杂型项目
复杂	技术复杂型项目	关键任务型项目

1) 简单任务型项目

简单任务型项目的特点是项目所需的技术简单、组织结构简单。简单任务型项目一般采用验证过的技术,所有项目任务都是已知的、能够被充分理解的;项目团队的组织结构比较简单,涉及不同利益的机构比较少,团队中利益冲突少,协调工作少。这种项目没有什么未解决的技术问题,任务分工明确,大部团队成员的工作相对独立,协调容易。例如,给某公司安装计算机网络系统是个简单任务型项目,在以前可能已经做过几次,可以采用详细定义过的模板和规程去实施。

接受简单任务型项目对初涉项目管理的项目经理来说是一个好的起点。他应该在其他类似项目中做过项目管理工作,同时也愿意接受有更多机会和责任的任务。他在全面负责项目管理方面可能经验不足,所以需要在计划和控制上接受一些正规的培训。

2) 技术复杂型项目

技术复杂型项目的特点是项目团队的组织结构比较简单,但项目所需要的技术对项目团队来说比较新,或者是以一种创新的方法来使用旧技术。不管是哪种情况,都会出现技术问题。归于这个类别的项目除了解决项目难题所需的技术之外,可能还需要相当大的创造性。例如,一个变换新网络结构的项目就属于这一类别。因为结构是新的,技术支持人员的能力和经验就有局限性,所以就有可能出现问题和意外。

在技术复杂型项目中,项目经理如果想成功地管理此项目,那么还需要有专业的技术知识来管理那个技术领域中的专业人员。他可能会做一些技术工作,但更多的是去管理他人。项目经理接受任务更多的是基于他在解决问题和创造性上的能力而不是他的技术权威。

3) 组织复杂型项目

虽然项目只采用验证过的技术,但如果项目的范围涵盖整个机构甚至多家机构,那么就可以把它归类为组织复杂型项目。如果项目可交付成果要在许多意见各异的经理中实施,那么就会出现问题。例如,某个公司收购另外一个公司并将其信息系统并入自己的系统中,这就是一个组织复杂型项目。公司之间在商业规则、数据库、软件结构等多方面的差异就会显现出来,并需要得到解决。

成功地管理过简单型项目并拥有良好的人际交往能力的项目经理,很适合管理组织复杂型项目。他会极大地利用其个人领导能力,并希望出现挑战情形,使自己的外交、人际、冲突管理和协调等方面的技能有用武之地。

4) 关键任务型项目

关键任务型项目同时具有技术复杂型项目和组织复杂型项目的所有特点。例如,某传统形式的零售商店向单纯的网上零售的转变属于关键任务型项目,对于该零售商店来说,不但技术复杂,而且涉及整个机构的变革。一家超市增加电子商务网站也属于关键任务型项目。

高层级的项目经理和大型项目的经理适合于管理这类项目。在关键任务型项目中,项目的成功更多的是依靠经理通用的业务和管理技能,而不是依靠他们任一方面的技术能力。这些经理在项目中可能不做具体工作,同时在大型项目中还会有作为团队一分子的下级经理向他们负责。

2. 基于项目效益的项目分类

项目可以根据其效益分类,目的是选择投资策略。项目效益可以分为财务经济效益(盈利性)和社会经济效益。根据项目的财务经济效益,项目可分为盈利项目(项目收益足以回收投资并能获得一定的利润)和亏损项目(项目收益不足以回收投资);根据项目的社会经济效益的大小,项目可分为社会经济效益高的项目和社会经济效益低的项目。上述两种因素结合起来,形成4种类型的项目,即优质项目、商业项目、公益项目和垃圾项目,如表1-2所示。

表 1-2 基于项目效益的项目分类

财务经济效益	社会经济效益	
	低	高
低	垃圾项目	公益项目
高	商业项目	优质项目

1) 优质项目

如果项目既有良好的财务经济效益又有良好的社会经济效益,则这种项目可以视为优质项目。例如,连接两大城市之间的收费公路,它不但为两城市提供了快捷的运输通道,而且具有良好的财务经济效益。这种项目既可以采用"贷款修路,收费还贷"策略,由政府投资修建,也可以采用"建设—运营—移交"策略由私营企业投资修建。

2) 商业项目

如果项目有良好的财务经济效益但社会经济效益不佳,则这种项目可以视为商业项目。普通商品的开发与生产等盈利性项目都属于商业项目,如商用计算机的开发与生产、管理咨询公司的咨询服务项目等。这类项目不需要特许经营许可,可以由私营企业投资实施。

3) 公益项目

如果项目有良好的社会经济效益但没有财务经济效益,则这种项目可以视为公益项目。例如,希望工程小学的捐助项目、非营利性的基础设施建设项目等。由于营利企业以盈利为目的,一般不会投资这类项目。因此,需要政府的投资和支持才有可能实施。

4) 垃圾项目

如果项目既没有财务经济效益又没有社会经济效益,则这种项目可以视为垃圾项目。除了个别人因为个人的业余爱好外,没有人愿意投资这类项目。

值得注意的是,把项目按财务经济效益和社会经济效益分为优质项目、商业项目、公益项目和垃圾项目4类,其投资决策相对比较容易。但是,现实中的项目不能用简单的二分法,有中间状态,而决策的难点就在于如何看待这些中间状态,即当项目的财务效益和社会经济效益均为中偏下时,如何决策。

3. 基于项目特征的项目分类

每个项目都有自己的特征,如投资规模有大有小,工期有长有短,风险有高有低,所需技术有难有易,所涉及的部门有多有少,等等。这些特征都可以用来对项目进行分类,如根据投资规模可以把项目分为大型项目、中型项目和小型项目3类。项目还可以根据多个关键变量进行分类,表1-3就是一个基于多个项目特征分类的示例。

表1-3中,根据项目特征,把项目分为 A、B、C、D 4类。A 类型项目要求最高,需要大型项目经理级别的人员担任项目经理;B 类型项目要求次之,需要高级项目经理级别以上的人员担任项目经理;C 类型项目要求又次之,需要项目经理级别以上的人员担任项目经理;D 类型项目要求最低,需要项目经理助理级别以上的人员担任项目管理工作。

表 1-3 基于多个项目特征分类的示例

项目类型	工期/月	风险程度	复杂程度	所用技术	出问题的可能性
A	>18	高	高	突破性的	肯定会出现问题
B	9~18	中	中	通用的	很可能出现问题
C	3~9	低	低	最佳的	有可能出现问题
D	<3	很低	很低	实用性的	不太会出现问题

4．基于项目目标与方法的项目分类

根据项目目标是否明确，实现项目目标方法是否已知，可形成 4 种类型的项目，即目标明确—方法明确的项目、目标明确—方法不明确的项目、目标不明确—方法明确的项目、目标不明确—方法不明确的项目，如表 1-4 所示。

表 1-4 基于项目目标与方法的项目分类

实现目标的方法	项目目标	
	明确	不明确
明确	工程项目	系统开发项目
不明确	产品研发项目	科研项目

1）目标明确—方法明确的项目

这类项目的目标明确，如何实现目标的方法也非常明确，即利用明确的方法去实现项目目标。工程项目就属于这类项目，工程项目的最终目标可以事先定义，一般采用已知的成熟技术去实现所定义的目标。只有在少数情况下有创新。这类项目可以推行标准化项目管理，如我国的铁路工程项目在 2006 年提出标准化项目管理的概念，目前还处在标准化管理的建设过程之中。

2）目标明确—方法不明确的项目

这类项目的目标明确，但如何实现目标的方法不明确，具有很大的灵活性。产品研发就属于这类项目，要开发什么样的产品是明确的，但是如何开发、采用什么技术却没有明确定下来。这类项目适合于采用目标导向的管理，如许多产品的开发先是根据用户的需要或者是根据竞争对手的产品确定产品的技术指标，然后寻找实现技术要求的方法和手段，或者说采用什么方法实现产品的技术要求不受限制。

3）目标不明确—方法明确的项目

这类项目的目标不明确，但如何实现目标的方法是明确的。例如，系统开发项目有预期的目标，但不是很明确固定，如何实现目标的方法是明确的。

4）目标不明确—方法不明确的项目

这类项目不但目标不明确，而且如何实现目标的方法也不明确。例如，科研项目只有预期的目标，该目标不是很明确，也不一定能够实现；采用什么方法也只是计划使用的，可能会根据实际情况进行调整或改变。

5. 基于资源转换形式的项目分类

根据项目投入资源的类型可以将项目大概地分为3类：①智力资源转换为主型项目，如IT项目、科研项目、文化产品项目、管理咨询项目、智慧服务性的第三产业（如会计师、律师服务等项目）等；②实物资源转换为主型项目，如各类建设工程项目；③事件及其过程管理型项目，如各类大型活动（体育比赛、演唱会、庆典）等。

6. 项目、项目集与项目组合

美国项目管理协会把项目集定义为"经过协调管理以便获取单独管理这些项目时无法取得的收益和控制的一组相关联的项目"。国际项目管理协会把项目集定义为"把相互关联的项目临时组织在一起，通过协调管理，实施应变和实现效益"。从上述定义可以看出，项目集包含多个项目，而且这些项目彼此之间不是独立的，而是相关联的，因而通过协调管理可以获得对单个项目分别管理所无法实现的利益和控制。因为项目之间的关联性，项目集中可能包括各单个项目范围之外的相关工作。

美国项目管理协会把项目组合定义为项目或项目群以及其他工作的聚合，该聚合有助于有效管理以满足业务战略目标。国际项目管理协会把项目组合定义为"一组彼此不一定相关联的项目和/或项目集聚合在一起，能够优化使用组织的资源，实现组织的战略目标，同时使该聚合的风险最小化"。上述定义说明，项目之间不一定有关联，不是把一些项目和/或项目集放在一起就是项目组合，项目组合是有助于实现组织战略目标的项目和/或项目集的聚合。换句话说，项目组合是指为便于有效管理、实现战略业务目标而组合在一起的项目、项目集和其他工作，但项目组合中的项目或项目集不一定彼此依赖或有直接关系。

项目、项目集和项目组合三者是部分与整体的关系。项目组合可以由项目和项目集组成，而项目集又由项目组成，项目可能是独立的，也可能是项目集或项目组合的一部分，三者的关系如图1-1所示。

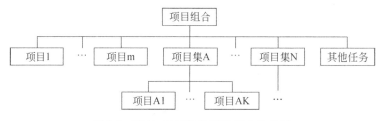

图1-1 项目、项目集和项目组合的关系

7. 项目分类的作用

一些组织会把项目经理的类型和项目分类联系起来，以此为依据给项目经理分配适合他们能力和经验的项目，或者根据项目类型可以相应地选择合适水平的项目经理。例如，国际项目管理协会针对项目管理人员专业水平的不同，将项目管理专业人员资质认证划分为4个等级，即A级、B级、C级和D级，并分别授予不同的头衔：A级为认证的特级项目经理（certified projects director），有能力指导一个公司涉及诸多项目的复杂规划，有能力管理该组织的所有项目，或者管理一项国际合作的复杂项目；B级为认证的高级项目经理（certified senior projects manager），可以管理大型复杂项目，或者管理一项国际合作项目;C级为认证的项目经理(certified projects manager),能够管理一般复杂项目,也可以在所在项目中辅助高级项目经理进行管理;D级为认证的助理项目经理(certified projects management associate),具有项目管理从业的基本知识,并可以将它们应用于某些领域。

又如,全球项目管理联盟(GAPPS)用7个复杂性因子对项目进行评分(评分标准如表1-5所示),并根据管理复杂性评分结果决定需要什么等级的项目经理。如果得分在11分以下,则该项目不能作为符合GAPPS绩效考核的证据,换句话说,该项目并不要求项目经理具有项目管理专业资质。如果得分在12分至18分之间,则该项目可以作为符合GAPPS 1级资质绩效评估的证据,换句话说,该项目要求项目经理必须具有项目管理专业GAPPS 1级资质。如果得分在19分以上,则该项目可以作为符合GAPPS 2级资质绩效评估的证据,换句话说,该项目要求项目经理必须具有项目管理专业GAPPS 2级资质。

表1-5 项目管理复杂性因子及评分标准

项目管理复杂性因子	评分标准			
项目综合环境的稳定性(X_1)	非常高=1	高=2	一般=3	低或很低=4
项目实施涉及的学科、方法或途径的数量(X_2)	低或很低=1	一般=2	高=3	非常高=4
项目实施的法律、社会或环境影响的大小(X_3)	低或很低=1	一般=2	高=3	非常高=4
对项目利益相关者的总体预期的财务影响(X_4)	低或很低=1	一般=2	高=3	非常高=4
项目对本组织或参与的组织的战略重要性(X_5)	非常低=1	低=2	一般=3	高或很高=4
利益相关者关于项目产品特性的凝聚力(X_6)	高或很高=1	一般=2	低=3	非常低=4
项目与其他组织之间的接口数量和类型(X_7)	非常低=1	低=2	一般=3	高或很高=4
综合得分($=X_1+X_2+X_3+X_4+X_5+X_6+X_7$)				

1.1.4 项目生命周期

美国项目管理协会认为项目是为创造特定产品或服务而进行的一项有时限的任务。该定义认为项目是一项有时限的任务,既有时间起点又有时间终点。项目从起点到终点的整个过程构成了一个项目的生命周期。换句话说,项目生命周期就是从项目开始到项目结束之间的时间段。

对项目生命周期的终点的认识比较明确而且一致,那就是项目完工之时,即实现了预期的特定产品或服务之时,或者实现项目的可交付成果之时。但是,对项目生命周期的起点却没有明确一致的认识,有的人认为从识别需求开始(主要发生在"内部项目"的情况下),有的人认为从项目立项开始,如美国项目管理协会的《项目管理知识体系指南》(*A Guide to Project Management Body of Knowledge*,PMBOK)就假定"商业论证、项目批准和出资"是在项目边界之外进行的。前者可以称为广义的项目生命周期,后者可以称为狭义的项目生命周期。项目生命周期起点的不同反映的是项目管理的主体不同或管理层级不同。一般而言,项目业主或管理高层的项目管理是从识别项目需求开始的,而项目经理的项目管理是从项目立项开始的。

此外,为了与产品/设施的生命周期进行区分,引入了项目全生命周期的概念,它包括一般意义上的项目生命周期和项目产出物的生命周期(从运营到退役的时间)两个部分。对于服务型项目来说,没有运行和使用阶段,当项目终止时,服务也就结束了;但对于产品/设施型项目来说,产品/设施有使用或运行阶段,项目完成时交付预定的产品/设施,该产品/设施进入使用阶段。项目生命期与产品(设施)生命周期的区别如图 1-2 所示。

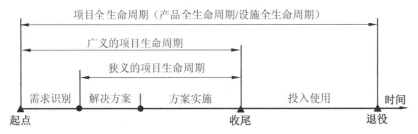

图 1-2 项目生命周期与产品(设施)生命周期的区别

为了更好地管理和控制项目,通常按照项目发展过程把项目分为若干阶段,而且明确定义每个阶段的任务,分阶段执行,并且在阶段与阶段之间设置决策点,需要根据上一阶段的实施情况来决定是否进入下一个阶段或者放弃项目,从而使大型、复杂项目变得容易控制和管理。一般来说,项目生命周期的阶段应根据决策点划分,决策点可以根据组织机构的管理需要而变化,从而促进项目治理。具体项目阶段的划分应符合项目的具体特性和项目实现过程的具体情况,以及项目面临的各种限制条件。项目生命周期的每个阶段都应该有特定的交付物,阶段的划分应有利于项目的治理和控制。

由于不同的项目有不同的实现过程,项目生命周期可以根据项目所属专业领域的特殊性和项目的工作内容等因素划分成不同的项目工作阶段。具体细节一般都会随具体业务、项目、客户要求而改变。因此,即使在同一类项目中,项目生命周期也会有不同的阶段划分。对工作细致度、文件管理、项目交付、项目沟通的要求体现在阶段划分标准和审核的方方面面。

不同行业的项目有不同特性,其实现的过程也不同;但同一行业的项目有类似特性和项目实现过程。每个行业的项目生命期都有自己的阶段划分模板,这些模板的好处是,学会一种阶段划分模板就学会了一个行业的项目阶段划分,从而提高了学习效率。因此,人们除了要学习和认识项目管理的一般规律、通用的项目理论和方法外,还要学习和掌握与项目所属专业领域有关的方法和技能。下面是几个典型行业项目的阶段划分。

1. 美国国防部项目的生命周期

美国国防部 1993 年修订的项目管理规程中,把项目划分为 5 个阶段:①使命与需求确定阶段,这一阶段的任务是确定项目的使命和需求,以获得"概念研究批准书"结束;②概念扩展和定义阶段,这一阶段的任务是对上一阶段形成的概念进行扩展和定义,以获得"概念论证批准书"结束;③演示与验证阶段,这一阶段的任务是对上一阶段定义的概念进行演示和验证,以获得"开发批准书"结束;④设计与制造开发阶段,这一阶段的任务是对上一阶段验证的概念进行设计与制造开发,以获得"生产批准书"结束;⑤生产与部署阶段,这一阶段的任务是进行生产与部署工作,在生产与部署过程中对设计如有修改的话,也需要获得批准。图 1-3 给出了美国国防部项目生命周期阶段划分及里程碑事件。

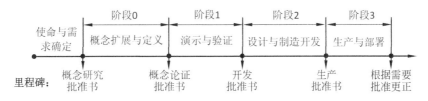

图 1-3　美国国防部项目生命周期阶段划分及里程碑事件

2. 软件系统开发项目的生命周期

同任何事物一样,一个软件产品或软件系统也要经历孕育、诞生、成长、成熟、衰亡等阶段,一般称为软件生命周期。生命周期内包括问题定义及规划、需求分析、设计(概要设计和详细设计)、编码、测试、维护等活动,分别在 6 个阶段内进行。

(1) 问题定义及规划:此阶段主要确定软件的开发目标及其可行性。软件开发方与需求方共同讨论,找出用户的基本需求,定义系统概念,验证项目目标,作出系统设计和建设的基本概念,作出可接受的系统测试计划,完成项目风险分析,并作出项目风险管理方案。

(2) 需求分析:在确定软件开发可行的情况下,对软件需要实现的各个功能进行详细分析。这一阶段的主要工作包括全面调查系统需求、系统最终用户的需求等各方面对于一个软件系统的要求、对于软件系统所能够提供的服务要求,以及业务流程等方面的需求。

(3) 软件设计:此阶段主要根据需求分析的结果,对整个软件系统进行设计,如系统框架设计、系统的逻辑设计、数据库设计等。这一阶段的工作包括:分析和确定系统的物理实现模式,定义中间系统,作出系统物理设计,设计和构造出软件系统数据加工处理、存储和传递的模式,设计出系统的整体结构和各个子系统及各个模块的结构,以及实现系统功能的各种网络等。此外,还要作出系统开发、编程和测试等方面的计划,建立系统评价方法和绩效度量标准并提出改进建议。

(4) 程序编码:此阶段是将软件设计的结果转换成计算机可运行的程序代码,即将系统设计中提出的各个子系统和模块的方案编成具体的计算机程序。在程序编码中必须制定统一、符合标准的编写规范。

(5) 软件测试:软件设计完成后要经过严密的测试,以发现软件在整个设计过程中存在的问题并加以纠正。系统测试包括程序单元、程序模块、子系统和整个系统的测试。

(6) 运行维护:在软件开发完成并投入使用前,对用户进行培训,其内容包括编写系统的各种说明书和系统文件,编写系统用户手册,培训最终用户学会使用和操作所开发产品的软件系统。在软件开发完成并投入使用后,由于多方面的原因,软件不能继续适应用户的要求,还要对软件进行维护,包括纠错性维护和改进性维护两个方面。

这种按部就班、逐步推进的管理思路,要求每个阶段都要有定义、工作、审查、形成文档以供交流或备查,以提高软件的质量。在实践中,因采用不同的软件开发模式(如瀑布模型、快速原型模型、喷泉模型、增量模型、螺旋模型),软件系统开发项目的生命周期的阶段划分有所不同。图1-4所示为软件开发瀑布(waterfall)模型,一个典型的软件项目生命周期阶段划分。

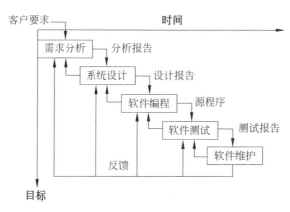

图1-4 软件开发瀑布模型

3. 典型建设工程项目的生命周期

典型建设工程项目的生命周期一般分为5个阶段:①项目可行性研究与立项阶段,其主要工作包括:编制项目建议书、开展可行性研究、进行初步设计,以及项目的立项批准。这一阶段最终要作出是继续开展还是放弃项目的最终决策。②设计阶段,包括概念设计、初步设计、详细设计、施工设计,其主要工作包括:项目的技术设计、项目造价的预算与项目合同价的确定、项目的计划安排、承发包合同的订立、各专项计划的编制等。这一阶段最终要完成项目的设计和计划工作。③招投标阶段,其主要工作包括招标公告、资格预审、招标、评标和定标等。这一阶段最终要确定施工承包商。④施工阶段,其主要工作包括:项目施工现场的准备、项目构件的制造、项目土建工程和安装工程的施工,以及项目的试车等。这一阶段最终要完成整个工程的全部建造工作。⑤竣工验收与交付使用阶段,这是项目最终试车完毕、开展验收和交付使用的阶段,有时还需要开展各种项目维护工作。这一阶段的最终结果是将建成的项目交付给业主/用户,使项目全面投入使用。这个项目生命期可分为11个小阶段,如图1-5所示。

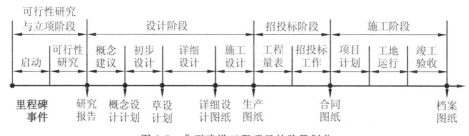

图1-5 典型建设工程项目的阶段划分

4. 房屋建筑项目的生命周期

英国建筑师皇家学会(The Royal Institute of British Architects,RIBA)根据房屋建

筑项目的特征,把房屋建筑项目的生命周期分为 5 个阶段(含有 11 个子阶段):准备阶段,设计阶段,施工前阶段,施工阶段,使用阶段,如图 1-6 所示。

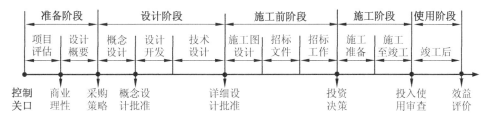

图 1-6 房屋建筑项目的阶段划分

(1)准备阶段包括项目评估和设计概要(设计任务书、设计大纲、设计纲要)两个子阶段。前者的任务是识别业主的需求和目标、项目的合理性、潜在的限制条件;准备可行性研究和选择方案的评价,为业主决策提供依据,最终需要审查项目是否值得立项。后者的任务是把初始的需求陈述发展成设计概要,确认关键要求和限制条件,确定采购方法、程序、组织结构、咨询范围等,最终需要提出项目发包策略。

(2)设计阶段又细分为概念设计、设计开发、技术设计 3 个子阶段。概念设计是由分析用户需求到生成概念产品的一系列有序的、可组织的、有目标的设计活动,是利用设计概念并以其为主线贯穿全部设计过程的设计方法。它表现为一个由粗到精、由模糊到清晰、由具体到抽象的不断进化的过程,通过设计概念将设计者繁复的感性和瞬间思维上升到统一的理性思维从而完成整个设计。概念设计包括设计概要的实施和附加资料的准备,结构和建筑服务系统的草案、技术草案和初步成本计划,采购程序审查。概念设计获得政府批准后,进行设计开发,设计是把一种计划、规划、设想通过视觉的形式传达出来的活动过程。人类通过劳动改造世界,创造文明,创造物质财富和精神财富,而最基础、最主要的创造活动是造物。设计便是造物活动进行预先的计划,可以把任何造物活动的计划技术和计划过程理解为设计。设计开发是把概念设计开发成建筑物结构和服务系统,更新技术指标和成本计划。技术设计将对工程进行全面的技术规划,确定工程结构、尺寸、配合关系以及技术条件等。技术设计是工程项目设计工作中最重要的一个阶段,工程结构的合理性、工艺性、经济性、可靠性等,都取决于这一设计阶段。技术设计的目的是在已批准的技术任务书的基础上,完成工程各个部分的设计。

(3)施工前阶段又细分为施工图设计、准备招标文件和招标评标活动 3 个子阶段。

施工图设计为工程设计的一个阶段,在技术设计之后;两阶段设计在初步设计之后。这一阶段主要通过图纸,把设计者的意图和全部设计结果表达出来,作为施工制作的依据,它是设计和施工工作的桥梁。对于工业项目来说包括建设项目各分部工程的详图和零部件,结构件明细表,以及验收标准方法等。民用工程施工图设计应形成所有专业的设计图纸;含图纸目录,说明和必要的设备、材料表,并按照要求编制工程预算书。施工图设计文件应满足设备材料采购、非标准设备制作和施工的需要。

招标文件是指由招标人编制并向投标人发售的明确资格条件、合同条款、评标方法和投标文件响应格式的文件。阐明需要采购货物或工程的性质,通报招标程序将依据的规则和程序,告知订立合同的条件。招标文件既是投标商编制投标文件的依据,又是采购人与中标商签订合同的基础。因此,招标文件在整个采购过程中起着至关重要的作用。招标人应十分重视编制招标文件的工作,并本着公平互利的原则,务使招标文件严密、周到、细致、内容正确。编制招标文件是一项十分重要而又非常烦琐的工作,应有有关专家参加,必要时还要聘请咨询专家参加。招标文件的目的是通知潜在的投标人有关所要采购的货物和服务、合同的条款和条件及交货的时间安排。起草的招标文件应该保证所有的投标人具有同等的公平竞争机会。根据单一项目招标文件的范围和内容,文件中一般应包含:项目的概括信息,保证技术规格客观性的设计文件,投标的样本表格,合同的一般和特殊条款,技术规格和数量清单。在一些特殊情况下,还应附有性能规格、投标保证金保函、预付款保函和履约保函的标准样本。

招标活动可以委托给招标代理机构,也可以自行承担招标工作。具体工作包括发出招标公告(公开招标)或投标邀请(邀请招标),投标人看到公告或收到邀请后前往招标公司购买招标文件,并准备投标文件。招标人在开标前组建评标委员会负责评标,并确定中标人。中标人根据中标通知书,在规定时间内与招标人进行合同谈判和签约。

(4)施工阶段包括施工准备和施工至竣工两个子阶段。在施工准备阶段指定承包商和签订建筑合同,向承包商发送信息资料并移交场地。施工至竣工阶段:①实际完工前的建筑合同管理;②需要时向承包商提供必要信息;③审查承包商和专家提供的信息。

(5)使用阶段包括实际完工后评价,实际完工后的建筑合同管理和最终检查,建筑物投入使用初期向使用者提供帮助,审查项目使用中的绩效。

1.1.5 项目管理环境

项目活动和项目管理是在一个比项目本身大得多的环境中进行的,这个环境称为项目管理环境,它是指对项目和项目管理可能产生影响的诸多方面的总和。项目管理环境分为项目内部环境和项目外部环境。项目外部环境可以进一步细分为组织内部环境和组织外部环境,其中,组织内部环境包括组织的战略、技术、项目管理成熟度、资源可用性、组织文化和组织结构;组织外部环境包括经济的、技术的、法律的、社会的、政治的和自然的环境等。图1-7所示为项目外部环境示意图。

任何项目都是处于一个特定的环境之中的,要使项目取得成功,除了需要对项目本身、项目组织及其内部环境有充分的了解外,还需要对项目所处的外部环境有正确的认识。从图1-7可以看出,项目是处于项目实施机构的内部和外部环境包围之中的,它们都或多或少地对项目实施计划的制订、组织机构的设置、技术的选择以及人员的配备等产生影响,或增加约束,或导致风险。虽然组织外部环境因素常常超出项目经理的控制范围,但仍应予以考虑。所以,项目管理者必须注意项目外部环境事物的情况,并且要依据外部环境不断变化的条件进行项目管理,及时对内部不适应的事物作出相应的调整。不认识清楚项目所处的环境,不懂得在此环境下如何适应和利用环境,不善于协调环境中各方面的关系,项目管理是很难搞好的。

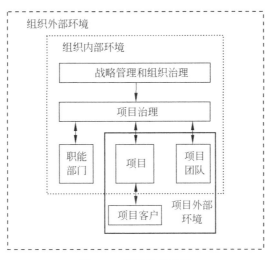

图 1-7　项目外部环境

1.2　项目实施主体

根据"知彼知己,百战不殆"的理念,要管好项目还必须了解项目实施主体:由谁负责实施项目,项目团队的组织结构有哪些类型,项目团队生命周期有哪些阶段,等等。

从管理的角度看,项目全过程涉及从识别项目需求开始到项目运营结束各个阶段的管理工作,如识别项目需求、产生项目方案、选择最佳方案、制定发包策略、启动准备工作、制订项目计划、执行项目计划、进行项目收尾、进行项目运营、退出项目运营。这些工作一般在以下两个层面上进行。

第一个是公司层面上的项目管理(可以看作"项目治理"),其实施主体是公司管理高层,从公司的角度对项目进行管理,其管理不是针对某一个项目,而是针对公司的所有项目,包括项目群和项目组合的管理。如果是内部项目,还可能是从项目概念的产生开始到项目投入运营为止的整个项目生命周期。其主要管理工作包括:制定项目规划,任命项目经理,指导项目实施,对重大问题作出决策,批准项目的启动和收尾。

第二个是项目层面上的项目管理(一般所说的"项目管理"),其实施主体是项目经理及其项目团队,对项目进行计划、实施和控制,其管理范围一般限定在狭义的项目生命周期,即从项目启动开始,经历项目计划、执行计划、控制执行等过程,至项目收尾为止。

项目有内部项目与外部项目之分。对于内部项目来说,项目在公司内部进行。虽然存在两个层面的项目管理,但二者密切相关。对于外部项目来说,由项目业主进行公司层面的项目管理,而项目层面的管理由公司之外的项目团队进行。

1.2.1　项目团队

项目团队是指以实现项目目标为使命的组织,由一群人集合而成,共同承担实现项目目标的责任,兼职或者全职地对项目经理负责。项目团队成员可能来自一个或多个职能部门或机构,其主要特征包括:①项目团队具有特定的使命,即完成某项特定的任务,实现项目的既定目标,满足客户的需求;②项目团队是临时组织,有明确的生命周期,随着项目的产生而产生,项目任务的完成而结束;③项目团队成员不是固定的,随着项目进展的需要,团队成员有增有减,以有效配置资源为准。

项目或者技术太复杂需要多种专业技能,或者规模太大需要许多人合作,因而需要一个团队来完成。为了实现项目目标,必须组织一定的人员,配置一定的资源,以某种形式和制度使这些生产要素相结合,这种结合形式就是组织结构。由于项目有不同的类型,公司的管理策略也多种多样,因而产生了不同的项目团队,但归纳起来可以分为3种:职能型组织结构,项目型组织结构,矩阵型组织结构。

1. 职能型组织结构团队

以职能型组织结构团队开展项目工作时,在现有的公司组织结构下,先将项目分解成子项目或工作包,然后,分配给合适的职能部门去完成,一般不指定具体的人员,因而没有明确的项目团队,项目经理的主要职责不是指挥团队成员,而是协调相关职能部门的工作,共同实现项目目标。例如,采用职能型项目团队开发一项新产品时,一般由设计部门负责创新设计,生产部门协助生产加工。如果遇到生产方面的问题,这些问题将会被逐级地汇报到部门主管处,再由他向生产部主管咨询,然后通知设计部主管,再由设计部主管将解决问题的方法逐级向下传递到项目负责人。图1-8所示为项目由职能型团队实施的示意图。

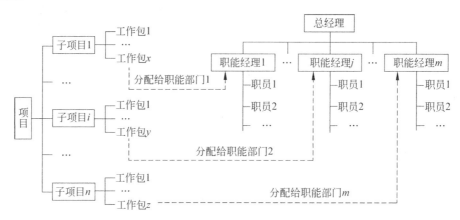

图1-8 项目由职能型团队实施

在这种团队中,项目经理和团队成员多数是兼职的,项目经理的权限也很小,甚至不使用"项目经理"这一头衔而只是简单地称其为"项目协调人"。在实践中,在参与项目实施的职能部门中,某个职能部门可能承担项目的大部分任务或者项目的关键任务,或者该职能部门对项目的实施最有影响、最为关键,就可以任命该职能部门经理兼任项目经理,把项目管理工作放在这个职能部门中。由此可见,项目团队一般是一种松散的团队,具有虚拟团队的特征。采用职能型组织结构团队具有下列优点。

(1)可以充分利用公司现有的管理体系。以职能型组织结构形式开展项目工作时,项目沟通协调工作仍然通过现行管理体系,不需要建立新的管理体系,从而减少项目的管理费用。如果现行管理体系运行良好,则项目也能够获得较好的管理效果。

(2) 可以灵活使用职能部门的人员。以职能型组织结构形式开展项目工作时,一般只是把项目任务分派到职能部门,而不指定具体的人员(没有固定项目团队成员),由职能部门经理组织完成所分派的项目任务。这样做有两方面的好处:一是能够从这个部门获得其所需的专业技术人员,可以根据项目进展的需要,安排最合适的人员来完成项目任务,完成分派的任务之后,又回到他们原来的日常工作中去,项目结束后,不存在人员重新安置的问题;二是项目工作的人员不固定,他们能够在不同的时段为不同的项目服务,使技术专家能够同时为不同的项目所使用。

但是,职能型组织结构团队也存在一些问题,主要问题如下。

(1) 不以项目为导向,参与人员关心所在的部门胜过关心项目。在有多个职能部门参与的项目中,每个职能部门可能有着不同的态度、努力方向和目标,有充分的动机去维护部门利益。由于职能部门各有其日常工作,各职能部门都很重视本部门的业务,常常倾向于选择对自己部门最有利而不是对项目最有利的决策,所做计划也常常是出于职能导向而很少考虑正在进行的项目。所以,他们所优先考虑的往往不是项目和客户的利益,而是项目中那些与职能部门利益直接相关的问题,其结果是整个项目的目标可能被忽略或不受重视。对于参与人员来说,可能不把项目看作自己的主要工作,甚至看作额外的负担,积极性不高。此外,当职能部门之间发生利益冲突时,协调较困难。那些在其利益范围之外的问题就很有可能被冷落,从而导致项目得不到足够的支持。

(2) 不关注项目客户,没有客户问题处理中心。在这种组织结构中,参与人员所关心的焦点不是客户。因为不存在客户问题处理中心,所有的沟通都必须经过上一管理层。上一管理层充当了客户关系中心,并把复杂问题通过垂直指挥链分配到各个职能部门的管理者。解决问题的方案要获得各有关部门的一致同意很费时间,因而对问题的解决反应迟钝。由于信息必须经过多个管理层的传递,所以也容易失真。

因此,采用职能型组织结构团队实施项目需具备两个前提条件:一是企业管理体系精简并高效,职能分工合理,横向协调机制健全,企业必须有较高的综合平衡能力,各职能部门能够按企业综合平衡的结果为同一个目标进行专业管理;二是项目规模比较小,任务比较简单,横向协调的要求不高,大部分工作可以由某一个职能部门承担,持续时间短。满足前提条件的项目才可以考虑采用职能型组织结构。否则,就不宜采用职能型组织结构。如果职能部门承担的任务独立性不强、相互关联,任务可能会在两个或多个职能部门之间来回往复,增加了管理难度。

此外,弥补职能型组织缺陷的方法之一是为每个项目建立一个核心团队。每个相关的职能部门指定一名成员,并授权他代表各自的部门,对各自部门所承担的项目工作负责,他们自始至终为该项目工作,从而组成项目核心团队。其团队成员可以根据项目进展的需要临时加入或退出,也可以分时投入多个项目。如果核心团队成员能够在同一个工作场所工作,则效果更佳。

2. 项目型组织结构团队

项目型组织结构团队是一种模块式的组织结构,是一种专门为开展一次性和独特性的项目任务而建立的组织结构。例如,现有的建筑施工企业、系统开发与集成企业和管理咨询企业(设计院、监理公司、项目管理公司)等多数都采用这种组织结构。

以项目型组织结构团队开展项目工作时,每个项目都有一个相对独立团队,团队成员是经过精心搭配的,由各种职能或专业人员组合而成,有专职的项目经理。当项目团队规模比较小时,项目团队自身组织结构可以是一个扁平化组织,项目经理与团队成员之间没有管理层级或者管理层级很少,如设置职能小组和小组经理;当项目团队规模比较大时,项目团队自身组织结构可以是层级结构组织(金字塔结构组织),也会设立一些职能部门,项目经理与团队成员之间管理层级比较多,相当于一个职能型组织机构。完成每个项目目标所需的资源完全分配给这个项目,专门为这个项目服务。项目经理有较高的独立性,享有较高的自治权,一般对项目资源拥有完全的管控权力,企业的职能部门一般不对项目经理进行直接领导,只是为其提供支持或服务。项目型组织结构团队如图1-9所示。

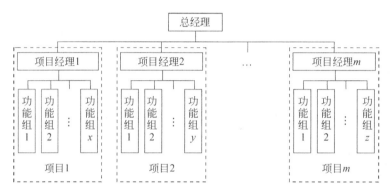

图1-9　项目型组织结构团队

采用项目型组织结构团队有3大优点:一是拥有专用资源,成员全职,每个成员始终都了解团队的工作并为之负责,有利于培养和发挥团队精神;二是项目经理对项目全权负责,命令协调一致,有利于减少摩擦,提高执行力;三是以项目客户为中心,有利于对项目客户需要作出快速反应,决策速度快。但是,项目型组织结构团队开展项目工作也存在下列缺点。

(1) 资源配置重复,影响企业的经济效益。对整个公司来讲,项目型组织在多个同时进行的项目上存在任务上的重复,从而造成大量的重复劳动。由于资源不能共享,某个项目专用的资源即使闲置不用,也无法应用于另一个同时进行的类似项目。同样,因为每个项目团队都是独立的,团队成员完全效力于自己的团队,即使有空闲,也不会为其他项目服务。这种结构没有职能部门那种让人们进行职业技能和知识交流的场所,不同项目团队的成员也不能共享知识或专业技术技能。结果造成人力、物力的极大浪费,影响企业的经济效益。

(2) 项目团队组建和解散均有困难。如果为项目专门聘用专业人员,由于项目的"临时性"(项目持续时间有限),招聘比较困难;项目结束后,团队成员安排也比较困难。

因此,不是所有项目都可采用项目型组织结构,只有那些规模大、任务复杂、横向协调的要求高、持续时间长的项目才可以考虑采用项目型组织结构。比较适合于那些一切工作都围绕项目进行、通过项目创造价值并达成自身战略目标的组织,而不适于规模小的企业。所以,多数从事业务项目(为他人实施项目的)经营活动的企业一般采用这种组织结构,如建筑业的施工单位与安装单位。

3. 矩阵型组织结构团队

矩阵型组织结构是职能型组织结构和项目型组织结构的混合体,是在同一组织结构中把按职能划分部门和按项目划分部门相结合而产生的一种组织形式。职能部门构成了矩阵型组织的"列",而它的项目团队构成了矩阵型组织的"行"。矩阵型组织可以从不同职能部门抽调各种专业人员,组成一个项目团队去开展项目工作,当项目团队的任务结束后,其人员又回到原来的专业职能部门中去。矩阵型组织结构就像在职能型组织的垂直层次结构上,叠加了项目型组织的水平结构,如图1-10所示(注:垂直线表示权责关系,水平线表示协作关系)。

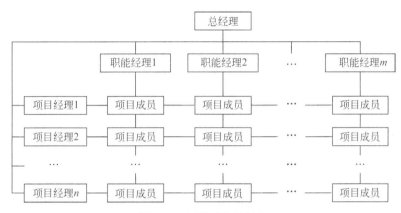

图1-10 矩阵型组织结构

一个矩阵型组织结构团队是偏重于项目还是偏重于职能取决于项目经理与职能经理之间的权力分配。因此,按项目经理与职能经理之间的权力分配不同,矩阵型组织可分为弱矩阵型组织、均衡矩阵型组织和强矩阵型组织。

1) 弱矩阵型组织

弱矩阵型组织具有较多的职能型组织的色彩,它虽然有自己正式设立的项目团队,但这种项目团队多数是临时性的,而且团队的大部分人是临时地从事项目工作。所以,在这种组织环境中,项目团队不是很正规,项目经理的权力也十分有限,扮演的是协调者、协助者的角色,还算不上是一个项目经理,影响力较弱,能够获得的资源也有限。因此,对于项目工作包(或任务)比较独立、相互之间交叉协助较少的项目可以采用弱矩阵型组织,因为各职能部门所承担的工作,其技术界面是明晰的或比较简单,跨部门的协调工作很少或很容易做。

2) 均衡矩阵型组织

均衡矩阵型组织是职能型和项目型两种体制相对均衡的一种矩阵型组织形式,它兼有这两种组织结构的特性。在这种组织中有正式设立的项目团队,项目经理可以是专职的,也可以是兼职的,但是他们的权力比在弱矩阵型组织环境中要大得多。这种组织中的项目团队获得资源的权利也介于那些处于职能型和项目型组织环境中的项目团队之间。

因此,对于有中等技术复杂程度而且周期较长的项目可以采用均衡矩阵型组织,但应注意精心建立管理程序和配备训练有素的协调人员。

3) 强矩阵型组织

强矩阵型组织结构比较接近项目型组织,在许多方面与项目型组织十分相近。在这种组织环境下,项目团队比较正式,团队成员"暂时"专职从事项目工作,项目经理一般是专职的,具有较大的权力。对于技术复杂而且持续时间长的项目,可以采用强矩阵组织。

矩阵型组织结构最初就是为协调日常运营活动和项目开发活动这两种不同的组织职能而创立的一种组织结构形式。项目组织与职能部门同时存在,既发挥职能部门纵向优势,又发挥项目组织横向优势。这种结构将职能与任务很好地结合在一起,既可满足对专业技术的要求,又可满足对每一项目任务快速反应的要求。其优点是加强了各职能部门的横向联系,具有较大的机动性和适应性,把上下左右集权与分权实行最优的结合,有利于解决复杂难题;专业人员在技术上可相互支持,有利于团队成员业务能力的培养;可以分享各个部门的技术人才储备,保证多个项目的完成;各专业员工组织上仍归属其职能部门,因此项目结束后,团队成员"有家可归",没有需要重新安置的后顾之忧。但缺点是项目与职能部门二者间的权力均衡难度大,纵横向协调工作量大,处理不当会造成扯皮现象,产生矛盾。例如,有些职能经理(特别是那些尽力建立自己统治的职能经理)认为项目经理削弱了他们的授权。此外,矩阵型组织违反了命令单一性原则,项目团队成员有两个汇报关系:有关项目的临时情况向项目经理汇报;但同时,在行政管理方面,仍要向职能经理汇报。分配某个成员同时在数个项目中工作,这个成员就会有好几个经理。这时,可能会由于工作的优先次序而产生冲突。应用矩阵型组织结构,公司一定要制定工作纲领,保证项目经理和职能经理之间恰当的权力平衡。矩阵型组织结构适用于同时承担多个项目,而且各个项目的资源具有共享性的企业。

1.2.2 项目团队生命周期

项目团队生命周期是一个连续的自然过程,说明项目团队从产生、成长到解散的历程。小型项目的团队成员可能来自同一个机构的同一个职能部门,也可能来自同一个机构的不同职能部门;大型项目的团队成员来自同一个组织的多个不同职能部门,甚至是来自不同组织的不同职能部门。在项目实施过程中,如果项目组成员来自不同的职能部门或不同组织,以前从未在一起工作过,要想使这样一组人发展成为一个高效的团队一般要依次经历若干个阶段。在不同阶段,项目团队的精神状态不同,所面临的问题也不同。项目经理应根据实际情况,采取相适应的管理方式,调整团队的构成,克服困难,度过危机。

项目团队生命周期没有统一的阶段划分,有的把它分为4个阶段(如形成期、震荡期、规范期、执行期),有的把它分为5个阶段(如形成期、震荡期、规范期、执行期、解散期),也有的把项目团队生命周期划分为筹建期、形成期、磨合期、规范期、表现期和解散期6个阶段。

1. 项目团队筹建阶段

在项目团队的筹建阶段,项目团队还处在岗位设计、人员招聘的过程中。因此,项目经理应认真分析项目范围,了解项目的主要任务,确定项目团队规模,识别主要工作岗位,并进行岗位分析,确定计划招聘的人员及其要求。在招聘项目团队成员的过程中,不但要注意候选人是否满足岗位要求,而且要注意候选人的动机,如为什么要参加这个项目团队,希望从这次经历中得到什么。

2. 项目团队形成阶段

在项目团队的形成阶段,项目组成员刚刚开始在一起工作,总体上有积极的愿望,急于开始工作。但对自己的职责及其他成员的角色都不是很了解,对项目组织的游戏规则不熟悉或不习惯,人与人之间都还没有达成协调,他们会有很多的疑问,如想了解团队即将着手的工作,想知道项目的目标,思考各自在项目中的角色,并不断摸索以确定何种行为能够被接受。

3. 项目团队磨合阶段

在项目团队的磨合阶段,随着工作的开展,各方面问题会逐渐暴露。成员们可能会发现,现实与理想不一致,任务繁重而且困难重重,成本或进度限制太过紧张,工作中可能与某个成员合作不愉快。团队成员为了地位,为了让自己的意见得到采纳而互相竞争。在应该做什么和应该怎么做上,他们都有不同的意见。这些都会导致冲突产生、士气低落。对于不喜欢冲突的团队成员而言,这是一个最难熬的阶段。

4. 项目团队规范阶段

项目团队的发展走过了磨合阶段就进入稳定阶段,在规章、程序和控制系统的运作下,团队将逐渐趋于规范。在规范阶段,团队成员经过磨合阶段逐渐冷静下来,开始表现出相互之间的理解、关心和友爱,尊重彼此的意见,意识到了差异的重要性,认识到团队中差异的价值,开始形成亲密的团队关系,主动为他人提供帮助,或向他人寻求帮助。同时,团队开始表现出凝聚力,不再专注于个人目标,而是专注于建立一种合作的方式(过程和程序),为完成一个共同的目标而相互帮助,而不是相互竞争。另外,团队成员通过一段时间的工作,开始熟悉工作程序和标准操作方法,对新制度也开始逐步熟悉和适应,新的行为规范得到确立并为团队成员所遵守,就如何一起工作,如何分享信息和解决团队矛盾,以及使用何种工具和流程来完成工作方面都达成了一致意见。工作变成一件很自然的事,项目经理不会过多地卷入决策和解决问题之中,因为团队成员的合作更默契,能在这些领域负起更多的责任。

5. 项目团队表现阶段

在项目团队的表现阶段,团队的结构完全功能化并得到认可,内部致力于从相互了解和理解到共同完成当前工作。团队成员一方面积极工作,为实现项目目标而努力;另一方面成员之间能够开放、坦诚、及时地进行沟通,互相帮助,共同解决工作中遇到的困难和问题,创造出很高的工作效率和满意度。在表现阶段,团队高水准运行。重心在于作为一个整体来实现目标。团队成员已经相互了解、相互信任和相互依靠。不是所有的团队都能成长到这一阶段,某些团队在第三阶段(磨合阶段)就止步不前。高度成熟的团队能在无监管的情况下正常运作,成员间相互依赖,积极完成工作。他们能快速有效地决策和解决问题。当他们的意见出现分歧时,能够在不中断项目进度的情况下解决问题并达成一致。当工作流程需要发生变化时,团队能不依赖领导,靠自身对变更达成一致。在这个阶段,团队领导不参与决策、解决问题或者其他团队日常活动。团队成员作为一个整体高效工作,无须像其他阶段一样受领导监管。团队领导持续监督团队进度,与团队一起庆祝里程碑事件的完成,持续培养团队的友情。当决策需要组织高层时,团队领导也起到纽带作用。即使在这个阶段,退回到其他阶段的可能性仍然是存在的。例如,某个成员开始独立工作,可能使团队退回"磨合"阶段;当新成员加入时,团队会退回到"形成"阶段;当重大变更造成工作停顿时,团队可能会退回筹建阶段,直到他们能设法处理这个变更。

6. 项目团队解散阶段

在项目团队的解散阶段,项目走向终点,团队成员也开始转向不同的方向。这个阶段的视角在于团队的福利而不是像其他 5 个阶段那样在于团队成长。团队领导应确保团队有时间庆祝项目的成功,并为将来总结实践经验(或是,在项目不成功的情况下,评估原因并为将来的项目总结教训)。这也让团队成员在奔赴下一个目标时有机会相互道别和祝福。任何能达到规范阶段的"成熟"团队,因为已经成了一个密切合作的集体,其成员都可能在今后也保持联络。成员分离,并各自向下一个项目进发时也难免伤感。成功的团队形成亲密的纽带和牢固的人际关系,但是当项目结束时,团队仍将面临解散的命运。人们通常不愿意破坏关系,有凝聚力的团队解散还会造成失落感。这些情感应当被理解、分担和接受。在项目团队解散时可以举行一个仪式——宴会、聚会或非正式的碰头会——使小组认识到它的成就并帮助个人完成离开小组的过渡。

有些为大型工程组建的项目团队实际上是一个独立的公司,解散成本比较高。因此,常常采用转型方式,以该项目团队为基础,寻找新的项目。例如,国家为了建设葛洲坝工程(万里长江第一坝),于 1970 年 12 月成立"330 工程指挥部"(项目团队),全面负责葛洲坝工程的建设。工程于 1970 年 12 月 30 日破土动工,1974 年 10 月主体工程正式施工。整个工程分为两期,第一期工程于 1981 年完工,实现了大江截流、蓄水、通航和二江电站第一台机组发电;第二期工程 1982 年开始,1988 年底整个葛洲坝水利枢纽工程建成。项目完工后,项目团队并没有解散,而是寻找新的项目,先后整体或部分承建三峡、金沙江溪洛渡、向家坝和金安桥、清江隔河岩和水布垭、澜沧江漫湾、大朝山、小湾和景洪、黄河公伯峡、拉西瓦等 100 余座大型水电站和核电、机场、路桥、堤防等工程 2 000 多项,由一个专门建设葛洲坝工程的企业,发展成为以水利水电工程施工为主,集建筑业、能源和交通基础设施投资、工业于一体的新型企业集团——中国葛洲坝集团公司。

虽然说项目团队经历 6 个阶段,但有些团队可能没有走完这 6 个阶段,或者没有达到"表现"阶段,一直停留在磨合和规范阶段,最后解散。项目团队效率在表现阶段最高,因此,表现阶段越长越好,而其他的阶段则越短越好。进行项目团队管理时,项目经理的目标是让团队尽快过渡到执行阶段,并尽量缩短解散阶段的持续时间。

1.3 项目管理方法

根据"知彼知己,百战不殆"的理念,知彼知己只是必要条件,而不是充分条件,项目的成功还需要掌握必要的项目管理方法和工具,按照项目管理流程有效地推进项目。

1.3.1 项目管理的定义

项目管理就是"管理"项目。"管理"就是管理主体"通过计划、组织、领导、控制等手段,协调利用人力、物力、财力、信息等资源,以期高效地实现预期目标的过程"。根据管理对象的不同,可以形成不同的管理专业。例如,如果管理对象是一个工业行业,则所进行的管理为工业管理,即对工业生产和再生产过程的经济活动进行计划、组织、领导、控制的一种职能;如果管理对象是一个企业,则所进行的管理为企业管理,即通过计划、组织、领导、控制等手段,协调利用人力、物力、财力、信息等资源,以期高效地达到企业目标的过程;如果管理对象是一个目标(如质量目标),则所进行的管理为目标管理(如质量管理),即通过计划、组织、领导、控制等手段,协调利用人力、物力、财力、信息等资源,以期实现所制订的目标的过程。如此类推,当管理对象是一个项目时,所进行的管理为项目管理,就是把管理的理论和方法应用在项目上。因此,项目管理可定义为"通过计划、组织、领导、控制等手段,协调利用人力、物力、财力、信息等资源,以期高效地达到项目目标的过程"。PRINCE2 的项目管理定义也反映了项目管理的职能,认为项目管理是对项目各个方面进行计划、委派分工、监督和控制,并激励参与者,以期在预期的时间、成本、质量、范围、收益和风险等绩效目标内实现项目目标。

然而,一些经典文献是从管理方法的角度来定义项目管理的,认为项目管理是运用各种知识、技能、方法与工具,为满足或超越项目有关各方对项目的要求与期望所开展的各种管理活动。例如,美国项目管理协会认为项目管理就是"将知识、技能、工具和技术应用于项目活动,以满足项目的要求";国际项目管理协会将项目管理定义为"把方法、工具、技术和胜任能力应用在项目上,以实现项目目标";国际标准化组织 ISO 21500 更是把项目管理简单地定义为"方法、工具、技术和胜任能力在项目上的应用"。这些项目管理的定义大同小异,核心内容是一致的,都是强调管理的理论和方法在项目生命周期中的应用过程及活动。类似地还可以对项目集管理和项目组合管理进行定义,如美国项目管理协会把项目集管理定义为"在项目集中应用知识、技能、工具和技术来满足项目集的要求,获得分别管理各项目所无法实现的利益和控制"。该定义关注项目间的依赖关系,强调协同管理的总体效益。项目组合管理是指为了实现战略目标而对一个或多个项目组合进行的集中管理。该定义关注资源分配的优先顺序,确保项目组合管理与组织战略协调一致。

此外,值得注意的是,项目管理与项目治理的区别。治理是指导和控制组织的框架体系,项目治理是机构治理中涉及项目活动的那部分,即组织机构建立的一套指导和控制项目的体制,包括正式和非正式、项目内部和外部的制度或机制,如组织对项目的政策(特别是激励机制)、管理流程、管理方法、管理结构形式、项目经理的授权(决策权限)等。一般认为项目治理是制度层面的,由组织管理层制定和实施,如是否采用项目承包责任制,是否设立项目管理办公室或项目管理指导委员会(如果设立,它们的职责和权限的界定)等都是项目治理范畴;而传统的项目管理是运营层面的,主要利用计划、控制、组织等手段来实现项目管理目标。二者相辅相成,项目治理为项目管理提供了运行基础和责权利体系框架,指导和控制项目管理活动。

1.3.2 项目管理的途径

西方有一谚语:"条条大路通罗马",东方也有一谚语:"殊途同归"。项目管理也有多种途径,如把整个项目生命周期分为若干阶段进行管理,把项目管理内容分为若干领域进行管理。

进行项目管理时,既重视项目的分解,也重视各部分的整合;既注意项目各个领域的管理,也注意项目整体的管理;从内外上下、横纵前后,多维度地管理项目。换句话说,用系统论的思想去管理项目,既不是整体论(把一切都划归为整体,是关于整体的简化),也不是还原论(认为复杂系统可以通过它的各个组成部分的行为及其相互作用来加以解释),而是整体论与还原论的辩证统一,是更高一层次的东西。正如法国哲学家帕斯卡所言:"我认为不认识整体就不可能认识各个部分,同样不特别地认识各个部分也不可能认识整体。"又如埃德加·莫兰所言:"我们的系统观是对还原论和整体论的超越,它通过统合两派各自所有的部分真理来寻找一个理解原则:它不应该为了部分而牺牲整体,也不可能为了整体而牺牲部分。重要的是阐明整体与部分之间的关系,它们互相凭借。"从部分解释整体和从整体解释部分,既不消除它们彼此之间的对立性,又通过把它们连接起来的运动彼此互补。

因此,无论是分阶段进行管理还是分领域进行管理,都应遵循"整体论—简化论—整体论"的循环:首先,根据整体论(holism)的哲学思想,把项目看作一个整体,从大处着眼,进行管理规划,掌握全局;然后,根据简化论(reductionism)的哲学思想,从小处着手,将项目分解成各阶段和专项领域,制订单项计划,便于各个击破;最后,再根据整体论的哲学思想,将单项计划进行整合,实现全局最优。这是一个螺旋上升的循环过程。整体论强调的整体性,认为系统内部各部分之间的整合作用与相互联系规定系统的性质,但不能片面地强调整体,而忽视对整体中各部分作必要的细致分析。因此,还要有简化论的配合,以简驭繁,把复杂问题简单化,凡事追求简单明了,容易理解、执行和操作,体现在项目管理上就是把项目管理分为若干个方面或者阶段进行管理。

任何事情都有一个过程。无论是分阶段管理还是分领域管理,都可以应用现代组织管理最基本概念之一的"过程"概念。美国项目管理协会把过程定义为"为创建预定的产品、服务或成果而执行的一系列相互关联的行动和活动";ISO将过程定义为"一组将输入转化为输出的相互关联或相互作用的活动"。简单地说,过程是将输入转化为输出的系统;或者说,过程是将输入转化为输出的一组活动。任何一个过程都有输入和输出,输入是实施过程的基础、前提和条件,输出是完成过程的结果,输入和输出之间是转换关系,如图1-11所示。

过程是一个由相关的、结构化的任务组成的

图1-11 基于过程的项目管理

集合,这些任务产生特定的服务或产品,以满足特定参与者的特定目标。过程的定义与项目的定义非常类似,因而产生了基于过程的项目管理,不但在整体上把项目管理看作把输入转化为输出的过程,管理这一过程就可以实现项目目标,而且把一些获得特定交付成果的活动也看作过程。基于过程的管理从整体的角度控制人员、技术和资源,对项目过程中的输入和输出进行集成。不但一个项目可以看作一个过程,而且项目的一个阶段可以看作一个过程,项目的一个领域也可以看作一个过程。

在现实生活中,不管做什么事情,结果固然重要,但是最重要的应该是过程,只有了解过程了才能真的知道这件事该怎么去做。管理的核心是计划、执行、检查和改进(PDCA)的循环。计划就是制订计划(或规定、规范、标准、法规等)。执行就是按照计划去做,即实施。检查就是将执行的过程或结果与计划进行对比,看是否存在偏差。改进包含两重意思:一是纠正偏差,纠正检查中发现的偏差,解决执行过程中存在的问题及不足;二是总结经验教训,持续改进管理过程。典型的管理过程如图1-12所示。

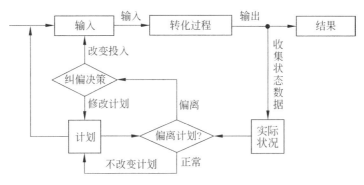

图 1-12　典型的管理过程

项目管理就是一般管理的理念和方法在项目中的应用,因而项目管理的核心与一般管理的核心相同,也包含了管理的四大职能:计划、组织、领导和控制。在项目管理中,管理人员必须在有限的人力、物力、财力、时间约束下,在不确定的环境中,实现预期的项目结果(可交付的结果)。项目管理就也遵循计划、执行、检查和改进的循环,即先制订计划,如项目目标以及实现该目标的各种方法和对策;然后,实施该计划,把所制订的方法和对策付诸实际行动;在实施过程中,定期和不定期进行项目进展情况的监测,通过对目标、过程和活动的跟踪,全面、及时、准确地掌握有关信息;对比分析实际状况与所制订计划之间的偏差,依据偏差情况决定是否采取纠正措施;如果偏离了目标和计划,就需要采取纠正措施,或改变投入,或修改计划,使项目能在新的计划状态下进行。虽然项目管理的主要工作体现在3个核心过程之上(计划过程、执行过程、控制过程),但是作计划之前,一般要做准备工作,称为启动过程;达到预期结果时,要进行收尾工作,称为收尾过程。因此,项目管理的工作过程由5种不同过程构成。这5种过程构成了一个项目管理过程的循环,如图1-13所示。

为了便于项目管理,项目生命期被分为若干个前后关联的阶段(如启动阶段、规划阶段、执行阶段、收尾阶段),每个阶段包含为实现某一个结果的一系列活动。每个阶段同样遵循项目管理的5个工作过程。这一理念在PRINCE2中得到了应用,虽然所分的阶段

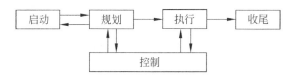

图 1-13 项目管理过程的循环

有所不同,但实质理念是相同的。英国商务部(OGC)在项目管理的最佳实践的基础上制定了 PRINCE2 项目管理标准体系,该项目管理标准体系把项目管理分为 4 个层级、7 个过程。图 1-14 所示为 PRINCE2 项目管理模型。

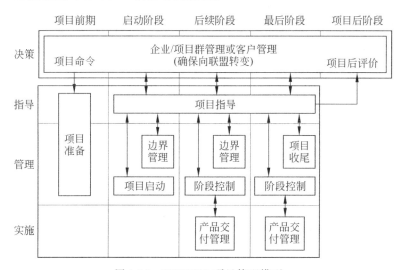

图 1-14 PRINCE2 项目管理模型

PRINCE2 项目管理模型包括下列 7 个管理过程。

(1) 项目准备:创建项目管理团队,定义项目目标,定义如何提供解决方案,商业论证和风险初始研究,制订必要的项目计划和控制措施,使管理者批准项目开始。

(2) 项目指导:确认项目组织,同意项目目标,批准计划以形成项目合同,批准合同,批准项目的阶段计划,对重大问题作出决策,确保管理高层了解项目状态,批准项目收尾。

(3) 项目启动:计划生产产品的质量,制订项目计划,商业论证的扩展,重新评估风险,确定产品质量的控制方法,为项目制订必要的控制措施,为项目批准作好准备。

(4) 阶段控制:项目经理的日常管理活动。

(5) 产品交付管理:同意项目经理的工作,制订项目团队工作计划,指导项目团队工作,汇报工作质量和进度,获得已完成产品的认可。

(6) 边界管理:完成现阶段的工作绩效统计,制订下一阶段计划(或例外计划)和更新项目计划,检查商业论证和风险状况是否发生变化,项目管理委员会批准报告。

(7) 项目收尾:检查所有的产品是否已交付并被客户验收,为由维护和支持部门实施的活动提供文件,计划何时和怎样评估项目的工作,汇报项目的工作情况。

1.3.3 项目管理的主要内容

项目管理涉及的内容比较多。美国项目管理协会出版的《项目管理知识体系指南》把项目管理的内容分为9个方面,即范围管理、进度管理、成本管理、质量管理、采购管理、风险管理、人力资源管理、沟通与冲突管理、干系人管理;然后,把项目管理的9个方面进行整合,称为"整合管理"(又称"集成管理"或"综合管理"),一共构成9+1个方面的管理(9方面的专项管理和1个集成管理)。项目管理的上述9+1个知识领域也得到了国际标准化组织的认同。在2012年发布的ISO 21500 DIS(项目管理指针)中,采用了与PMBOK相同的10个主题(知识领域)。

但PRINCE2把项目管理的内容归纳为7个关键领域:①商务方案:创建和维护项目的业务理由记录;②团队组织:定义整个项目团队的个人角色和职责;③质量:质量要求和措施是什么以及项目将如何交付它们;④计划:制订计划所需的步骤和应使用的PREECE2技术;⑤风险:有效识别可能影响项目的风险和机会;⑥变更:项目经理将如何评估和对项目的变更采取行动;⑦进展:计划的持续可行性和执行情况,以及项目应该如何进行。

作为项目经理,项目管理的核心事项包括项目范围、项目进度、项目成本、项目质量、项目采购和项目风险,这些事项不是简单的单项管理,还要进行优化整合,即整合管理;具体事项由项目团队来实施,但少不了组织管理层和项目干系人的支持;要充分发挥三者的作用,需要良好的沟通管理。换句话说,项目管理以沟通为媒介,在组织管理层和项目干系人的支持下,对项目范围、项目进度、项目成本、项目质量、项目采购、项目风险进行分项管理和对各个分项进行全局优化的整合管理,其中,组织管理层的支持体现在项目治理,而获得项目干系人的支持需要良好的干系人管理。项目管理可以形象地比喻为一盆红花,如图1-15所示。

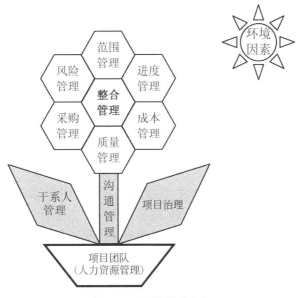

图1-15 项目管理之花

图1-15可称为项目管理之花。项目团队是项目管理之花的生存土壤，花的盛开取决于土壤的肥沃程度，项目的执行依靠项目团队的实力；组织管理层和项目干系人是项目管理之花的绿叶，俗话说红花虽好还需绿叶扶持，各个分项的管理还需要组织管理层和干系人的大力支持；沟通管理是花的茎干，项目团队、组织管理层和干系人的支持和一切管理活动是由沟通管理来实现的；项目环境就是花所处的环境，环境的条件影响花的生长。

1.3.4 项目管理的主要过程

法国哲学家笛卡儿建议将一个复杂的问题分解为若干个简单的部分来处理，这一原则也适用于项目管理。美国项目管理协会的PMBOK把项目管理细分为9+1个方面，每个方面的管理都遵循管理的5个过程，即启动、计划、执行、控制和收尾，共形成47个过程（注：有些比较简单，不需要叙述，有些比较复杂，分解为多个过程进行叙述），通过讲解每个过程的输入、过程涉及的工具和技术以及输出来阐述项目管理。图1-16所示为项目管理知识体系指南的主要流程。

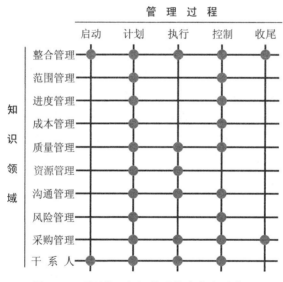

图1-16 项目管理知识体系指南的主要流程

国际标准化组织的ISO 21500 DIS（项目管理指针）也采用类似PMBOK的项目管理知识体系框架，但在具体细节方面有所不同，只提出了39个过程。

1.3.5 项目管理的基本流程

无论是分阶段管理还是分领域管理，在项目实施过程中，相关活动有先有后，虽然有些活动可以同时实施，有些活动相互影响，需要互相调整适应，但总体上可以把项目管理工作分为若干个步骤来进行。项目管理的这些实施步骤就是项目管理的流程。虽然项目管理没有统一公认的管理流程，但项目管理过程大体上可以分为10个步骤，并在风险管理、沟通管理和干系人管理的基础上依次进行，如图1-17所示。

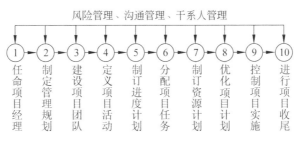

图 1-17　项目管理的基本流程

1. 任命项目经理

为了制定更合适的项目目标和管理规划,应邀请项目经理参与项目章程的编制,从而提高项目目标的成功概率。因此,第一步是初步任命项目经理。项目经理是项目团队的领导核心,对项目的成功至关重要,如何选择合适的项目经理详见第 2 章。

2. 制定管理规划

在项目实施之前,首先要有一个总体的项目管理规划,确定项目目标,界定项目的工作内容、范围和时间,确定什么时候完成各项计划,什么时候开始实施和什么时候完成等一系列管理活动里程碑,提供绩效度量和项目控制的标准与基线等,并以项目章程的形式正式启动项目,确认和任命项目经理。详见第 3 章。

3. 建设项目团队

项目经理在获得授权后,对于简单的小项目,直接组建项目团队;对于大型复杂项目,先组建项目管理团队。项目团队是项目实施的主体,没有高效的项目团队,就不能有效地实现项目目标。详见第 4 章。

4. 定义项目活动

项目经理与项目团队一起确定所有需要完成的主要任务,建立工作分解结构,并对活动进行定义。对于小型简单项目来说,项目经理一人就可以完成项目活动的定义;对于大型复杂项目来说,一般要借助于群众的智慧,与项目团队一起完成项目活动的定义工作。详见第 5 章。

5. 制订进度计划

这里的进度计划指项目初步进度计划,以确定项目的工期。和员工一起作出各项活动的工期估计,根据所要完成的主要任务制作甘特图(注:甘特图清晰地显示出所要完成活动的情况和完成每项活动的时间框架)。然后,制作一张网络图以表明任务间的相互依存关系(注:需要项目实施顺序方面的知识),并计算最短工期。详见第 6 章。

6. 分配项目任务

在完成工作分解结构和活动定义及进度计划之后,制定责任矩阵,把任务分配到个人或小组。责任矩阵应反映工作分解结构所示的所有活动,并且表明每项任务谁负主要责任和谁负次要责任。详见第 7 章。

7. 制订资源计划

以进度计划为基础,进行资源需求估算,制订资源需求计划,包括采购计划、资金需求计划和成本计划。一般以资源需求计划为基础,制订项目的成本计划;又根据成本计划,制订资金需求计划。详见第 8 章。

8．优化项目计划

进行时间、成本、质量（或绩效）三者之间的平衡，特别是进度与成本的优化，资源均衡优化，约束条件下的进度管理。详见第9章。

9．控制项目实施

在完成项目计划平衡工作以后，接着实施项目的各项计划。在计划实施过程中，由于风险因素的存在，可能出现偏差，要对项目活动进行控制，保证项目实施的结果与计划的要求以及项目目标相一致。详见第10章。

10．进行项目收尾

项目实施阶段的结束并不意味着整个项目工作的结束，还需要进行收尾。项目全部完成以后，进行项目后评价，总结经验教训，对一些问题进行归档，作为今后项目的指导和借鉴。详见第11章。

1.3.6 项目管理的辅助工具

项目管理的辅助工具一般是指项目管理软件。随着计算机和人工智能的发展，已经开发了许多项目管理软件辅助项目管理，提高了项目管理的效率。根据管理对象的不同，项目管理软件可分为：①进度管理；②合同管理；③风险管理；④投资管理。根据提高管理效率，实现数据、信息共享等方面功能的实现层次不同，又可分为：①实现一个或多个的项目管理手段，如进度管理、质量管理、合同管理、费用管理，或者它们的组合等；②具备进度管理、费用管理、风险管理等方面的分析、预测以及预警功能；③实现项目管理的网络化和虚拟化，实现基于Web的项目管理软件甚至企业级项目管理软件或者信息系统，企业级项目管理信息系统便于项目管理的协同工作，数据/信息的实时动态管理，支持与企业/项目管理有关的各类信息库对项目管理工作的在线支持。项目管理软件已经从单一功能向综合功能发展，从单一项目管理向多项目管理发展，从单机运行向网络运行发展，而且还在不断地改进，特别是与BIM的结合，使项目管理走向全生命周期的管理。下面简单介绍3个典型的项目管理软件。

1. Microsoft Project

Microsoft Project是以进度计划为核心的项目管理软件，主要帮助项目管理人员编制进度计划，管理资源的分配，管理成本预算，跟踪项目进度，分析工作负荷，也可以绘制商务图表，形成图文并茂的报告。用户可以依靠Microsoft Project与Office家族其他软件的紧密联系，将项目数据输出到Word中生成项目报告，输出到Excel中生成电子表格文件或图形，输出到PowerPoint中生成项目演示文件，还可以将Microsoft Project的项目文件直接存为Access数据库文件，实现与项目管理信息系统的直接对接。目前有两种版本，一个是Microsoft Project Professional；另一个是Microsoft Project Server。该项目管理软件还在不断地发展和完善之中。

2. Oracle Primavera P6

Oracle Primavera P6(简称P6)原是美国Primavera System Inc.公司研发的项目管理软件Primavera 6.0的缩写，于2008年被ORACLE公司收购，对外统一称作Oracle Primavera P6。该软件是集项目、项目群和项目组合的优先级排列、计划编制、管理与执行功能于一身的完整而强大的解决方案。P6 软件采用标准 Windows 界面、客户端/服务器架构、网络支持技术以及独立的（Oracle XE）或基于网络的（Oracle 和 Microsoft SQL Server）数据库。作为综合性的多项目组合管理解决方案，P6 基于角色的功能设计，满足管理团队中不同成员的具体需要、责任以及技能的要求。P6 可以将项目、项目群以及多项目组合的执行情况真实而即时地呈现在管理者面前。P6 的易用性、强大及灵活性使管理者能够更加高效地实施项目并且让位于不同层次的管理人员对项目执行情况进行分析、记录和交流，以便作出及时有效的决策。运用 P6 软件可以完成下列工作：选择正确的项目战略组合；保障项目、信息技术以及企业的控管；提升项目执行的过程和方法；增强项目团队的协作；衡量项目的发展趋势；成功完成更多项目，并追求预期的投资回报。

3．BIM

BIM（Building Information Modelling，建筑信息模型）是开放的平台，可以扩展和集成。BIM 的核心是多专业、多阶段、多方位、多要素的整合，包括建筑资源的整合、建筑过程的整合、建筑成果的整合，是个多元系统。

BIM 在 3D 模型上可以融入进度控制系统（4D 模型）、融入成本控制系统（5D 模型）等。理论上还可以融入更多信息维度，拓展为 6D、7D、…、nD 模型，但因为建筑是个复杂的产品，随着维度的增加，可能超出它扩展的极限而导致系统崩溃或开发难度几何级加大。不同维度的数据格式不同，数据的对应关系无法精确描述，这反而限制了数据的应用，也影响了分析结果的精确性。

思 考 题

1．什么是项目？项目有哪些特征？我们所看到的国家体育场（鸟巢）是一个项目吗？说明理由。

2．如何对项目进行分类？项目分类有什么作用？

3．什么是项目生命周期？怎样看待不同的项目生命周期的阶段划分？

4．管理的基本职能有哪些？质量管理中的 PDCA 循环与这些基本职能之间有何联系？说明理由。

5．什么是项目管理？

6．项目管理有哪些过程？

第 2 章

项目经理的任命

项目是由项目经理领导的项目团队来完成的。项目经理不但是项目团队的领导核心,而且项目团队一般由项目经理组建或参与组建。因此,任命合适的项目经理至关重要。要任命合适的项目经理,就需要充分了解项目经理在项目中的角色定位,了解项目经理的职责,了解项目经理的授权,了解项目经理的能力要求。

2.1 项目经理的地位与角色

项目经理(project manager)是由项目实施机构任命的,负责项目实施过程管理,领导项目团队实现项目目标的个人。为了任命合适的项目经理,首先应该了解项目经理在组织结构中的地位,了解项目经理所承担的角色。

2.1.1 项目经理在组织结构中的地位

从管理的角度来看,项目的管理在两个层面上进行:一是公司(或项目群、项目组合)层面的项目管理,主要是制定项目规划、任命项目经理等工作,一般是由公司高层经理主导,项目管理指导委员会辅助实施;二是项目层面的管理,主要是按照项目规划,有效地利用资源,在成本预算内按时完成项目并达到预定要求,由项目经理负责,下设项目经理部和小组经理,具体工作由项目团队实施。

从组织的角度来看,项目管理分 3 个层级:最上一级是项目决策层,由公司高层经理和项目管理指导委员会组成;中间是项目管理层,由项目经理和项目经理部(或称"项目部")组成;最下一级是项目操作层,由小组经理及其下属小组成员组成。项目经理在组织结构中的地位如图 2-1 所示。

1. 项目决策层的权力和职责

项目决策层由公司高层经理和项目管理指导委员会组成。公司高层经理是项目管理的最高决策人,负责项目的审批和最终评价,目的是保证项目目标与组织目标一致。其主要职责包括:①确保项目目标与组织的战略目标一致;②对项目立项、项目撤销进行决策;③任命项目经理并定义项目经理的职责范围及授权限制;④制定项目经理绩效评估标准和指标;⑤指挥并评估所有项目经理的活动;⑥提供项目经理所需要的支持,如为项目的计划、控制、审查和评估提供必要的信息。⑦制定解决冲突和设定资源分配优先级的政策,确保项目之间的一致性;⑧负责职能部门与项目团队之间的协调。

为了辅助公司高层经理管理公司的项目,一般会设置项目管理指导委员会,或者项目

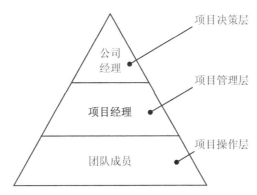

图 2-1　项目经理在组织结构中的地位

群经理,或者项目管理办公室,分担高层经理的绝大多数与项目相关的职责,辅助项目管理政策和计划的制订,帮助控制技术和系统,目的是协调、组织、指导和实施公司的所有项目,使其总体效益最大化。其主要职责包括:①确定年度项目开发计划;②评审项目计划,包括进度计划、成本预算、质量计划等;③召开项目阶段性评审会,必要时对项目阶段报告进行评审,对项目总结报告进行评审;④监督项目管理相关制度的执行(如项目管理体系的运行情况和运行效果);⑤对项目进行过程中的重大里程碑、重大变更计划作出决定;⑥确定项目的绩效考核原则。

尽管项目决策层不是项目团队的组成部分,但非常重要,因为它通常为公司的项目设定管理环境。例如,某建筑企业设置了项目管理办公室,并赋予下列职责:①管理企业的项目管理体系;②建立统一的项目管理标准、规范和相关制度;③对企业内部各项目实施综合协调和监督;④对企业下级机构在项目管理方面的情况进行监督和检查;⑤收集有关信息为企业最高管理者和项目经理决策提供支持。其中,企业项目管理体系包括下列几个:①项目管理目标体系;②项目管理组织机构体系;③项目管理授权体系;④项目管理职责体系;⑤项目各项业务管理体系;⑥项目管理文件与制度体系;⑦项目管理监督与考核体系;⑧项目管理方法体系。

2. 项目管理层的权力和职责

项目管理层由项目经理和项目经理部组成。在项目组织管理结构中,这一层级责任最重,最为关键。在项目经理责任制的管理体系中,项目经理是企业为建立以项目经理责任制为核心,对项目实行质量、安全、进度、成本管理的责任保证体系,全面提高项目管理水平而设立的重要管理岗位。无论项目大小,无论项目组织管理结构简单还是复杂,项目经理处在中间层级而且必不可少,是项目管理层的核心,处于项目管理的核心地位,起着承上启下、沟通内外的作用。其主要职责包括:组建项目团队,进行责任分工,制订项目的进度、成本、质量计划,控制项目的进度、成本、质量,控制项目风险,协调相关工作,考评项目成员的工作绩效等。

项目经理部是项目日常管理的常设机构,由项目经理领导,直接对项目经理负责。项目经理部主要负责项目的日常管理、资源配置、成本估算、成本汇报、成本控制、工作进度、进度报告以及项目管理计算机软件系统的监督等工作。在整个项目生命周期(从项目批准到完成交付)过程中,项目经理部的主要职责包括:①拟定项目管理的各项制度;②开发和维护项目管理标准、方法和程序;③制订具体的年度项目计划;④依照项目管理相关制度管理项目;⑤对项目的进展进行适时的跟踪;⑥协调项目开展所需的资源及项目的外部工作;⑦组织项目阶段性评审;⑧保存项目过程中的相关文件和数据;⑨为优化项目管理提出建议,主要包括:为公司各个项目提供项目管理的咨询和指导,为公司提供项目管理培训,为企业提供项目管理的其他支持。

3. 项目操作层的权力和职责

项目操作层(或称项目交付管理层)由小组经理及其下属小组成员组成。小组经理(或称职能组长、工作包主管、工长)处于项目管理结构的最低层级,负责产品交付管理。小组经理一般由项目经理挑选,并对项目经理负责。在大中型项目中,为了便于管理,项目工作一般分为若干个部分,并明确地定义其任务或工作包,每个部分的工作由小组经理负责。小组经理与项目经理共同准备整个项目计划中属于自己负责的那部分,并监督小组所执行的项目工作。其主要职责包括准备工作包的计划、日程安排和预算,并监督工作包的实施,报告工作进展情况。

4. 项目组织管理层级间的关系

项目有大有小,相应的项目团队有大有小,因而项目的组织管理有简单有复杂。有些公司不设置项目管理指导委员会或项目管理办公室,由公司高层经理直接指挥项目经理,并承担项目决策层的全部职责。有些公司设置项目管理指导委员会,并由公司高层经理领导,二者合二为一,把公司高层经理的职责并入项目管理委员会。有些公司用项目管理办公室代替项目管理指导委员会,通过项目管理办公室将全公司在项目管理方面的技术集中起来,有助于提高项目管理效率。例如,采用矩阵型组织结构同时执行多项目时,设置项目管理办公室为所有的项目提供项目管理支持服务比每个项目都设置一个项目部更经济。

对于较大的项目,一般还在项目管理层设有项目经理部,协助项目经理进行项目管理;而较小的项目可能不设置小组经理,由项目经理直接管理团队成员。例如,中国建筑股份公司采用三级项目管理结构:在公司层级设置项目管理委员会(注:一种跨部门、委员会式的非常设项目管理机构),确定并贯彻企业项目管理方针与目标,综合协调企业的项目管理职能。在项目层级设置项目部,项目部下设若干个职能小组,如技术部、合约部、质量部、安保部等。

项目组织管理结构中,每个管理层级有各自的职责,但层级之间又相互作用:①较高层级对较低层级进行指导、监督和控制。例如,项目管理指导委员会为项目管理层的关键决策把关,规范项目管理,指导项目部的重大决策,为决策提供科学有效的依据;项目管理层级中所提供的工作包定义了项目操作层级的工作。②较低层级管理过程的结果反馈给较高层级,使较高层级的工作过程更有效。例如,项目管理层级所提供的基本计划和控制信息使项目决策层级的活动更加有效。此外,项目管理办公室与项目经理部的工作重点不同:①项目管理办公室是项目的决策中心,项目经理部是项目的执行中心;②项目管理办公室以项目利润为中心,项目经理部以项目成本为中心;③项目管理办公室应为项目经理部提供相应的支持和服务,项目经理部应接受企业的监督和考核。

2.1.2 项目经理承担的角色

苏轼的名句"横看成岭侧成峰,远近高低各不同"富有哲理,虽然是用来描述庐山风景的,但用来描述项目经理的角色也适用。从不同的角度来看,项目经理的角色不同。

从纵向来看,项目经理处于项目组织管理结构的中间,起着承上启下的作用;从横向来看,项目经理处于公司内部与公司外部交合处,起着沟通内外的作用;从环境来看,项目经理处于多种项目利益相关者之中,起着协调管理的作用。项目经理的角色可以用九宫格来表示,上有公司经理,下有项目团队,左有职能部门,右有项目客户,周围还有政府机构、项目管理指导委员会、项目分包商和社会公众,如图 2-2 所示。

1. 承上启下的角色

"承上启下"的角色对项目经理有两项要求:一是"承上",就是要对上负责,即对公司经理负责;二是"启下",就是要对下负责,即对项目团队成员负责。二者的目标是一致的,项目团队实现了项目目标也就执行了公司所制定的项目规划。

项目经理是公司委派的项目负责人,公司经理授权项目经理全权负责项目,负责整个项目的计划、组织、执行和控制。因此,要求项目经理领会上级意

项目管理指导委员会	公司经理	政府机构
职能部门	项目经理	项目客户
项目分包商	项目团队	社会公众

图 2-2 项目经理的角色定位

图,贯彻执行公司所制定的项目规划,实现公司目标。此外,项目经理应在项目管理指导委员会的指导下行使由公司高层经理(或项目群经理)赋予的授权,实现项目目标。

项目经理是项目团队的领导者,项目经理首要职责是领导项目团队在预算范围内按时间要求完成全部项目工作内容,并使客户满意。荀卿在《荀子·王霸》中说,人主者,以官人为能者也。匹夫者,以自能为能者也。优秀的项目经理并不是靠自己一砖一瓦地把项目建成,而是领导项目团队去实现项目目标。因此,项目经理要善于授权,善于激励员工,善于建设高效团队,既能够让项目团队成员心甘情愿地为项目做事,又能够给公司经理一个满意结果,从而实现项目目标。

2. 沟通内外的角色

"沟通内外"的角色要求项目经理做两方面的沟通:一是对内沟通,要接受项目管理指导委员会的指导,与职能部门沟通,与项目分包商协调;二是对外沟通,是公司与外部项目利益相关者(如项目客户、政府有关部门、社会公众等)之间的沟通纽带。

项目经理要完成自己的职责工作必须依靠来自公司的职能部门的支持,有时还必须依靠外部的分包商。项目经理在项目—职能部门—客户之间的界面上工作,将项目要素集成起来以实现项目的时间、成本和绩效目标,并对项目的成功负有终极责任。然而,大多数项目经理仍处于公司的传统层级体制之外,拥有的正式权力有限,主要依赖沟通和协调方式获得职能部门的支持。

项目经理除了要明确自己在项目中的职责和权限、地位和作用,更要识别项目的利益相关者,并进行沟通协调,尽可能使各方的行为符合项目的统一目标。作为公司与外部利

益相关者的联系纽带,项目经理是项目沟通的中心,是所有报告、请求、备忘录和抱怨最后汇集的端口。在信息来源和接收者之间,项目经理需要提炼、总结和转换这些信息,以确保项目参与者充分知晓项目的政策、目标、预算、日程安排、需求和变更的相关信息。

3. 项目经理的角色定位

项目经理的角色不是固定不变的。项目团队的组织结构形式不同,项目经理所承担的角色也有所不同。在职能型组织结构团队中,项目经理是项目协调人;在项目型组织结构团队中,项目经理是项目全权负责人;在矩阵型组织结构团队中,项目经理是一个介于项目协调人与项目负责人之间的角色。例如,在一些小型公司里,采用职能型组织结构,项目经理往往由职能部门的经理或工程师来兼任;而在一些大型公司里,一般安排全职的项目经理,项目经理的职权是负责一个项目的管理工作,或几个同时进行的项目管理工作。

项目管理是一个动态的、交互作用的并富有挑战性的管理。项目经理的角色是如此重要以至于没有项目经理就没有项目管理。但值得注意的是,项目经理的真正身份很可能会被其所肩负的其他头衔所掩盖,执行内部项目时更是如此。例如,在公司设备更新换代的项目中,负责该项目的经理可能是原来就有"设备经理"头衔的管理人员;然而,他实际履行的是一名项目经理的职能。又如,在新产品研发项目中,项目负责人往往被授予"总工程师"或"总设计师"的头衔,像中国神舟飞船研制项目的负责人就是"神舟飞船系统总设计师",一个实质上的项目经理。有些情况下,一名负责某项目设计工作的工程师在某种程度上还担负着保障项目顺利实施直至完成的责任,因而该工程师实际上拥有双重地位,一方面要履行监督和指挥项目设计人员工作的直线管理职能,另一方面还要负责参与项目的其他部门的协调工作。

2.1.3 项目经理任命流程

由于项目经理对于项目的成功具有直接的重大影响,因此选择合适的项目经理是机构管理层在组建项目团队时应重点考虑的问题。根据"知彼知己,百战不殆"的理念,为项目选择项目经理时,首先,必须清楚了解项目自身的基本特征;其次,根据项目特征,界定项目经理的岗位职责;最后,根据岗位职责,制定招聘项目经理的资质要求(胜任素质模型、能力素质模型或胜任力模型),据此挑选合适的项目经理。只有项目经理的能力与项目经理的职责相匹配,项目经理的职责满足项目实施的要求,项目才有可能成功。因此,任命项目经理的流程可以概括为项目经理的个人能力与项目特征匹配模型。该模型有7大步骤:①分析项目的主要特点;②确定项目经理的工作职责;③创建项目经理胜任力模型;④物色项目经理候选人;⑤测评候选人的胜任力;⑥进行测评结果与胜任力模型的比较;⑦授予项目经理必要的职权。图2-3所示为任命项目经理的典型流程。

1. 分析项目的主要特点

不同类型的项目有不同的特点,如IT项目以软件设计和编程为主,公路项目以土木工程的设计和施工为主。俗话说"人尽其才,才尽其用"。如果让IT领域的项目经理负责公路项目,一方面可能导致项目经理本人劳而无功;另一方面可能导致项目失败。同样的道理,如果让土木工程领域的项目经理负责IT项目,也会导致项目经理的不满和项目

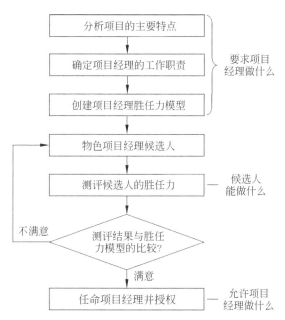

图 2-3 任命项目经理的典型流程

的失败。即使是同一类型的项目,项目与项目之间也有不同之处,如有些项目比较简单,有些项目比较复杂,因而对项目经理的要求不同。因此,第一步要分析项目的主要特点,如规模的大小、工期的长短、风险的高低、技术的难易、组织的繁简,等等,为界定项目经理的岗位职责奠定基础。只有当项目经理的职责是基于项目经理执行项目时所要做的事情,才能确定一个合适的项目经理选择标准。

2. 确定项目经理的工作职责

不同的项目对项目经理的要求不同,项目经理的工作职责是根据项目主要特点确定的。依据项目的类型、规模大小、工期长短、技术难易、组织繁简程度和所需资格条件,确定项目经理的工作职责。确定项目经理工作职责的过程称为工作分析或职位分析、岗位分析、职务分析,即一种确定完成工作岗位的各项工作所需技能、责任和知识的系统过程。主要方法包括行为事件访谈法、专家小组法、问卷调查法、全方位评价法、专家系统数据库法和观察法等,一般以行为事件访谈法为主。

3. 创建项目经理胜任力模型

个人的胜任力是指个人能做什么的能力,岗位工作要求是指期望个人在岗位上做什么,项目实施环境是指个人在项目中可以做什么,三者交集部分就是员工最有效的工作行为或潜能发挥的最佳领域。当个人的胜任力大于或等于这 3 个圆的交集时,员工才有可能胜任该岗位的工作。构建胜任力模型就是个人胜任力与另外两个圆的交集部分,即能够保证员工有效完成工作的胜任力模型。在创建项目经理胜任力模型时,可以参照美国项目管理协会的项目经理胜任力发展框架和国际项目管理协会的项目经理胜任力基准。

4. 物色项目经理候选人

为了遴选合适的项目经理,需要物色项目经理候选人。项目经理既可以从内部选拔也可以从外部招聘。采用何种方式取决于企业的人才储备情况,一般优先考虑从企业内部选拔;只有当内部没有合适的人选时,才考虑进行外部招聘。

内部选拔项目经理具有下列优点:①他们熟悉公司的组织、制度、流程有助于更快、更好地完成任务;②他们的人事记录比较完整,可以最大限度地授予其项目管理的责任和权力;③具有良好记录的项目经理及其团队易受客户欢迎。外部招聘项目经理有利于引进人才,可以解决人才短缺的问题,但不利于公司的人才培养。因此,在进行外部招聘之前,一般先在内部筛选项目经理。

5. 测评候选人的胜任力

根据所构建的胜任力模型,设计科学胜任力测评指标,对候选人的胜任力进行测评,并形成候选人胜任力测评报告。

6. 进行测评结果与胜任力模型的比较

根据候选人胜任力测评报告,与项目经理胜任力模型进行比较,如果比较的结果令人满意的话,则该候选人是合适的项目经理。比较结果可能是下列 3 种情况之一:①如果候选人的各项测评指标都达到了项目经理胜任力模型的要求,则该候选人是合适的项目经理;②如果候选人的各项测评指标达不到项目经理胜任力模型的要求,则该候选人不是合适的项目经理,应继续物色新的项目经理候选人;③如果候选人的部分测评指标达不到项目经理胜任力模型的要求,则有两种选择:一是如果条件允许,则继续物色新的项目经理候选人;二是如果差别不大而且有改进措施的话,也可以任命为项目经理。

7. 任命项目经理并授权

任何岗位职责都是一个责任与权力的综合体,有多大的权力就应该承担多大的责任,有多大的责任就应该被赋予多大的权力,任何割裂开来的做法都会产生问题。因此,应根据项目经理的岗位职责,授予恰当的职权。

2.2 项目经理的职责与权力

项目管理是管理理论和方法在项目中的应用。因此,管理的基本原则也适用于项目管理。亨利·法约尔(Henri Fayol)认为权力与责任应该相符,管理者必须有命令下级的权力,但凡行使职权的地方,就应当建立相应的责任,责任应当是权力的孪生物,是权力的当然结果和必要补充。项目经理是项目负责人,他有哪些职责和权力?

2.2.1 项目经理的主要职责

项目经理是为项目计划和执行负总责的人。在项目管理中,项目经理处于核心地位,负责整个项目的计划、组织、执行和控制,有效地利用项目团队和其他可资利用的资源,在预算范围和时间期限内交付符合技术要求的项目最终产品和服务。概括地说,项目经理的职责就是对所有项目因素和生命周期阶段进行集成。

从项目经理所承担的角色可知,项目经理的职责可分为对外职责和对内职责。对外职责包括两个方面:一是按客户要求完成项目,成功实现项目目标,争取客户的最大满意度;二是负责与外界的沟通和协调。对内职责也包括两个方面:一是对公司的职责,保证项目目标与公司战略目标一致,为公司战略目标服务,为公司节约资源,创造利润;二是对项目团队成员的职责,保障团队成员的切身利益,有利于他们的职业发展。

由于项目是具有特定目标的一次性任务,所以项目经理的职责不是固定不变的,而是根据具体项目情况来设定。一般来说,项目经理的具体职责包括:①挑选项目团队成员,组建项目团队,建立良好的项目团队合作模式。②全权负责项目的计划、实施、监督与控制,包括工作分解、进度安排、成本预算、工作协调、资源分配,监控进展,发现问题并及时处理,保证项目能达到预期目标。③负责协调团队成员间的关系,处理项目内部的各种矛盾,使项目能顺利地进行。④负责内部信息交流与沟通,与企业的高层经理和各个职能部门进行充分的沟通、协调,向高层管理人员说明项目的技术和财务状况,并报告当前和潜在的错误、问题或超支,使项目能顺利地进行。⑤识别在职能部门、分包商和其他项目参加人员之间的工作界面,向项目干系人报告界面状况,识别技术和职能方面的问题,并启动和协调纠正措施,以便实现集成的效果。⑥应付危机和解决冲突,在项目环境中,风险是不可避免的,冲突也时有发生。项目经理对于事前制订所必需的计划负有全面的责任,从而能够预测和回避危机。⑦对项目小组的各个成员进行绩效评估。⑧对外协调和处理与项目相关的事项。

然而,不但不同行业的项目经理有不同的职责,而且同一行业中不同公司的项目经理也有不同的职责,甚至同一公司的不同项目经理有不同的职责,没有公认的统一职责。例如,PRINCE2认为项目经理是在项目管理指导委员会规定的约束条件下,代表项目管理指导委员会开展项目的日常管理工作,其主要职责是确保项目在指定的时间、预算、质量、范围内产出所要求的产品,还要确保项目产出成果能够实现在商业论证中规定的收益。具体职责如下:①与项目保证角色一起准备下列基线管理产品,并与项目委员会达成一致:项目简介(包括项目产品描述),收益评审计划,项目启动文档及其组件,阶段/例外计划及其产品描述,工作包;②准备以下报告:要点报告、问题报告、阶段终期报告、经验报告、例外报告、项目最终报告;③保存以下记录:问题记录、风险记录、日志;④与企业或项目集管理人员联络,确保既不被忽视,也不会与相关项目重复;⑤与外部供应商或客户经理联络;⑥带领和激励项目管理团队;⑦确保团队成员的行为符合预期;⑧管理决策层级与项目操作层级之间的信息流;⑨管理所需产品的生产,负责总体进度和资源的使用,必要时采取纠正行动;⑩建立和管理项目流程,即风险管理、问题和变更控制、配置管理和沟通等的管理流程;⑪建立和管理项目控制,即监测和报告;⑫授权实施工作包;⑬向指导委员会报告计划偏差;⑭除非已委托他人,否则承担团队领队的角色;⑮除非已委任他人,否则承担项目支持者的角色;⑯执行配置管理策略;⑰保证项目人员遵守配置管理策略;⑱制订配置审计时间计划,检查产品实物是否与配置项记录一致,启动任何必要的纠正措施。

但是,项目经理的具体职责取决于多种因素,其职责范围差异较大:一是与项目组织结构形式有关;二是与企业的项目管理体系有关;三是与项目自身特点有关。

在不同形式的项目组织结构中,项目经理的职责有所不同。在职能型项目组织结构中,项目经理可能只是一个项目协调人,其职责范围比较窄,主要是协调相关职能部门的工作,使项目能够顺利进行;在项目型组织结构中,项目经理可能是高度集权的、全权控制项目的负责人,其职责范围比较广;在矩阵型组织结构中,项目经理是介于二者之间的团队领导。

项目经理的具体职责还受企业的项目管理体系的影响。即使采用同一类型的组织结构,项目经理的职责还与上级主管给予的授权有关。在不同机构中,项目经理所拥有的权力和承担责任的大小是各不相同的;在同一机构的不同项目中,项目经理所拥有的权力和承担责任的大小也可能有所不同。例如,某工程施工项目的章程要求项目经理:①全面负责组织工程项目的施工,主管工程技术部、安全质量部、计划财务部、综合办公室、中心试验室,对项目全权负责。②制定项目管理目标和创优规划,建立完整的管理体系,保证既定目标的实现。③组建精干高效的项目管理班子和施工项目队,搞好项目机构的设置、人员选调及职责分工。④建立严格的经济责任制,强化管理,推动科技进步,搞好成本控制,提高综合经济效益。⑤沟通项目内外联系渠道,及时妥善处理好内外关系。⑥接受建设单位、监理单位及上级业务部门的监督指导,及时向建设单位汇报工作。

项目经理的具体职责还受项目自身特点的影响。IT项目经理与土木工程项目经理的职责有所不同。在建设工程项目中,《建设工程项目管理规范》(GBT 50326—2006)第6.4.1款要求项目经理履行下列职责:①项目管理目标责任书规定的职责;②主持编制项目管理实施规划,并对项目目标进行系统管理;③对资源进行动态管理;④建立各种专业管理体系并组织实施;⑤进行授权范围内的利益分配;⑥归集工程资料,准备结算资料,参与工程竣工验收;⑦接受审计,处理项目经理部解体的善后工作;⑧协助组织进行项目的检查、鉴定和评奖申报工作。而在IT项目中,IT项目经理岗位职责可能包括:①负责IT项目的开发、计划、沟通、报告、审查、衡量、执行和控制,带领团队进行项目需求调研、需求分析、系统设计、项目开发实施;②负责整个项目周期过程中的工作计划、组织、跟踪、执行等管理工作;③对项目的规模、难度、工期、所需资源、费用进行评估和控制;④根据需求进行系统设计和详细设计,制定格式、规范并编写设计开发文档;⑤负责对项目功能、业务规则的设计,形成系统功能架构;⑥负责带领和指导开发工程师完成设计和开发工作并解决各类技术与业务问题,进行项目的功能实现和系统流程监控;⑦识别项目中存在的风险并采取相应的措施以保证项目按计划进行;⑧确保项目团队以高水平的专业技能和团队精神为项目提供尽可能好的解决方案,协助、指导项目组成员的工作,帮助解决问题和进行产品缺陷控制,并对项目组成员的工作进行合理的评价;⑨协调交付项目具体分析或工作流程(中低级复杂性)所需资源。值得注意的是,具体的职责应根据具体项目而定。

项目经理的职责一般通过项目章程加以确定,也可以采用《项目管理目标责任书》的形式加以确定。在任命项目经理后,应与项目经理签订确认项目管理目标责任书,作为考核项目经理和项目部的依据。根据《建设工程项目管理规范》(GBT 50326—2006)第6.3款的规定,建设工程项目的"项目管理目标责任书"可包括下列内容:①项目管理实施目标;②组织与项目经理部之间的责任、权限和利益分配;③项目设计、采购、施工、试运行等管理的内容和要求;④项目需用资源的提供方式和核算办法;⑤法定代表人向项目经理委托的特殊事项;⑥项目经理部应承担的风险;⑦项目管理目标评价的原则、内容和方法；⑧对项目经理部进行奖惩的依据、标准和办法；⑨项目经理解职和项目经理部解体的条件和办法。

2.2.2 项目经理的主要权力

广义的权力是指影响他人行为的特殊能力；狭义的权力是指法定权力（又称为职位权力，简称"职权"），即由组织机构赋予某个正式职位的合法权力，是管理职位所固有的发布命令和使命令得到执行的一种权力，是职务范围内的权力，因此，也称为"制度型的权力"。影响他人行为的方式很多，为了避免混淆，我们只讨论项目经理的法定权力。

在组织管理体系中，每一个管理职位都具有某种特定的、内在的权力，任职者可以从该职位的等级或头衔中获得这种权力。因此，职权与组织内的一定职位相关，是一种职位的权力，而与担任该职位管理者的个人特性无关，它与任职者没有任何直接的关系。职权可以委让给下属人员，授予他们一定权力，可以在限定的条件下行使这种权力。

1. 项目经理的职位权力

在项目管理中，项目经理的权力主要来自上级的授权，即公司（或公司高层经理）为完成项目目标所赋予他的权力。项目经理应具有哪些权力取决于项目经理的职责要求。根据权力与责任相称的原则，职责越大，要求赋予的权力越大；反之亦然。为了确保项目经理能够履行其职责，项目经理一般应具有下列权力：①组建项目团队的权力，有权力挑选项目组成员，可以解聘不合格的成员，拥有奖励和惩戒团队成员的权力；②项目资源的控制权，可以分配和使用项目人员、项目资金和项目物质资源；③项目内部有关决策的权力；④在授权范围内，处理项目与外界的关系，如分包、采购、合同谈判等。

例如，《建设工程项目管理规范》（GBT 50326—2006）第 6.4.2 款赋予项目经理下列权限：①参与项目招标、投标和合同签订；②参与组建项目经理部；③主持项目经理部工作；④决定授权范围内的项目资金的投入和使用；⑤制定内部计酬办法；⑥参与选择并使用具有相应资质的分包人；⑦参与选择物资供应单位；⑧在授权范围内协调与项目有关的内、外部关系；⑨法定代表人授予的其他权力。

又如，某建筑公司的《项目管理规范》中赋予项目经理以下权限：①参与企业组织进行的投标和合同谈判；②在授权范围内与业主及其他有关单位进行业务洽商，并签署有关文件；③主持项目经理部的全面工作，组织和管理项目施工生产活动；④在授权范围内对项目经理部的人、财、物、技术等资源进行组合与管理；⑤接受培训与教育；⑥获得相应的劳动报酬；⑦法律、法规和企业规定的其他权限。

2. 项目经理权力的影响因素

项目经理获得的授权受多种因素的影响，其主要影响因素包括：项目组织结构形式、项目对企业的重要程度或上级主管对项目的重视程度、个人的经验和能力、项目经理与企业主管之间的互动关系（如上级对项目经理的信任程度）等。

（1）项目经理获得的授权受项目组织结构形式的影响。在职能型组织结构中，项目经理可能只是一个项目协调人，权力有限，可以在项目进度安排和预算方面作出决策，但是没有要求职能部门支持这些决策的命令权；在项目型组织结构中，项目经理可能是高度集权的、全权控制项目的负责人；在矩阵型组织结构中，项目经理可能是介于协调人与全权负责人二者之间的团队领导。如果项目经理班子成员较多、配备精良,则应授予项目经理较大的权限;如果项目团队的成员较多,也应授予项目经理较多的权限。相反,授予的权力可以适当少些。

(2) 项目经理获得的授权受项目对公司的重要程度的影响。项目对公司越重要,公司管理层越不放心,越想掌控项目,授予项目经理的权力越少。当然,公司管理层也可以任命信得过的、经验丰富、能力强的项目经理,放手让他去干。

(3) 项目经理获得的授权受项目经理的个人经验和能力的影响。理论上,项目经理必须胜任自己的职责;但现实中,公司经理一般会根据项目经理的经验和能力授予其不同的权力并安排相应的职责。对于那些管理能力较强、经验颇为丰富的项目经理,一般会授予其足够的权限,以便其能充分发挥项目经理个人的主观能动性。相反,对于那些管理能力一般、阅历及管理经验不甚丰富的项目经理,一般会适当保留部分权力,以免其决策过于草率或把握不住,导致项目风险加大,造成不应有的损失。

(4) 项目经理获得的授权受上级对项目经理的信任程度的影响。由于项目是在一定的约束条件下(主要是限定时间、限定资源)具有明确目标的一次性任务,所以项目经理这一职位并不是组织管理体系中固定的永久性职位,因而没有事先设定的权力,而是根据具体项目情况进行"临时"授权,在某种程度上受公司经理的个人因素的影响,难免出现授权不足和权力模糊的地方,如对于自己信任的人给予较多的授权和支持。虽然这种做法不符合现代管理理念,但却是客观存在的现象。

权力运用的方式应与具体情况相适应。例如,在团队纪律、规章制度等方面,应强迫团队成员必须遵守,不得违反;但是,如果强制的方式用得过于频繁、苛刻和广泛,会使多数团队成员感到压抑和愤怒,可能引起反抗心理。在工作绩效方面,表现出色、对项目贡献大的团队成员应给予物质的或精神的或两者结合的额外报酬;违纪违规、给项目造成损失的团队成员应给予一定的惩罚。

职位权力是项目经理实施职责、履行义务的必备条件。然而,在项目管理中,可能出现项目经理的责任很大但授权却较小的现象,二者之间不相称,造成所谓的授权缺口。大多数项目经理不得不依赖于其他形式的影响力,如专业知识、管理技巧、说服能力和个人关系等。例如,项目经理可以利用自己掌握的特定技术和知识,赢得他人的认同和尊重,从而影响他人的行为;通过自身行为、能力、信心和声望来影响他人的行为;利用亲和力、个人魅力、私人友谊等来影响他人的行为。

总而言之,成功的项目经理倾向于依靠知识、经验和个人的关系来发挥影响作用,通常能够不必通过发号施令或利用上下级关系就可以影响他人的行为。成功的项目经理总是能够灵活多样地运用职权,有时强硬,有时温和;有时直接,有时间接;有时民主,有时专制;目的只有一个:让项目团队多、快、好、省地完成项目。权力的运用效果与项目经理的知识、经验、声望、能力、品行、口才、仪态都有一定的关系。因此,项目经理必须通过经验和声誉展示自己具备的技术能力和管理能力,培养有效的说服能力和沟通技巧。

2.3 项目经理的能力要求

能力是一个比较难定义的概念，也没有统一公认的定义。国际项目管理协会把能力定义为知识、经验和个人素质的聚合（能力＝知识＋经验＋个人素质），而美国项目管理协会把能力定义为知识、技能和态度的聚合（能力＝知识＋技能＋态度）。胜任力就是成功完成一项任务所需要的能力；或者成功达到一个目标或者完成一项任务所体现出来的素质，或者"成功完成一项活动所必需的主观条件"，或者"直接影响活动效率并使活动顺利完成的个性心理特征"。国际项目管理协会把个人的胜任力定义为能够应用知识、技能和才能实现所希望的结果。

研究表明，项目经理是否能够胜任是项目能否成功的要素之一。因此，分析项目经理的能力要求是任命项目经理的前提条件。

2.3.1 项目经理的胜任力模型

项目经理应具备哪些能力取决于项目经理的职责要求和授权情况，而项目经理是否胜任就是看项目经理的能力是否满足他的职责要求和授权要求。换句话说，项目经理的能力要求就是项目经理的胜任力模型（亦称为"胜任素质模型""能力模型""全能力模型""素质模型"）。

胜任力模型是指担任某一特定的角色所需要具备的胜任力的总和。大卫·麦克利兰（David McClelland）把"胜任力"定义为能明确区分在特定工作岗位和机构环境中杰出绩效水平和一般绩效水平的个人特征，并将胜任力分为 5 个层次：知识（knowledge）、技能（skill）、自我意识（self-concept）、特质（traits）、动机（motives）。其中，知识和技能是外在表现，相对容易了解与测量，如可以通过资质证书、考试、面谈、简历等具体形式来测量，也可以通过培训、锻炼等办法来提高这些素质；而自我意识、特质和动机是内在的、难以测量的部分。前者像冰山的水上部分，后者像冰山的水下部分，二者结合就是著名的"冰山模型"。

项目经理在管理一个项目时，到底哪些能力起作用，起多大作用，很难量化评价，即使定性评价也是仁者见仁，智者见智，没有统一的、公认的界定。不同的项目管理协会不仅对项目管理职业资质分级不同，而且对项目管理专业人士应具备哪些能力的看法也有所不同，甚至同一个组织在不同的时期看法也有所不同。

1. 美国项目管理协会的项目经理胜任力模型

美国项目管理协会的《项目经理胜任力开发框架（第二版）》（*Project Manager Competence Development Framework*, 2nd Ed.）把项目经理胜任能力分成 3 个方面：一是知识，称之为项目经理的知识胜任力，即项目经理所掌握的关于过程、工具和技术在项目活动中应用的知识，可以通过适当资格的评估来证明，如 PMP（项目管理专业人士资格认证）考试或其他等效的国际项目经理认证；二是技能，称之为项目经理的执行胜任力，即项目经理运用项目管理知识来满足项目要求的技能，可以通过评估项目相关的行动和结果来证明；三是个人素质，称之为项目经理的个人胜任力，即项目经理在项目环境中进行活动时的行为、态度和核心人格特征,可以通过评估项目经理的行为来证明。项目经理具备上述3个方面的胜任力才被认为是完全胜任的,具体说明如下。

项目经理知识胜任力反映项目经理对项目管理的了解程度,它包括PMBOK项目管理知识体系,如项目管理的方法、工具和技术等。

项目经理的执行胜任力是项目经理运用项目管理知识能做什么的能力,它包括5个方面。

(1) 项目启动:批准和界定一个新项目的初步范围的工作。相关能力体现在5个方面:使项目满足机构的目标和客户的需要,项目初步范围应包括项目干系人的需要和期望,理解高风险、假设和限制条件,识别项目干系人和他们的需要,批准项目章程。

(2) 项目计划:使项目范围成熟、制订项目管理计划、识别和安排项目活动等工作。相关能力体现在10个方面:同意项目范围,批准项目进度安排,批准成本预算,同意项目团队的角色和职责,同意沟通活动,建立质量管理过程,批准风险应对计划,定义整体变更控制过程,批准采购计划,批准项目计划。

(3) 项目执行:管理计划中所定义的工作,从而实现项目范围内的项目目标。相关能力体现在5个方面:完成项目范围规定的工作,管理项目干系人的期望,管理人力资源,按计划管理质量,管理物质资源。

(4) 项目监控:进行实际绩效与计划绩效的比较,分析偏差,评估影响过程改进的趋势,评价可能的备选方案,并根据需要采取适当的纠正措施等工作。相关能力体现在6个方面:跟踪项目并向项目干系人通报项目状况,管理项目变更,进行质量监控,进行风险监控,管理项目团队,进行合同管理。

(5) 项目收尾:正式终止项目并将已完成的产品投入运行或关闭被取消的项目等工作。相关能力体现在4个方面:接受项目结果,释放项目资源,衡量和分析项目干系人对项目的认知,正式交割项目。

项目经理的个人胜任力有助于项目经理应用项目管理知识的能力和执行胜任力的发挥,它包括6个方面。

(1) 沟通能力:通过适当的方法与项目干系人有效地、准确地、恰当地交流相关信息。沟通能力体现在4个方面:主动倾听、理解和回应项目干系人,维持沟通,确保信息质量,因人制宜的沟通方式。

(2) 领导能力:指导、鼓励和激励团队成员及其他项目干系人管理与克服问题,从而有效地实现项目目标。领导能力体现在5个方面:创造一个提高绩效的团队氛围,建立和维持有效的人际关系,激励和指导项目团队成员,承担完成项目的责任,必要时运用影响技能。

(3) 管理能力:通过人力、财务、材料、智力和无形资源的部署与使用,有效地管理项目。管理能力体现在3个方面:建立和维持项目团队,有条理地计划和管理项目,解决项目团队与项目干系人之间的冲突。

(4) 认知能力:在不断发展变化的环境中,运用适度的感知、辨别和判断,有效地指导项目。认知能力体现在4个方面:从整体出发看待项目,有效解决事情和问题,应用合适的项目管理工具和技术,寻找改进项目结果的机会。

(5)有效性:在所有项目管理活动中,使用合适的资源、工具和技术,获得期望的结果。有效性体现在 4 个方面:解决项目问题,维持项目干系人的参与、激励和支持,调整节奏满足项目需要,必要时采取果断措施。

(6)专业性:在项目管理实践中,体现负责、尊重、公平、诚实等品质的道德行为。专业性体现在 5 个方面:致力于项目,诚实地运作,用适当的方式处理个人和团队的困境,管理多元化的员工队伍,客观地处理个人和机构的问题。

2. 国际项目管理协会的项目经理胜任力模型

国际项目管理协会以 ICB(IPMA Competence Baseline,国际项目管理协会的项目管理专业资质标准)为基础,随着对项目管理胜任力的深入研究,对项目管理胜任力的理解也发生了变化。例如,IPMA 的 ICB 2.0、ICB 3.0 与 ICB 4.0 对项目管理的胜任力看法不同。ICB 2.0 从项目管理知识、项目管理经验、个人态度和总体印象 3 个方面 60 项指标评价胜任力;ICB 3.0 从管理技术、组织行为和环境感知 4 个方面 46 项指标评价胜任力;ICB 4.0(Individual Competence Baseline for Project, Program and Portfolio Management,项目、项目集和项目组合管理个人胜任能力基线)包含人员、实践和认知 3 个方面 29 项胜任力要素(每项要素可以通过若干个关键胜任力指标进行评价):一是人员(people),具备项目(项目集和项目组合)成功所需要的个人和人际方面的能力,主要包括反省和自我管理,个人诚信和可靠性,个人沟通,关系与管理,领导力,团队合作,冲突与危机,智谋,谈判,结果导向 10 个方面的能力;二是实践(practice),实现项目(项目集和项目组合)成功的方法、工具和技术,主要包括项目设计,要求与目标,范围,时间,组织与信息,质量,财务,资源,采购,计划与控制,风险与机遇,干系人,变化与变革,选择与平衡(只适用于项目集和项目组合)14 个方面的能力;三是认知(perspective),个人与环境互动并进行理性判断的方法、工具和技术,主要包括战略,治理、结构和过程,遵守标准和制度,权力和利益,文化和价值 5 个方面的能力。

3. 项目经理胜任力荷花模型

虽然各有各的考核依据,对项目经理应具备哪些胜任力要素也有所不同,但基本上是指项目经理有效履行职责所需要的能力。首先,项目经理应具备一定的项目管理知识(如掌握了美国项目管理协会的《项目管理知识体系指南》)以及项目相关的技术知识。如果只有项目相关技术知识,则是技术人员(或专家);只有同时具备项目管理知识,才能成为项目经理。其次,项目经理应具有应用项目管理知识的能力。项目管理的主要职能是计划、组织、领导和控制,因此项目经理应具备计划与决策、组织与协调、领导与管控、沟通与交际等关键能力。最后,项目经理应具有一定的基本素质来支撑上述 4 种关键能力的运用,如自控能力(自制力——能够自我控制)、认知能力(观察能力、洞察能力)、应变能力(适应能力)、责任心、忍耐力、意志力(坚强的意志)、工作态度(敬业)、心理素质等。

上述知识、能力和素质相互关联,相互作用,部分胜任力要素之间存在某种程度上的重叠。项目经理的基本素质是核心,它支撑关键能力要素,而关键能力要素服务于项目管理知识的应用。项目经理应该具备的能力素质聚合,可以形象地表示成荷花形状——项目经理胜任力荷花模型,如图 2-4 所示。

所谓项目经理胜任力荷花模型,是把胜任力要素由内到外概括为层层包裹的结构。

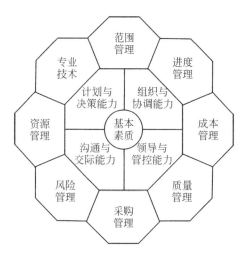

图 2-4　项目经理胜任力荷花模型

最先展现出来的是项目管理知识和项目相关技术,然后是关键能力,最核心的是基本素质。越向内层,越难以评价和习得;而越向外层,越易于培养和评价。值得注意的是,胜任力要素的多少没有形成统一的共识,胜任力要素的名称也没有形成统一的共识。

2.3.2　项目经理的计划与决策能力

对于项目经理来说,项目是一次性的任务,虽然可能有类似的项目供参考,但毕竟存在时空不同等差异,一切都需要先计划、后实施。因此,项目经理需要具备计划能力。所谓计划能力,就是对具体项目或者事情的计划统筹能力,包括洞察事物、工作谋划、整合协调和创造性思维等方面的能力。简单讲就是做事情有全局意识,分清工作先后次序的能力,是对计划目的是否明确,范围是否清晰,进度安排是否合理,资源配备是否合理等因素的一个综合考量。

在项目管理过程中,项目经理面临一定的不确定性。与日常运作相比,所面临的情境相对复杂,所履行的职责相对重大,所担负的任务相对艰巨,如果缺乏决策能力,就不可能成功地实现项目目标。所谓决策能力,就是项目经理对与项目实施相关的事(例如,确定项目目标、制订计划等)作决断的能力。在项目管理中,有许多决策问题,如做什么、谁去做、何时做以及如何做等。不管问题是如何产生的,也不管解决方案是由谁提出来的,项目经理应具备判断能力,选择正确的解决方案。如果只是提方案但不作决策,则处于议而不决的状态。没有决策,只能说是对相关问题进行了研究和分析。因此,项目经理必须具有决策能力。

此外,项目经理还要管理好自己的时间。可以参照科维提出的时间"四象限"法来管理自己的时间。把工作按照重要性和紧迫性两个维度进行分类:第一类是既紧急又重要(如下一步开工的关键路径上的重大活动)的事,应优先处理;第二类是重要但不紧急(如计划中的关键路径上的重大活动)的事,要把主要的精力和时间集中地放在处理这些事上,这样可以做到未雨绸缪,防患于未然;第三类是紧急但不重要(如电话铃声、不速之客、行政检查、主管部门会议等)的事,有选择地做;第四类是既不紧急也不重要(如客套的闲谈、无聊的信件、个人的爱好等)的事,能不做就不做。

2.3.3 项目经理的组织与协调能力

项目一般都涉及多个项目干系人,除了项目团队外,还包括项目客户、分包商、政府的有关部门、社区公众、项目用户、新闻媒体、市场中潜在的竞争对手和合作伙伴等,甚至项目团队成员的家属也应视为项目干系人。不同的项目干系人对项目有不同的期望和需求,他们关注的目标和重点常常相去甚远。因此,项目经理需要组织和协调每件事与每个人,以便实现项目目标。作为项目团队的核心人物,项目经理就像交响乐团的指挥,一切都按照他的指挥行事。换句话说,项目经理的角色就是保持项目中不同因素只对唯一的中心节拍作出响应。如果项目经理没有组织与协调能力,那么整个项目团队就会变成一盘散沙,成员之间和干系人之间也就缺乏默契的配合,从而导致工作无法正常开展。由此可见,项目经理应具备组织与协调能力,即根据工作任务,对资源进行分配,同时协调群体活动过程,使之相互融合,从而实现组织目标的能力。换句话说,组织与协调能力就是把各种力量合理地组织和有效地协调起来实现目标的能力,包括分工授权能力和冲突处理能力。

1. 分工授权能力

分工是指明确个体的具体工作范围和职责,授权是指授予完成职责所需要的权力。在项目实施过程中,具体的工作是由团队成员来做,通过项目团队来达成项目目标,因此项目经理应具备分工和授权能力。

分工不仅是提高劳动效率的基本手段,而且是集体劳动的必要手段。项目的实施不仅需要很多人的共同努力,而且需要多种技能。一个人不可能什么都会,分工可以使每个人专注于自己擅长的工作,有利于提高效率,同时也有助于经验的积累和知识的完善。项目团队中每个团队成员各有自己的角色,各有自己的长处和短处。因此,项目经理的分工和授权能力体现为选贤任能的能力,运用每个人的长处,让每个人只承担自己所擅长的工作,并授予相应的权力,做到扬长避短,通过成员间的互补作用,收到相互支持、取长补短的效果,产生单独、离散个体无法比拟的整体效能,从而实现团队整体效能最大化。

分工和授权意味着准许并鼓励他人来完成所分配的工作,但并不意味着放弃自己的职责,项目经理自始至终对项目的执行负有责任。有效的分工和授权不但使项目经理从繁杂的实务中脱身,有更多的时间和精力专注于项目管理,而且可以使团队成员有发挥才能的机会,从而锻炼和培养团队成员。

总之,项目经理必须具有卓越的分工和授权能力,以组织项目团队成员齐心协力地工作,按进度计划在规定的成本预算内完成各项工作,并达到预定的项目目标。

2. 冲突处理能力

项目经理的大部分时间都花在了协调工作上,一是项目团队内部的分工协调工作,如团队成员之间的工作协调、项目不同阶段的衔接等工作;二是机构内部的协调工作,例如,如果想从职能部门获得必要的信息和服务支持,则需要项目经理在职能部门经理间做好协调工作,无论那些部门是直接参与到项目工作中(如工程部门和生产部门),还是只对项目提供辅助性支持(如会计部门和人事部门)都是如此;三是外部的协调工作,如项目经理需要对外部的项目干系人施加影响,调动其积极因素,化解其消极影响,以确保项目获得成功。然而,在协调过程中,难免会产生冲突。因此,项目经理应具备冲突处理能力。

冲突是指发生在同一空间内两个或以上事物的互相对抗过程。冲突可能是内部需要与外部限制的冲突,也可能是外部需要之间的冲突,还可能是内部需要之间的冲突等;冲突既包括人与环境的冲突,又包括特定环境下人与人的冲突;冲突可能是无形的意识的冲突,也可能是有形的物质的冲突。

俗话说,有人的地方就存在利与害,有利与害就会有冲突。在项目实施过程中,避免不了冲突。在所有组织中,目标、观点和价值不同就会导致冲突。项目组织也是一样,在项目团队与项目客户之间、项目团队与职能部门之间、项目团队与项目团队之间、团队内部的成员之间等都可能发生冲突。例如,项目团队与项目客户之间天然存在利益冲突,项目客户希望花最少的钱获得最好的结果,而项目团队则希望获得最大的利润;项目团队与职能部门之间也可能存在冲突,项目团队从自己的项目出发考虑问题,而职能部门则从机构的角度考虑问题;项目团队与项目团队之间也可能存在冲突,机构的资源有限,团队之间可能会为争夺资源而发生冲突;团队内部的成员之间也可能存在冲突,在任何环境下,个人态度、个人目标、个人习惯和个人事业发展上的差异都会产生摩擦并导致冲突;项目目标之间也可能发生冲突,活动的优先顺序、工期和资源的配置是冲突的根源。因此,项目经理应具备冲突管理能力(或冲突处理能力),在发生冲突时,提出合理的解决办法。

冲突管理就是指分析冲突并解决冲突的过程。冲突管理有两个目标:一是防止冲突升级到"爆发"阶段,把冲突消灭在萌芽状态;二是冲突已经发展到"爆发"阶段,需要善后。根据 Thomas-Kilmann 的冲突处理模式,冲突处理策略可以依据在"协力合作"(cooperativeness)和"坚持己见"(assertiveness)方面所持的态度分为 5 种:合作(collaborating)、顺应(accommodating)、逃避(avoiding)、竞争(competing)和妥协(compromising),如图 2-5 所示。

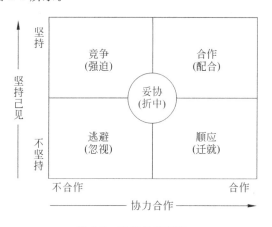

图 2-5　冲突处理策略

1) 合作型冲突处理策略

采取合作型冲突处理策略的人,在冲突处理过程中,坚持己见,但愿意合作。同时关注自己与他人的利益和目标,在追求满足自身需求的同时,愿意满足他人的诉求,真诚地寻求冲突解决方案,尽力满足双方的诉求。当双方都采用合作型策略时,双方都愿意开放、诚实地合作,坦诚地讨论争执点,努力厘清各自立场的差异,并尽量发展相同之处,找到相互都能受益的解决办法,寻求综合双方意见的最终结论,而不是迁就不同的观点,使冲突得以消除。由此可见,合作是最有建设性的冲突处理策略,不会伤害双方关系,也有助于培养信任。

2)顺应型冲突处理策略

采取顺应型冲突处理策略的人,在冲突过程中,不坚持己见,而且愿意合作。由于对冲突感到不安,不再坚持追求满足自身的需求,愿意满足他人的需求,往往通过快速让步来尽快结束冲突。然而,一味委曲求全,并非解决冲突的良方,因为顺应可能扼杀了创造性思考和更有效的问题解决方式,也不一定会使对方满意。由此可见,顺应是以牺牲自己的利益或目标为代价的冲突处理策略,不利于自己的发展。

3)逃避型冲突处理策略

采取逃避型冲突处理策略的人,在冲突过程中,不坚持己见,也不协力合作。虽然对冲突感到不安,但又不愿意面对冲突,既不设法追求满足自身的需求,也不设法去满足他人的诉求,采取"鸵鸟政策",对冲突视若无睹,以拖待变。逃避也不是一无是处,如果是小问题,逃避是一个不错的策略;但如果是大问题,越是逃避,越可能随时间累积导致更大的冲突。由此可见,逃避是以长期的危害为代价换来暂时的"和平",结果只会使问题更趋复杂、更难处理。

4)竞争型冲突处理策略

采取竞争型冲突处理策略的人,在冲突过程中,坚持己见,不愿意合作。面对冲突,坚守自己的立场,不顾一切地追求满足自身的需求,不考虑他人的诉求,不愿退让,不顾后果,一定要赢。这种冲突处处理方式,可能会扼杀发展创意解决方案的机会,也容易损害双方的关系,不利发展长期合作。如果双方都采取竞争型冲突处理策略,则会发生正面冲突,如直接发生争论、争吵或其他形式的对抗,互不相让,不顾冲突带来的后果,你输我赢,你死我活,鱼死网破。

5)妥协型冲突处理策略

采取妥协型冲突处理策略的人,在冲突过程中,适度地坚持己见,也适度地协力合作。认识到双方有不同的诉求,愿意各退一步,进行协商,放弃一部分利益和诉求,换取对方的妥协。如果冲突双方都采取妥协策略,则双方有得有失,没有绝对的赢家,也没有绝对的输家,是具有一定建设性的处理方式。值得注意的是,当双方愿意放弃某些东西来得到另一些东西时,双方可能都觉得失去的比得到的更多,而对结果不满意。

上述任何一种方法在某一特定的时候都可能是合适的。项目经理应采用何种策略?实践中,项目实施过程中有许多不同的冲突,冲突的主体也不同,不是简单地采用某一策略,而是上述 5 种策略的混合使用。例如,在争论白热化时,采取"逃避"策略,暂时退出,直至情绪平息下来再讨论。

2.3.4 项目经理的领导与管控能力

项目经理是项目团队的领导者,其首要职责是领导项目团队在成本预算内按时完成全部项目工作内容,并使客户满意。为此项目经理必须在一系列的项目计划、组织和控制活动中做好领导工作,从而实现项目目标。团队成员需要领导,项目活动需要控制,因而项目经理应具备领导与管控能力。

1. 项目经理的领导能力

广义的领导能力是指支撑领导行为的各种能力的总称,狭义的领导能力是指在完成一项共同任务时通过社会交往过程中的影响而赢得他人的帮助和支持的能力。换句话说,狭义的领导能力就是一种影响力,其最高境界是使下属自觉自愿地为既定目标去努力工作。

对项目经理而言,领导能力是动员项目团队围绕项目使命努力工作的一种能力,即在项目管理过程中充分地利用人力和客观条件,提高整个项目团队的工作效率的能力。项目经理是通过其所领导的团队成员的努力而实现项目目标的,因而项目经理必须具备下列3项领导能力。

(1) 教导能力,是带队育人的能力。在项目实施过程中,有些项目经理感到团队成员能力不够,不敢把工作交给他们。如果真是这样,则应想一想,项目经理教给下属多少能力,下属的能力是否是在项目经理的辅导下成长呢?对于现代的项目经理而言,教导能力是一个十分重要的能力。如果项目经理不懂得如何去教导、培养、辅导团队成员,则意味着团队成员的成长困难。

(2) 感召能力,是吸引团队成员的能力。团队成员一般都希望项目经理是具有卓越才能、决策果断、指挥得当的人,且能够做到有意倾听和接受合理建议、拥有激情与自信,从而可以通过其领导素质和榜样作用获得大家的尊敬。不论项目经理在经验、能力、激情和知识方面有多么强,都不可能单独靠自己的力量实施好一个项目,实施好一个项目需要所有参与该项目的成员具有通力合作的意愿,而不论其是否直接接受项目经理的指挥。因此,项目经理应具有集聚人心的能力。

(3) 激励能力,是激发团队成员积极性的能力。项目经理必须了解和影响团队成员的工作动机,从而激发他们的积极性,提高工作效率。因此,项目经理应该懂得激励理论和方法,并确认自己在激励团队成员过程中所扮演的角色,激励和动员项目团队为实现项目预定目标而努力奋斗。一个高效的项目经理应能创造促使团队成员达成各自目标的条件,而且针对不同的人应采取不同的激励方式,使激励效果最佳。

值得注意的是,有些项目经理习惯于通过直接下命令的方式来指挥项目团队,有时引起团队成员的反感,甚至憎恨。正如老子在《道德经》中所言:"太上,不知有之;其次,亲而誉之;其次,畏之;其次,侮之。"所以,项目经理应加强领导能力的培养。

2. 项目经理的管控能力

人性是复杂的,如何描述人性还没有统一的认识,对人性的认识不同,管理理念也不同。例如,在X理论(经济人假设)的指导下,管理方式是胡萝卜加大棒,一方面靠金钱收买和刺激,一方面严密控制、监督和惩罚,迫使人为组织作出贡献;在Y理论(社会人假设)的指导下,管理人员把重点放在创造机会、发掘潜力、消除障碍、鼓励成长、提供指导的过程等方面。X理论完全依赖对人的行为的外部控制,而Y理论则重视依靠自我控制和自我指挥。然而,人性不能只用X理论或Y理论来解释。Y理论有其积极的一面,但并非所有人都是如此,在项目管理中还需要必要的控制。

此外,项目经理还应具备对项目活动的控制。控制与计划是一个问题的两面:有计划才需要控制,有控制才使计划有意义。控制就是检查工作是否按既定的计划、标准和方法进行,如有偏差,则分析原因并进行纠正,以确保项目目标的实现。由此可见,控制职能几乎包括了管理人员为确保实际工作与组织计划相一致所采取的一切活动。控制是保证目标实现必不可少的活动,通过纠正偏差的行为与其他管理职能紧密地结合在一起,有助于管理人员及时了解组织环境的变化并对环境变化作出迅速反应,确保组织安全,为进一步修改完善计划提供依据。控制的目的包括:一是限制偏差的累积和防止新偏差出现。偏差随时出现,但都在计划允许的范围,一旦出现不可逆转的偏差,并且在实际工作中不断放大,到最后可能会导致计划失败。二是适应环境的变化。通过控制工作,使得组织活动在维持平衡的基础上螺旋上升,即适应环境变化,取得管理突破。

2.3.5 项目经理的沟通与交际能力

在项目实施过程中,项目经理处于中心位置,既要与机构管理层沟通(称之为上行沟通),又要与团队成员沟通(称之为下行沟通);既有与职能部门的沟通(称之为平行沟通),又有与项目干系人的沟通(称之为对外沟通),如图 2-6 所示。沟通过程也是人际关系处理的过程。因此,项目经理应具备沟通能力和交际能力。

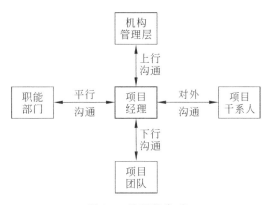

图 2-6 沟通的类型

1. 项目经理的沟通能力

在项目管理中,沟通无处不在,甚至可以说项目管理从沟通开始,以沟通结束,在实施过程中更是少不了沟通。例如:向领导报告项目进度,向客户说明项目成果,向项目团队成员交代工作,争取职能部门的支持,与合作厂商谈判协调配合事项等。既有正式的沟通,如各种评审会议、周例会、项目启动会议、项目总结会议等;也有非正式的沟通,如个人谈话、餐桌上的聊天等。故此,美国项目管理协会的《项目管理知识体系指南》和国际标准化组织的 ISO 21500 DIS (项目管理指针)等都把沟通管理列为项目管理的主要知识领域之一,我国《建设工程项目管理规范》(GBT 50326—2006)把沟通管理拓展为信息管理,由此可见沟通管理的重要性。因此,项目经理必须具备良好的沟通能力。

沟通是指沟通主体与沟通客体之间的信息交流。此处的"信息"具有广泛的内涵,可以是数据资料,也可以是思想、情感等。在工作和生活中,一般是通过语言、文字、形态、眼神、手势等手段来进行信息交流。在信息解释和信息理解的过程中,信息受到沟通主体的多种因素影响,如沟通环境、相对关系、价值观念、文化背景、沟通目标、男女性别、相关知识、相关经验、兴趣爱好等,如图2-7所示。

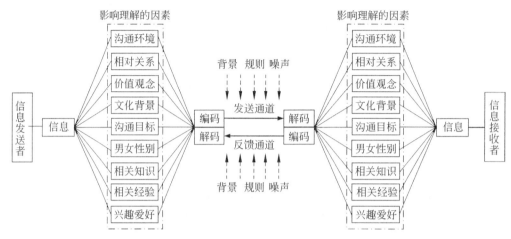

图2-7 人际沟通的模型

图2-7所示为一种人际沟通的模型。从沟通过程可以看出,任何沟通活动都必须有沟通主体(信息发送者和信息接收者)和沟通渠道。沟通主体双方的沟通需要有一定的沟通渠道和按照一定的规则去实现信息交流。在这一过程中,沟通传递的信息,既有用语言、文字直接表达的,也包含那些"字里行间"和"言外之意"的暗示,以及非语言的信息;在思想交换和感情交流的沟通过程中更是如此。

由此可见,要进行顺畅的沟通,就需要了解下列5个方面:沟通主体的自我了解(知己),对沟通的另一主体的了解(知彼);信息编码(如果是口头沟通,则是说话的艺术);信息解码(如果是口头沟通,则是听话的艺术);沟通渠道的选择和运用。也就是说,必须充分了解自我和对方,选择合适的沟通渠道,消除干扰,否则会造成沟通不畅甚至沟通障碍。一个管理者必须熟悉沟通过程,并能充分运用这一过程去分析和发现管理中出现的各种沟通问题和障碍,使管理中的信息畅通和思想沟通充分。

2. 项目经理的交际能力

项目经理处于项目沟通的中心位置,要与客户、项目团队、高层管理层和其他项目干系人进行沟通。多数项目干系人在项目经理的管理权限之外,一般不能以强硬手段来操作,只有通过良好的人际关系才能产生预期的效果。因此,要求项目经理具备良好的交际能力,包括换位思考、正确估计他人的需要、考虑他人的行动等。

交际能力,又称人际交往能力或社会交往能力,指社会上人与人的交际往来的能力,是与他人交往,进行思想、情感和信息的交流,善于处理人与人之间的关系以便合作共事的能力。交际活动是人们运用一定的工具传递信息、交流思想,以达到某种目的的社会活动。在项目管理中,人际交往的主体是广义的,包括个人、集体与国家,因此人际交往包括个人与个人,个人与集体,集体与集体,国家与国家之间的交往等具体形式;人际交往的内容也是广义的,包括商品交换、思想交流、劳动服务、互助合作、劳动与娱乐等。

项目经理需要具备良好的人际交往能力来处理与管理高层、客户之间的关系。即使项目经理在进行高层决策时缺少授权,他所处的位置仍使其能够很好地影响那些制定决策和执行活动的人。项目经理也需要具备良好的人际交往能力来处理团队成员之间的分歧。面对分歧,需要项目经理精心巧妙地应付,并拿出一个调解方案,要做到既不使相关人员丢面子,又不影响项目工作。

此外,项目经理既是项目执行机构高层的下属,又是项目团队的上级,同时与职能部门又是同级关系,与项目客户和供应商是平等关系。因而,项目经理在项目管理过程中经常需要转换角色,这就很容易出现偏差。所以,角色认知能力在其管理作用的实现方面起着基础作用。

3. 沟通能力与交际能力

弗雷德·卢森斯(Fred Luthans)把管理者的活动分为4类:传统管理,如决策、计划和控制;沟通,如交流例行信息和处理文书工作;人力资源管理,如激励、惩戒、调解冲突、人员配备和培训;社交联系,如社交活动、政治活动和与外界交往。曾经对450多位管理者进行研究,发现这些管理者花费在4类活动上的时间和精力显著不同(见图2-8),其效果也不同:"平凡的管理者"("平均"意义上的管理者)在传统管理、沟通活动、人力资源管理和社交联系这4类活动上的时间投入分别是32%、29%、20%、19%;"有效的管理者"(工作数量多、质量好以及下级对其满意程度高的管理者)在4类活动上的时间投入分别是19%、44%、26%、11%;"成功的管理者"(在组织中晋升速度快的管理者)在4类活动上的时间投入分别是13%、28%、11%、48%。从中可以看出,"成功的管理者"十分重视社交联系,用掉近一半时间(48%)来维护社交联系;而"有效的管理者"则将小半时间(44%)用在沟通活动上。由此可见,项目经理必须具备沟通能力和社交能力。

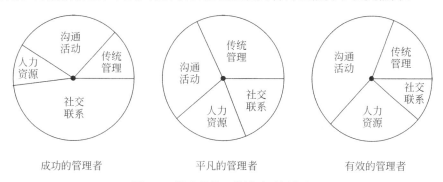

图 2-8 管理者的 4 类活动时间分配

2.3.6 项目经理的基本素质

具有良好的基本素质是一切知识和技能的基础。计划与决策、组织与协调、领导与管控、沟通与交际等关键能力都要求项目经理具备下述基本素质。

计划与决策能力要求项目经理具有预见能力和应变能力。

预见能力包括:一是洞察能力,虽然可能找不到事物的理性和客观论证,但凭借对事物表象某种特有的直觉,判断事物未来的走向;二是分析能力,对事物进行辩证的分析,从中发现事物内部及事物之间的各种关系,找出影响事物发展的主要因素;三是综合能力,透过众多繁杂的现象,经过整理分析、取舍重组和归纳处理,寻求最佳方案,作出科学决策;四是推理能力,按照有关的逻辑关系及事物运作的内在规律,探索客观物质变化的动向或规律。

计划是在起始条件和一定的假设基础上制订的。然而,世界上的事物复杂多变,计划需要进行必要的调整、修正、完善。因此,项目经理应具备根据变化调整计划和决策的能力。

组织与协调能力要求项目经理具有解决问题能力。解决问题是对知识、技能、思维和能力的综合运用过程。项目经理还应是个解决问题的专家,如果不能直接解决问题,则至少应知道到哪里寻求帮助。例如,项目经理要鼓励项目团队成员及早发现问题并独立将其解决。如果一个问题很严重,并可能影响到项目目标的完成,团队成员就要提前与项目经理交流有关情况,以便他们能带领大家一起解决。

领导与管控能力要求项目经理具有自制能力,并能正确地待人处事。

所谓自制能力,就是指人们能够自觉地控制自己的情绪和行为。与之相反是任性,放纵自己,任意胡为,不考虑行为及后果和事态带来的影响。因此,项目经理既要善于激励自己勇敢地去执行采取的决定,又要善于抑制那些不符合既定目标的愿望、动机、行为和情绪。

在项目实施过程中,项目经理有两大关注点:人员和绩效。可以用纵轴表示项目经理对团队成员的关心程度,用横轴表示项目经理对项目绩效的关心程度,二者相结合形成了其待人处事策略图,每个方格代表一种待人处事的态度,如图2-9所示。

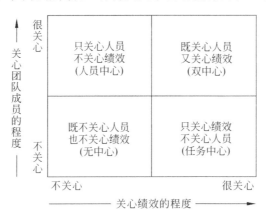

图2-9　项目经理待人处事的态度

管理方格图显示,根据项目经理"对人的关心"和"对绩效的关心"程度的组合,可以形成无数种待人处事的态度,其中,最为典型的4种态度叙述如下。

一是官僚主义者:既不关心员工,也不关心绩效。项目经理既不关心项目是否能完工,也不关心团队成员的工作条件、个人成长等,采取混日子的态度,得过且过。官僚主义是不负责任的态度。官僚主义的特征是领导者脱离实际,饱食终日,无所作为;

遇事推诿,办事拖拉,不负责任;不按客观规律办事,独断专行;讲求官样文章,繁文缛节,等等。

二是 X 理论实践者:非常关心绩效,但不太关心员工。若项目经理奉行的是 X 理论,他眼中没有鲜活的个人,只有需要完成项目任务的员工,把项目团队看作完成项目的工具,除了进行相关的任务指导外,与员工缺少交流,管理作风专制,指挥和控制团队成员的活动,不听取员工的意见和建议,要求团队成员奉命行事,不能发挥团队成员的积极性和创造性。

三是 Y 理论实践者:非常关心员工,但不关心绩效。若项目经理奉行的是 Y 理论,他把工作重点放在满足职工的需要上,强调的是与下属的人际关系,努力营造一种人人得以放松、感受友谊与快乐的环境;而对指挥监督、规章制度却重视不够,不关心项目的完成情况,对协同努力以实现项目目标并不热心。

四是理想主义者:既非常关心员工,又非常关心绩效。项目经理既强调绩效导向,又重视人际关系,试图创造出一种理想状况:通过建立共同目标,促成团队合作和参与,使团队成员了解项目目标并关心其结果,从而自我控制,自我发挥,为实现项目目标而努力工作。

项目经理的待人处事的态度不仅影响项目目标的实现,也影响项目团队的满意程度。因此,项目经理应处理好关心团队成员与关心项目绩效的关系。项目管理既不能以项目任务为中心,也不能以团队成员为中心,而是根据实际情况采用使二者在不同程度上互相结合的态度。实际上,一个项目经理不能简单地归为 4 类中的一种,有的项目经理偏重于员工,有的项目经理偏重于绩效,有的项目经理采取折中的态度,很少有极端型的项目经理。如果出现了既不关心员工也不关心绩效的项目经理,那么可以肯定地说项目管理体系出了问题。否则,就是项目经理任命错误。

沟通与交际能力要求项目经理具有良好的口才,能够运用准确、得体、生动、巧妙、有效的口语表达策略,达到特定的交际目的,做到"言之有物、言之有序、言之有理、言之有情";具有良好的心理素质,如良好的个性:自知、自信、自强、自律、乐观、开朗、坚强、冷静、善良、合群、热情、敬业、负责、认真、勤奋等,较强的心理适应能力:自我意识、心理应变、竞争协作、承受挫折、调适情绪、控制行为的能力,良好的职业道德:认真负责、尊重他人、公平、诚实等。

2.3.7 项目经理胜任力要求的变化

项目经理需具备的能力应根据具体项目情况而定,不同的项目自然对能力的要求不同,简单的项目与复杂的项目、小项目与大项目对项目经理的能力要求肯定会不同。故此,多数项目管理协会或组织机构根据项目经理承担的职责(管理对象)的不同,把项目管理专业人士的资质分为不同的等级。例如,美国项目管理协会把项目管理职业资质分为助理项目管理专业人士、项目管理专业人士、项目集管理专业人士、项目组合管理专业人士等,国际项目管理协会把项目管理职业资质分为 A 级(项目集经理)、B 级(高级项目经理)、C 级(项目经理)、D 级(助理项目经理),澳大利亚项目管理协会(AIPM)把项目管理职业资质分为 CPPE(项目组合执行经理)、CPPD(项目集管理经理)、CPSPM(高级项目经理)、CPPM(项目经理)、CPPP(项目管理专业人士)5个等级,英国商务部把项目管理职业资质分为基础资格(foundation)和从业资格(practitioner)两个等级,中国人力资源和社会保障部把中国的项目管理职业资质分为高级项目管理师(一级)、项目管理师(二级)、助理项目管理师(三级)、项目管理员(四级)。

项目的复杂程度和规模大小不同,要求的知识结构不同。一般来说,简单的小项目要求三分管理,七分技术,而复杂的大项目则要求三分技术,七分管理。国际项目管理协会的4个等级(A级、B级、C级和D级)的证书就说明了这一点。国际项目管理协会的项目管理专业资质标准(ICB)把国际项目管理人员的资质要求分为项目技术能力、组织行为能力和环境应变能力3类指标。针对项目管理人员必备的知识、经验和能力的不同,将项目管理专业人员资质认证划分为A级、B级、C级和D级4个等级,分别授予不同的头衔,每个等级的能力要求不同:A级授予项目集经理(project director),具备同时管理多个项目的能力,要求40%的项目技术能力、30%的组织行为能力、30%的环境应变能力;B级授予高级项目经理(senior project manager),具备管理一个复杂项目或大型项目的能力,要求50%的项目技术能力、25%的组织行为能力、25%的环境应变能力;C级授予项目经理(project manager),具备管理一般项目的能力,要求60%的项目技术能力、20%的组织行为能力、20%的环境应变能力;D级授予项目管理助理(project management associate),具有项目管理知识,要求70%的项目技术能力、15%的组织行为能力、15%的环境应变能力。图2-10是4类项目管理人员的能力结构示意图。

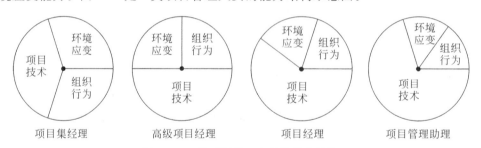

图2-10 4类项目管理人员的能力结构

此外,不同类型的项目对项目经理的要求不同。例如,《建设项目工程总承包管理规范》(GBT 50358—2005)第4.5.2款要求项目经理应具备以下条件:①具有注册工程师或注册建造师执业资格;②具备决策、组织、领导和沟通能力,能正确处理和协调与业主、相关方之间及企业内部各专业、各部门之间的关系;③具有工程总承包项目管理的专业技术,有关项目管理的经济和法律、法规知识;④具有类似项目的管理经验;⑤具有良好的职业道德。《建设工程项目管理规范》(GBT 50326—2006)第6.2款要求"大中型项目的项目经理必须取得工程建设类相应专业注册执业资格证书"。此外,还要求项目经理具备下列素质:①符合项目管理要求的能力,善于进行组织协调与沟通;②相应的项目管理经验和业绩;③项目管理需要的专业技术、管理、经济、法律和法规知识;④良好的职业道德和团队协作精神,遵纪守法、爱岗敬业、诚信尽责;⑤身体健康。

思 考 题

1. 项目经理的主要角色是什么?
2. 项目经理在项目实施机构中处于什么地位?
3. 项目经理需具备哪些胜任力?并说明理由。
4. 项目经理的能力要求是否总是相同?

第 3 章

项目管理的规划

"不谋万世者,不足谋一时;不谋全局者,不足谋一域。"陈澹然在《寤言二·迁都建藩议》中认为不能制定长久的国家政策,一时的聪明也是微不足道的;不从全局的角度考虑问题,即使治理好一方地区,也是微不足道的。这道理同样适用于项目管理:想做好项目管理,就得从项目全生命周期考虑;想做好具体的某个方面,就得从全局出发。因此,项目管理的首要任务是制定项目管理规划。在项目的授权启动后,必须对项目作审慎研究,确定合理的项目管理目标,明确项目范围,识别项目干系人,对构成项目的各种要素作综合考察,制订相应的专项计划,在此基础上,制定项目章程。

3.1 项目管理规划概述

"凡事预则立,不预则废。言前定则不跲,事前定则不困,行前定则不疚,道前定则不穷。"《礼记·中庸》的智慧告诉我们:不论做什么事,事先有计划和准备,就容易成功,不然就会失败或遭遇困境。这告诉我们计划是执行的基础和前提。由此可见,任何事都应当先规划再执行,办任何一件事,离开了周密而详尽的计划,都会事倍功半,甚至劳而无功。就项目管理而言,其第一要务就是制定项目管理规划。

3.1.1 项目管理规划的含义

项目管理规划是定义、制订和协调所有专项计划,并把它们整合为一个综合的项目管理计划。规划的基本意义由"规"和"划"两部分组成,"规"的意思是规范、规则、章程、标准、谋划等,属于战略层面;"划"的意思是合算(按利益情况计较相宜或不相宜)、设计等,属于战术层面;二者结合起来的意思是指进行战略层面的设计,侧重于指导性或原则性。由此可见,项目管理规划就是对项目的整体性与局部性的综合考量,设计项目管理的整套行动的方案,即根据对组织外部环境与内部条件的分析,确定要达成的项目管理目标以及实现目标的方案途径,制定项目管理工作程序,确定项目管理所采用的步骤和方法,安排项目管理所需资源,设计项目管理组织架构。项目管理规划一般融合了项目干系人的要求和期望,具有全局性、战略性和概括性。

根据项目管理计划的详细程度,项目管理计划自上而下可以分为两个层级:第一层级是项目管理规划,一种总体的、概要性的计划,或者是归纳项目管理框架的概要计划;第二层级是项目专项管理计划,是一个更加具体的、针对每个专项的管理计划,是对第一层级管理计划中的各项管理工作分别进行扩展和细化,确定具体的项目管理步骤和方法等,凡是为实现项目目标而进行的活动都应该纳入项目管理计划之中。例如,项目范围管理计划、项目进度管理计划、项目成本管理计划、项目质量管理计划、项目风险管理计划、项目采购管理计划、项目人力资源管理计划,等等。第二层次的管理计划是项目经理作出决定和进行控制的工具,明确了项目中的责任和组织结构。

没有周密的项目管理规划或项目管理规划得不到贯彻和保证,就不可能取得项目的成功,因为项目管理规划具有下列作用。

(1) 项目管理规划是对项目构思、项目目标更为详细的论证,可进一步完善目标体系。在项目总目标确定后,通过项目管理规划分析项目总目标是否能实现,总目标所确定的进度、成本、绩效等要求是否能得到保证。

(2) 项目管理规划既是对项目目标实现方法、措施和过程的安排,又是项目目标的分解过程。规划的结果是许多更细、更具体的目标的组合,它们将被作为各级组织在各个节点的责任,可以使项目团队成员明白自己的目标以及实现其目标的方法,明确完成项目目标的努力范围。

(3) 项目管理规划须考虑更多的实施战略问题,如项目团队的组织模式、里程碑计划、关键活动等。

(4) 项目管理规划是项目管理实际工作的指南和项目实施控制的依据。规划是对项目管理实施过程进行监督、跟踪和诊断的依据,也是评价和检验项目管理实施成果的基准,可作为对各层次项目管理人员业绩评价和奖励的依据。

(5) 项目管理规划说明实施过程中所需要的技能和资源,项目干系人需要了解和利用项目管理规划的信息。作为协调项目工作的文件,指导项目整体实施,可以使项目各活动协调一致;作为项目相关干系人之间信息沟通的平台,可以使项目团队干系人之间相互沟通,增进理解。

3.1.2 项目管理规划的编制

项目管理规划是一个用于协调所有项目计划的文件,它确定了执行、监控和结束项目的方式与方法,包括项目需要执行的过程、项目生命周期、里程碑和阶段划分等全局性内容。项目管理规划是其他单项计划制订的依据和基础,可以帮助指导项目的执行和控制,从整体上指导项目工作的有序进行。在其他知识领域所创建的计划可以认为是整个项目管理规划的补充部分。

1. 项目管理规划的编制原则

项目管理规划是对项目管理的各项工作进行的综合性的总体计划,不但涵盖整个项目生命周期,而且统筹各个专项计划,如项目范围管理计划、项目进度管理计划、项目成本管理计划、项目质量管理计划、项目采购管理计划、项目沟通管理计划、项目人力资源管理计划、项目风险管理计划、项目干系人管理计划。因此,制定项目管理规划时应遵循全局性原则。根据全局性原则,必须树立全局观点,不要孤立地看问题,局部利益服从整体利益。典型的项目管理将项目分解为若干个专项领域进行管理,并由相关专业人员去实施。因此,对于一个项目来说,有多个专项领域,每个专项领域都有自己的管理目标,因而项目管理具有多重管理目标,如进度目标、成本目标、质量(或绩效)目标等。在有多重目标的情况下,哪一个目标需要优先考虑?如何整合这些目标,实现整体最优?要回答这些问题,就需要从全局出发,协调和控制项目各个方面,消除项目各个专项管理的局部性,有时甚至可以不惜牺牲或降低某些专项的管理目标,达到全局的总体目标最大化。由于专项领域之间可能竞争相同的资源,如果没有全局观,容易导致各自追求局部最优,而整体并不最优。因此,必须运用项目整合管理技巧,与项目干系人一起创建并整合合适的项目管理规划。

2. 项目管理规划的编制依据

在很多情况下,根据当前签订的协议书和合同条款,修改并更新建议书后,就可以作为项目总体计划。而在项目概要需要以更为详细的形式扩展或定义时,建议书可起大纲的作用。由于最终总体计划的主要面向对象是项目团队而不是客户,技术部分通常比项目建议书中的更加丰富、内容更详细。编制项目管理规划的主要依据包括:①项目工作说明;②制约因素,即影响项目绩效的限制因素;③假设条件,即因项目存在未知因素而建立的假设;④项目的事业环境因素,即政府和行业标准、纵向市场和专项领域的项目管理知识体系、项目管理信息系统、组织的结构和文化、组织的管理实践、基础设施、人事管理制度;⑤组织过程资产,即标准化的指南、工作指示、建议书评价准则和绩效评价准则,项目管理规划模板,变更控制程序,以往项目的项目档案,组织的标准、政策、程序等。

3. 项目管理规划的主要内容

对于任何一个项目,项目管理规划主要包括以下 3 个部分。

一是确定预期目标以及目标的优先顺序。对于任何管理活动来说,如果没有目标,就失去了努力的方向。因此,项目管理规划的首要任务是确定项目管理目标。

二是设计项目治理架构,制定项目内部或外部的制度或机制。在项目的总目标确定之后,需要合理地确定项目主要干系人之间的权力、责任、利益关系,从而在项目交易中建立起一种良好的秩序,并通过各种方法和手段来维持这种秩序,有效地协调项目干系人之间的关系并化解他们之间的利益冲突。因此,需要设计合理的项目治理架构。项目治理应注重全面管理,即具有全面性、全员性、全过程和全方位的项目管理。全面性指管理的内容、主体、标准和效果具有全面性;全员性指管理不仅仅是项目管理团队的责任,也是项目实施机构的各级管理人员的责任;全过程是指管理涵盖项目全生命周期的各个阶段;全方位是指管理不仅局限于项目团队内部的规章制度,而且涵盖了机构的决策机制、制度执行力和责任追究等体系。

三是制定实现预期目标的步骤和方法,指导项目的执行。在项目治理架构下,需要制定项目实施的策略,所需资源的安排,项目管理工作的程序、步骤及方法,项目活动的监督控制等。

这 3 个部分总是相互联系,相互依赖,依靠它们最后制定出全面的规划,并且引导组织达到预定的目标。缺少其中任何一个部分,都会给规划的实现造成障碍。

3.2 项目管理目标的确定

项目管理目标是依据项目发起人或者客户提出的项目产品、服务或成果要求而制订的项目实施目标,从而满足或超越发起人/客户的需要。

3.2.1 项目管理的基本目标

项目是为创造独特产品、服务或成果而进行的临时性工作。因此,项目管理的目标就是在一定的约束条件下创造预定的独特产品、服务或成果。项目有两个主要约束条件:一是时间的约束;二是成本的约束。因此,项目管理的基本目标包括3个子目标:①是否创造了预定的产品、服务或成果——绩效目标或质量目标;②是否在计划的时间内创造了预定的产品、服务或成果——进度目标或时间目标;③是否在预算内创造了预定的产品、服务或成果——成本目标或预算目标。习惯上称这3个子目标为项目管理的三大目标或三重约束。

1. 项目绩效目标

项目绩效目标定义最终交付成果是什么。成功的项目管理所得到的可交付物(产品、服务或成果)必须满足预先设定的要求,如功能要求、技术标准、质量要求等。以一个电解铝车间改造项目为例,其绩效目标可以定义为"改造后的车间每年生产 20 万吨符合纯度要求的电解铝,并且节约 15% 的用电"。如果改造后车间在原假定的条件下每年生产符合纯度要求的电解铝不足 20 万吨,则该项目未能达到绩效目标;如果改造后车间在原假定的条件下每年能够生产 20 万吨电解铝,但电解铝的纯度不合要求,则该项目未能达到绩效目标;如果改造后车间在原假定的条件下每年能够生产 20 万吨符合纯度要求的电解铝,但没有节约用电或者节约少于 15% 的用电,则该项目未能达到绩效目标。

2. 项目进度目标

项目进度目标定义在什么时候交付成果。成功的项目管理必须在计划的时间内提供预期的可交付物(产品、服务或成果),某年某月某日完成项目、若干年(月、日)内完成项目等。例如,住宅建成可以入住、办公楼建成可以启用、旅馆建成可以开业、工厂建成可以投入生产、道路建成可以通车、电厂建成可以发电、机场建成可以启用等的时间目标。在实践中,为了更好地控制项目进度,项目进度目标不只是规定提供可交付物最终时间,常常还对关键点作出具体的时间规定,即里程碑事件,要求项目关键步骤的开始不得晚于预定日期,最终总完工时间要与计划完工时间相符或早于计划完工时间。

3. 项目成本目标

项目成本目标定义项目预算成本是多少。成功的项目管理必须在预算内提供预期的可交付物(产品、服务或成果)。成功的项目管理要求在预算内完成所有的项目活动。当一个项目在其完工之前就用尽了所有的预算资金时,一般有两种应对措施:增加预算或者放弃该项目。如果增加预算,则会减少项目利润和投资回报,并可能引发更严重的财务危机,甚至面临灭顶之灾。如果放弃项目,则在此之前的所有投入都白白丧失,并丧失预期的项目效益。有些项目没有直接的盈利动机,如公司内部管理项目、纯科学研究项目、慈善机构项目、地方政府利用社会基金实施的项目等。尽管其目标并不是盈利,但对其进行成本控制和财务管理也是十分必要的。

综合以上所述,项目管理目标一般包含3个要素:可交付物(有时还包括预期效益)、实现日期和目标预算。例如,某高速公路项目的目标定义为"投入5亿元,在2年内建成通车,具有年平均昼夜交通量为45 000～80 000辆的通行能力";某网上购物服务系统改造项目的目标定义为"投入50万元,在5月31日之前完成网上购物服务系统的改造,使销售收入增加50%";某市场调查项目的目标定义为"在26周内以10万元的预算,通过对客户市场的研究获得客户绩效方面的信息",等等。

4. 目标之间的关系

任何项目都有3个基本目标:项目预算、完工时间和项目绩效,三者之间既对立又统一。

项目的3个基本目标相互关联、彼此影响,一个目标的改变就会影响到另外两个。例如,如果提高项目的绩效要求,一般会增加成本,同时,还会增加实施的时间,影响进度。如果要加快进度,缩短工期,则需要加班加点或适当增加人力,这将直接导致效率下降,单位产品的费用上升,从而使整个项目成本增加;另外,加快进度往往会打乱原有的计划,使项目实施的各个环节之间产生脱节现象,增加控制和协调的难度,不仅有时可能"欲速不达",而且会给项目质量带来不利影响或留下质量隐患。如果要减少投资,就需要考虑降低功能和质量要求,采用较差或普通的设备和材料;同时,只能按费用最低的原则安排进度计划,整个项目需要的建设时间就较长。

项目的3个基本目标之间的统一关系需要从不同的角度分析和理解。例如,加快进度、缩短工期虽然会增加一定的成本,但是可以使整个建设工程提前投入使用,从而提早发挥投资效益,还能在一定程度上减少利息支出。如果提早发挥的投资效益超过因加快进度所增加的投资额度,则加快进度从经济角度来说就是可行的。如果提高功能和质量要求,虽然需要增加一次性投资,但是可能降低工程投入使用后的运行费用和维修费用,从全生命周期费用分析的角度来看则是节约投资的;另外,在不少情况下,功能好、质量优的工程(如宾馆、商用办公楼)投入使用后的收益往往较高;此外,从质量控制的角度,如果在实施过程中进行严格的质量控制,保证实现工程预定的功能和质量要求(相对于由于质量控制不严而出现质量问题可认为是"质量好"),则不仅可减少实施过程中的返工费用,而且可以大大减少投入使用后的维修费用。另外,严格控制质量还能起到保证进度的作用。如果在工程实施过程中发现质量问题及时进行返工处理,虽然需要耗费时间,但可能只影响局部工作的进度,不影响整个工程的进度;或虽然影响整个工程的进度,但是比不及时返工而酿成重大工程质量事故对整个工程进度的影响要小,也比留下工程质量隐患到使用阶段才发现而不得不停止使用进行修理所造成的时间损失要小。

以上分析表明,3个基本目标之间存在对立与统一的关系。在确定项目目标时,不能将进度、成本、绩效3个目标割裂开来,孤立地分析和论证,更不能片面强调某一目标而忽略其对另外两个目标的不利影响,而必须将进度、成本、绩效3个基本目标作为一个系统,进行统筹考虑,反复协调和平衡,力求实现整个目标系统最优。然而,在实践中有时会突出某个目标,而牺牲另外的目标,目标之间存在优先顺序,目的是满足某些特殊需要。

3.2.2 项目管理目标的优先顺序

项目管理应同时实现项目的 3 个基本目标——进度目标、成本目标和绩效目标,即在规定的时间内、不超过成本预算地实现项目绩效目标。在多数情况下,3 个基本目标并不是平等的重要,也很难同时达到"最优"(既要成本少,又要进度快,还要绩效好),因此需要在 3 个基本目标之间进行权衡,确定三者的优先顺序,从而有利于稀缺资源分配,有利于管理决策,增加管理的灵活性。

在不同的项目中,进度、成本、绩效的重要性不同。根据进度目标、成本目标、绩效目标(或质量目标)3 个基本目标在具体项目中的重要程度不同,把目标分为主导目标、一般目标和从属目标。主导目标是最缺少弹性的目标,是必须优先实现的目标,否则项目就会失败;从属目标是最具弹性的目标,是可以进行适度调整的目标,但不能超越底线;一般目标是重要性介于主导目标和从属目标之间的目标。由于项目的 3 个基本目标相互关联、相互影响,一个目标的改变会影响到另外两个目标的实现,因此,在项目管理实践中,应将管理的侧重点集中在主导目标上,给予优先考虑,通过调整从属目标的要求来确保主导目标的实现。项目管理的艺术体现在如何利用从属目标的灵活性来实现项目整体效益的最大化。

1. 基本目标优先顺序的确定

在确定项目 3 个基本目标(进度、成本、绩效)的优先顺序上,项目管理者常常自问:谁是主导目标?谁是一般目标?谁是从属目标?如何排列项目目标的主次顺序才更适合于自己的项目?要回答这些问题并不容易,因为 3 个基本目标的优先顺序取决于实施项目的基本动机和项目所在的环境,受多种因素的影响。通常采用 0—1 评分法来确定基本目标的优先顺序,还可以用道歉测试法来确定项目的主导目标。

1) 0—1 评分法

按照进度、成本、绩效三者的重要程度进行两两对比评分。相对重要的目标得 1 分,重要性相当的目标得 0 分,相对不重要的目标得 −1 分。根据总得分的大小确定目标的重要程度:得分最高的目标是主导目标,得分最低的目标是从属目标。表 3-1 是 0—1 评分法的一个示例,3 个目标中,进度目标得分最高,成本目标次之,绩效目标得分最低,因此基本目标的优先顺序为:进度目标是主导目标,成本目标是一般目标,绩效目标是从属目标。

表 3-1 0—1 评分法示例

要素	进度	成本	绩效	得分
进度	0	1	1	2
成本	−1	0	1	0
绩效	−1	−1	0	−2

2) 道歉测试法

道歉测试法是情境分析的一种,设想几种未能实现某一项目基本目标的情境,测试项目主管(或项目业主)的反应。设想下列 3 种情境：如果没有在预定工期内完成项目，是否可以接受；如果没有在成本预算内完成项目，是否可以接受；如果没有达到预期的项目绩效要求，是否可以接受。最不能接受的情境可能会是主导目标，最可能被接受的情境可能会是从属目标。例如，设想自己是项目经理，正为某项目的失败向老板道歉。

情境 1：老板，我很抱歉，没能按时完成项目，但项目的质量非常好，也未超出预算。

情境 2：老板，我们按时完成了项目，也没有超出预算。我很抱歉，项目质量有些问题。

情境 3：老板，我们按时完成了项目，质量也符合要求。我很抱歉，成本超出了预算。

如果除了情境 1 外其他的情境都可以接受，则说明进度目标是主导目标；如果除了情境 2 外其他的情境都可以接受，则说明质量目标是主导目标；如果除了情境 3 外其他的情境都可以接受，则说明成本目标是主导目标。

2. 目标优先顺序的案例分析

以国家体育场项目为例，分析该项目三大目标的优先顺序。国家体育场(俗称"鸟巢")项目是为 2008 年北京奥运会而建设的项目，2001 年 7 月 13 日，在莫斯科举行的国际奥委会第 112 次全会上，国际奥委会投票选定北京获得第二十九届夏季奥林匹克运动会的主办权，并确定第二十九届夏季奥林匹克运动会于 2008 年 8 月 8 日 20 时 8 分开幕，2008 年 8 月 24 日闭幕。

项目进度、项目成本和项目绩效中，何为主导目标？可以用问"为什么"的方式来探讨。究竟为什么要做这个项目？项目的最终交付物是一个国家体育场，如果它只是用于一般的比赛的话，那么早点完工与晚点完工都关系不大；如果用于第二十九届夏季奥林匹克运动会的开幕式，那么必须在 2008 年 8 月 8 日 20 时 8 分的开幕式之前完工并交付使用，否则会影响奥运会的准时进行，造成严重的政治影响。由此可见，进度目标比绩效目标重要，也比成本目标重要。

项目进度、项目成本和项目绩效中，何为一般目标？由于北京市政府在北京举办第二十九届夏季奥林匹克运动会是一件举世瞩目的事情，北京市政府非常重视，希望通过举办奥运会提高国际声誉，扩大影响，并提高城市建设水平。为此，计划把国家体育场打造成北京市(甚至中国)的名片，采用了国际设计竞赛方式选择设计方案，最终选择最具特色的"鸟巢"方案。优秀的设计方案还需要优质的施工质量相配，以确保体育场设施的美观和安全。为了确保项目进度目标，北京市政府希望通过取消可闭合顶盖提高项目设施的安全性，同时加快项目进度。由此可见，虽然绩效目标没有进度目标重要，但比成本目标重要。

项目进度、项目成本和项目绩效中，何为从属目标？三个基本目标中，已经确定进度目标为主导目标，绩效目标为一般目标，剩下的成本目标就是从属目标吗？国家体育场项目采用 PPP(政府和社会资本合作)模式，由企业进行建设和运营。企业是逐利的，除了进度目标的主导目标地位不可更改外，似乎成本目标可以是一般目标。但在本项目中，政府出资占 58%，企业出资只占 42%，因此受到政府的制约，如期举办一次盛大的奥运会是政府的愿望，宁可成本超支，也要把国家体育场建成北京的名片，结果是最终投资超支 4.56 亿元。以牺牲成本目标为代价，确保进度目标和绩效目标。由此可见，成本目标没有进度目标重要,也没有绩效目标重要。

表 3-2 是国家体育场项目基本目标两两比较的结果(示例)。从中可以看出,进度目标得分最高,是主导目标;成本目标得分最低,是从属目标;绩效目标得分介于二者之间,是一般目标。

表 3-2 国家体育场项目基本目标两两比较的结果(示例)

目标	进度	成本	绩效	得分
进度	0	1	1	2
成本	−1	0	−1	−2
绩效	−1	1	0	0

此外,设想项目经理向北京奥委会主席汇报项目进展情况的 3 种情境。

情境 1:主席,项目可能要延期,但项目的质量非常好,也未超出预算。

情境 2:主席,项目能够按时完成,也不会超出预算,但项目质量有些问题。

情境 3:主席,项目能够按时完成,质量也符合要求,但成本超出了预算。

北京奥委会主席的回答很可能是:无论花多少钱,也必须按期完成项目,还要保证质量。从上述回答中可以看出,进度目标是主导目标,成本目标是从属目标,质量目标是一般目标。

除了以进度目标为主导的项目外,有些项目是以绩效目标为主导目标的。例如,在"嫦娥工程"中,工程分为"无人月球探测""载人登月"和"建立月球基地"三个阶段。2007 年,"嫦娥一号"成功发射升空,在圆满完成各项使命后,于 2009 年按预定计划受控撞月。2010 年"嫦娥二号"顺利发射,也已圆满并超额完成各项既定任务。2012 年 9 月 19 日,月球探测工程首席科学家欧阳自远表示,正在为 2013 年"嫦娥三号"探测器"软"着陆月球作准备。"嫦娥四号"是"嫦娥三号"的备份星,"嫦娥五号"主要科学目标包括对着陆区的现场调查和分析,以及月球样品返回地球以后的分析与研究。月球探测工程首席科学家所描述的项目目标中,没有提到进度安排或成本预算,只是描述要实现的结果。这意味着绩效目标是主导目标。整个探月工程分为"绕""落""回"3 个阶段,虽然没有精确的时间表,但有大概的时间表。所以,进度目标可能是一般目标。整个探月工程的成本预算没有公开,探索项目一般有备用预算,所以,成本目标可能是从属目标。

另一个以绩效为主导目标的项目是《西游记》所描写的去西天取经项目。该项目的目标是计划在 3 年内取回真经。由此可见,该项目的主导目标是绩效,即取回真经,如果没有取回真经,项目就失败了;进度是一般目标,因为唐僧出发前曾承诺 3 年内返回,但这只是唐僧单方面确定的期限,他自己也没有把握,因为他曾对洪福寺的僧人说也可能三两年,或五七年;成本是从属目标,除了启程时携带的一件袈裟、一条九环锡杖和一个紫金钵盂外,其余费用自筹自用。

有些项目是以成本目标为主导目标的。例如,资金有限的住宅装修项目。由于资金困难,采取固定成本的装修策略,同时希望尽快入住,因而成本目标成为主导目标,进度目标成为一般目标,绩效目标成为从属目标。在不超过成本预算的前提下,尽可能提升项目的绩效的对策如下:首先列出装修项清单,然后把装修项分为 3 类:必需的装修项、争取的装修项、希望的装修项。根据成本预算,首先满足必需的装修项,其次满足争取的装修项,最后满足希望的装修项,直至成本预算用完为止,从而确保成本目标的实现。表 3-3 是一个成本限额的住宅装修选项示例。

表 3-3 成本限额的住宅装修选项示例

装修项	必需的	争取的	希望的
防盗门	X		
密封窗	X		
抽水马桶	X		
抽油烟机	X		
储藏壁柜		X	
木质地板		X	
壁挂空调			X
装饰吊灯			X

3.2.3　项目管理目标的评价标准

项目管理目标必须清楚明确。含糊不清的目标可能导致误解和无法判断是否达成。因此,目标要尽可能避免模糊和不可测量性,应尽量用简练的语言概括目标的要点,向相关人员清楚地传递要达到的结果及要求。一个好的目标应满足 SMART(srecific,measurable,agreed,realistic,time-limited)要求,具体要求如下。

1. 目标应具体明确

S 代表 specific(具体的),要求目标必须是具体的。实现项目目标是一个复杂的过程,但是,目标本身不是一个复杂的系统,目标要用简要的语言或者数据指标描述,描述目标的时候要尽可能具体、明确,而不应抽象、模糊。例如,建造一座"世界一流的博物馆"。什么是"世界一流"? 很模糊,不具体。应该具体和明确,如建造一座"建筑面积 100 万平方米的博物馆"。该定义中,"建筑面积 100 万平方米"非常明确。如果不规定清楚这些,到时候就会产生纠纷:一方说达成了目标,而另一方可能说没有达成目标。另一个例子是某 IT 项目,该项目发起人把项目目标描述为"创建一个网站,它可以为用户提供快速、准确的产品信息"。"快速"是多快?百分之一秒还是万分之一秒?"准确"又是如何定义的?是每一百次允许一次错误还是每一千次允许一次错误、每一万次允许一次错误?很显然,该项目目标不明确。

2. 目标应可以度量

M 代表 measurable(可以度量的),要求目标是可以度量的,也就是说,量化描述目标,便于判断目标是否达成。判断目标是否实现的指标必须是可以度量的,验证这些指标的数据或者信息是可以获得的。有的目标很好量化,其数据也能够获得。项目成本目标和项目进度目标就是典型的例子,达到了就是达到了,没有达到就是没有达到。例如,"项目成本不超过 1 000 万元",该目标不但可以衡量,数据也可以获得;又如,"建筑面积 100 万平方米的博物馆",可以客观测量实际建筑面积是否是 100 万平方米。然而,有的目标不太好量化,如建一座"中国古典建筑风格的博物馆",该目标描述中,虽然"中国古典建筑风格"在建筑界的含义比较明确,但要客观度量还是比较困难。

3. 目标应获得同意

A 代表 agreed(获得同意的),目标应获得主要干系人的认同。目标是由执行人去实现的。"控制式"的领导喜欢自己定目标,然后交给下属去完成,他们不在乎下属的意见和反应,这种做法越来越没有市场。如果上司利用权力一厢情愿地把自己所制订的目标强迫下属接受,下属的典型反应是一种心理和行为上的抗拒:我可以接受,但不保证能实现这个目标。一旦这个目标真的没有实现,下属有无数个理由可以推卸责任:你看我早就说了,这个目标肯定实现不了,但你坚持要压给我。因此,目标设置要坚持员工参与、上下左右沟通,使拟订的工作目标在组织及个人之间达成一致。

4. 目标应能够实现

R 代表 realistic(可实现的),要求目标必须是可以实现的。制订目标的目的之一是确定考核基准。实现了目标将会得到奖赏,没有实现目标就会受到惩罚,从而起到激励作用。目标应在付出努力的情况下可以实现,但同时也要求目标具有一定的挑战性,避免设立过高或过低的目标。目标订得太高,使人感到可望而不可即,又会使人丧失信心,挫伤人们的积极性,不能产生激励的效果。例如,项目失败可能是由于故意将项目合同定为不实际的低价格,或原来的成本、时间和绩效目标过于乐观,项目经理认为根本就没有达到这些目标的希望,因而放弃努力,任其发展,导致项目目标未能实现。不切合实际的目标设计不能起到激励作用,也就失去了目标原本的作用。但是,目标也不能太低,不需要努力就能够实现,没有挑战性。如果目标很容易实现,就没有激励作用,也无助于激励团队成员的积极性,因而不能充分发挥团队成员的潜力。例如,一个项目在 3 个月内就能完成,如果给项目团队 6 个月的时间,则项目团队很可能刚好在第 6 个月的月末完成,其浪费可想而知。所以,确定目标要深入实际进行调查、分析,借鉴同类项目的情况,确定目标不能太理想化,也不能把目标定得太低。应反映客观,实事求是、切合实际,既不好大喜功,又不保守,确定一般经过努力能实现,制订出跳起来"摘桃子"的目标,而不是跳起来"摘星星"的目标。

5. 目标的时间限制

T 代表 time-limited(有时限的),要求对目标设置具有时间限制。根据工作任务的权重、事情的轻重缓急,拟订出完成目标项目的时间要求,没有时间限制的目标没有办法考核,或考核的不公。例如,"××年××月××日完成项目",××年××月××日就是一个确定的时间限制,在那一天到来时,项目完成了就是实现了目标,否则,就是没有实现目标。上下级之间对目标轻重缓急的认识程度不同,上司着急,但下属不知道。到头来上司可能暴跳如雷,而下属觉得委屈。因此,应设置实现目标的时间。

总之,无论是制订项目管理目标,还是制订项目团队的工作目标、员工个人的绩效目标,都应符合 SMART 原则,5 个原则缺一不可。制订目标的过程也是管理团队掌控先期工作能力提升的过程,实现目标的过程也就是对项目管理团队管理能力历练和实践的过程。目标适当与否直接关系到目标管理活动的效果,乃至管理活动的成败。

3.2.4 项目管理目标的主要作用

选择道路之前,先应该知道你的目的地。同理,实施项目之前,应知道目标是什么。制订项目管理目标不但明确了项目及项目组成员共同努力的方向,而且提供了项目成功的判断依据。

1. 明确了项目管理的努力方向

项目绩效目标规定了最终要交付给客户的结果的形式与质量,项目经理只有满足或者超越客户的需求和预期要求才算是成功,否则就是失败;项目进度目标规定了项目的完成时间,项目进度计划应根据进度目标来制订,只有在规定的时间内完成了项目才算成功,否则就是失败;项目成本目标限定了可用资源,所以,项目基本目标应该被所有项目组成员及组织中各个层次的经理人员所了解,确保每个项目成员都完全清楚项目要达到的结果,并沿着项目绩效目标的方向努力。项目基本目标是制订项目管理计划的依据。实际上,项目管理计划就是为实现项目目标服务的,而项目管理计划又是项目组成员的行动指南。因此,项目目标明确了,项目团队的努力方向也就明确了。

2. 确定了项目成功的判断依据

项目成功与否的判断依据是项目基本目标。对于项目经理而言,如果一个项目在规定的时间之前并在规定的预算之内达到了预期的绩效目标,则这个项目是一个成功的项目;反之,则是一个失败的项目。值得注意的是,以项目基本目标作为判断成功与否标准的前提是基本目标是合理的。例如,项目进度延期可能是原来的进度目标过于乐观,项目成本超支可能是由于故意将合同定为不切实际的低价格。因此,在把两个项目或两个项目经理作比较时,一个项目在预算之内按时完成而另一个没有在预算之内按时完成,这并不意味着第一个项目管理得好。例如,在一个表面上"失败"的项目中,项目经理承担的可能是一项不可能完成的任务,尽管他充分发挥了管理才能,最大限度地缩短了工期和节约了成本,但并没有在成本预算内按时完成项目,然而,他最大限度地缩短了工期延误时间,最大限度地减少了成本超支的金额。在另一个"成功"的项目中,项目的时间和预算成本目标都很宽松,即使低水平的项目管理也能在成本预算内按时完成项目。因此,对相关项目管理绩效的比较绝对不能简单地根据项目是否达到其进度、成本和绩效目标来决定,而是必须考虑到影响各个项目的起始条件和环境因素。

3.3 项目章程的制定

项目章程(有时被称为项目概况陈述)是签署的正式定义项目并授权项目经理在项目活动中使用组织资源的文件,是用来定义项目、项目目标和输出,确认项目经理并进行授权,以及为项目实施建立总体框架的主要文件之一。它将项目与组织的战略目标联系起来,并识别职责范围、义务、假设和制约因素。因此,制定项目章程的目的包括:正式授权一个项目或项目阶段的开始,确定项目经理及其职责和权限,记录业务需求、项目目标、预期交付物和项目的经济分析。项目章程是项目启动文件的简化版,其演变形式是项目经理章程,作为项目经理与项目发起人之间的合同使用。

3.3.1 项目章程的基本作用

制定项目章程是项目管理的首要工作。项目章程规定了项目经理的权限及其可使用的资源。所以,一般先选定项目经理,并邀请项目经理参与项目章程的编制,以便对项目需求有基本的了解,从而在随后的项目活动中制订更合理的项目管理计划,更有效地分配资源。项目章程给出了关于批准项目和指导项目工作的主要要求,其主要作用如下。

(1) 正式宣布项目的存在。正式启动一个项目就是以签发项目章程为标志,以项目名称及编号的形式表示项目的授权,对项目的开始实施赋予合法地位,从而可以获得相关方的支持。

(2) 定义项目的范围。粗略地规定项目的范围,为后续的项目范围管理工作提供了依据。没有一个正式的章程,项目的发展就有可能与组织目标不一致,并可能超出原定的项目范围。

(3) 正式任命项目经理。项目章程正式任命项目经理,并定义授权范围,授权其使用组织的资源开展项目活动。项目章程不但明确项目经理应该做什么,而且也让高层管理者清楚项目应该干什么。如果没有项目章程,项目经理应该起草一份,然后提交给项目发起人和其他主要利益相关者进行审查、修改,并书面批准。

(4) 项目管理沟通的基础。项目章程不仅是一个用于规划项目的工具,而且也是一个信息沟通的基础。有效的沟通计划是成功开展项目的基础之一。如果没有项目章程,项目目标可能含糊不清,可能被具有不同利益的关键项目干系人所误解。在项目实施过程中,可能发生任务优先度的冲突、角色混淆的困扰,最终导致项目的失败。

项目章程定义了完成项目所必需的参数,确定了项目的愿景、目标、范围和实施,从而为团队指明了项目的明确界限。因此,项目章程是项目管理中经常提到的项目文件之一,整个项目团队都应该熟悉项目章程的内容,但不要把项目章程看作合同,因为它没有合同成立的要件——报酬或金钱或其他用于交换的对价。

3.3.2 项目章程的编制依据

任何项目的章程都不是人们凭空想象或随意编制出来的,而是根据项目特性和具体情况与要求,通过综合平衡而编制的。因此,制定合理的项目章程需要下述 5 个方面的信息。

(1) 项目起始决策信息。不管项目是自我开发项目还是承接的业务项目,编制项目章程的首要依据是项目的起始决策信息,如项目起始的决定、项目可行性分析结论、项目主要目标和专项指标等,特别是商业论证的信息。

(2) 项目工作说明书。项目工作说明书是对项目产出物或服务的说明,主要包括业务需要的阐述、产品范围的描述、战略规划的说明。对内部项目而言,项目工作说明书由项目发起人根据业务需要及产品或服务的需求来制定;对外部项目而言,项目工作说明书由客户提供,是招标文件或合同文件的一部分。

(3) 项目的主要合同。当项目是承接的业务项目(为项目业主或用户而实施的项目)时,项目合同是制定项目章程的根本依据。项目章程中的规定不但不能违背项目合同中有关双方责任和义务的约定,而且还要能够满足项目合同的要求。

(4) 项目的环境因素。项目的实施受项目环境的影响,这些环境因素可能提高或限制项目管理的灵活性,并可能对项目结果产生积极或消极影响。因此,编制项目章程必须考虑项目外部环境和项目组织环境等方面的因素。例如,企业文化、结构和流程,现有人力资源状况(如人员在设计、开发、法律、合同和采购方面的技能、素养与知识),企业的人事管理制度(如人员招聘和留用指南、员工绩效评价与培训记录、加班政策和时间记录),政府或行业标准与规定(如监管机构条例、行为准则、产品标准、质量标准和工艺标准),项目所需基础设施,项目工作授权系统,市场条件及其发展变化情况,项目各方面风险承受能力,项目管理信息系统(如自动化工具,包括进度计划软件、配置管理系统、信息收集与发布系统或进入其他在线自动系统的网络界面),各种商业数据库(如标准化的成本估算数据、行业风险研究资料和风险数据库),等等。

(5) 组织的过程资产。每个组织都有正式或非正式的各种规章制度、指导方针、规范标准、操作程序、工作流程、行为准则和工具方法等,所有这些都会直接或间接地影响项目的实施,因此,在制定项目章程时必须加以考虑。此外,项目组织在以往的项目实施过程中所获得的经验和教训对即将实施的项目具有参考价值,因此,在制定项目章程时也必须加以考虑。

3.3.3 项目章程的主要内容

项目章程实际上就是有关项目的要求和项目实施者的责、权、利的规定,因而编写项目章程通常是项目管理中最具挑战性的工作之一。在项目管理实践中,项目章程没有统一的格式,内容也不相同,但一般包含下列内容。

1. 项目概况

项目概况主要叙述项目的基本情况,如项目名称、规模、发起项目的缘由、项目目标、项目范围、项目基本假设和约束条件、初始项目风险、主要项目干系人、项目里程碑计划、关键成功要素。

1) 项目描述

项目章程首先要明确项目的名称,项目名称应该简洁并反映项目的核心内容。此外,项目章程首先要描述发起该项目的背景,即实施该项目的原因,这些原因包括市场需求、营运需要、客户要求、技术进步、法律要求和社会需要等。陈述要解决的问题,进而描述为了解决所陈述的问题,项目将采取的措施,项目最终产品的要求。

2) 商业论证

一个项目是否启动的决策主要基于项目是否对项目发起人有价值。商业论证就是要说明需要做这个项目的原因或理由,以及对项目的成本、效益、选项、问题、风险和潜在问题等的分析。商业论证从商业的角度分析项目,不仅要分析在财务方面的效益,如增加收入,降低成本等,还要分析其他效益,如提高客户满意度,从而决定项目是否值得投资。在项目章程中,商业论证一般包括下列内容：①解释实施项目的原因；②简述各种可选项目方案,并说明所选择的方案及其理由；③评估现在就实施项目带来的效益,如果现在不这样做的后果,最后的结论。

3）项目目标

项目目标是指项目要完成,细化在商业论证中提出的目标。一个明确的、商定的目标陈述对项目的成功至关重要。因此,在项目章程中所陈述的目标必须与已批准的项目建议书中所确立的目标相同。此外,项目章程应依据它们在项目管理中的重要性,列出项目的进度、成本、绩效等目标的优先次序。除非发生了实质的变更,所确定的优先次序在项目实施过程中应尽量保持不变。在确立项目目标之外,确定项目成功的标准同样重要。不是所有的项目都会按进度、在预算之内完成初始项目范围所规定的工作,但是这并不意味着项目失败。具有挑战性但可行的成功标准有助于激励项目团队。

4）项目范围

顾名思义,项目范围指的是为完成项目的可交付成果所必须承担的工作范围。项目范围陈述主要是描述项目的主要活动,如定义项目的限制条件,识别项目的可交付成果,界定项目边界等。描述必须绝对清楚,可以用来判断一项项目活动是否是额外的工作。项目范围陈述有时还应明确说明哪些活动是不包括在该项目范围之内的。在项目章程中,范围陈述必须反映在项目建议书所述的、被批准的范围,并在项目建议书的基础上进一步增加细节。如果项目章程没有包括范围陈述,则项目范围计划必须有范围陈述。

项目范围的编制应该从收集项目发起人的信息开始。由于项目发起人提供资金项目,了解发起人对项目的愿景是非常重要的。此外,如果商务需求比较大,则可以把项目范围限定在某一特定领域。项目范围的混乱是范围蔓延的主要原因之一。要确保制定一个准确的项目范围说明书,制定项目章程是值得花费时间的。

5）项目假设及约束

必须清楚地说明项目有关的假设。在制定项目章程阶段,项目章程所列出假设是项目层级上的假设,包括与商业、技术、资源（如特定资源的可用性）、范围、期望、进度、信息、资金和项目人员的技能等相关的项目假设。

必须明确地描述施加在项目上的任何约束或边界。在制定项目章程阶段,根据现有的信息,列出项目的约束条件。项目章程所列出制约是项目层级上的约束条件,如项目预算或资金方面的限制、时间的限制（如要求完成日期）、质量要求（规定或质量标准）、资源的可获得性、采用的技术方面的限制、与其他产品的界面方面的约束条件等。

6）初始项目风险

项目章程必须考虑能识别的任何可能影响项目目标顺利实现的障碍和风险（威胁）。根据现阶段能获得的信息,必须尽可能分析每一个风险,并进行量化和重要性排序；描述风险应对策略,包括缓解风险、分担风险、规避风险、承担风险；在项目章程中识别的风险一般与项目建议书所识别的风险相同,但可能包含额外的、详细的风险管理信息。

7）主要项目干系人

应列出所有的项目干系人（或称为项目利益相关者）,评估项目干系人的主要需求、主要期望、在项目中的角色以及对项目的潜在影响、与项目生命周期最密切相关的阶段等，从而制定合适的项目干系人管理策略，有效地调动项目干系人的积极性，减少和消除项目干系人的负面影响。因此，必须制订项目干系人的管理计划。

8）项目里程碑计划

项目里程碑(milestone)比喻在项目发展过程中可以作为标志的大事（如关键事件、项目活动、检查点或决策点、可交付成果等）。项目里程碑计划是达到特定的里程碑的日期或时间的清单，反映交付给最终用户的产品/服务，以及关键的项目管理或其他与项目相关工作的产品的交付。项目里程碑计划本身含有控制的结果，有利于监督、控制和交接，使团队成员明白他们负责交付的是什么。通过建立里程碑和检验各个里程碑的到达情况，可以控制项目工作的进展和保证实现总目标。因此，项目章程应列出该项目的主要里程碑和可交付成果（既可以是中间成果，也可以是最终成果）清单，以及计划的完成和交付日期，并指明里程碑属于强制性（合同要求）还是选择性（根据项目要求或历史信息）。项目里程碑计划一般分管理级和活动级，变化多发生在活动级上，计划稳定性较好。项目里程碑计划应与项目整体目标计划一致。

9）关键成功要素

描述被认为对项目成功至关重要的要素或特性，识别和记录在商务、项目、项目团队、进度、交付等方面的不利于项目成功的要素或特性。如果缺少这些要素或特性，可能导致项目失败。在项目范围、进度、成本或质量的替代方案进行艰难抉择时，很好地理解和记录的关键成功因素有助于解决项目方向性的冲突问题。

2. 项目授权

项目章程是由项目发起人签发的文件，指定项目经理负责该项目，授权项目经理组建项目团队和使用组织机构的设施与资源去完成项目工作，赋予项目经理项目财务决策授权和项目监督控制授权。因此，项目章程应明确项目经理的名字，包括他/她的职责的描述，如职权、责任、协调要求、报告要求等。

1）项目团队组建的授权

项目团队组建的授权包括两个方面：一是授权组建项目经理班子或管理班子，因为项目经理需要组建一个制定决策、执行决策的"左膀右臂"机构，也就是项目的经理班子或管理班子，负责项目各阶段的工作；二是授权选拔项目团队成员，因为高效的项目团队是保证项目成功的另一关键因素。由此可见，组建项目团队的权力包括对项目经理班子成员的任命、考核、升迁、处分、奖励、监督、指挥甚至辞退等，项目团队成员的选择、聘用、考核、激励、处分，乃至辞退等。

2）项目的财务决策授权

项目经理必须拥有与项目经理负责制相符合的财务决策权，否则项目就难以顺利展开。项目章程必须反映已批准的项目建议书中所确定的任何费用预算。项目章程可能包含费用预算的以下几个方面：预算的确定性程度？为什么预算定在目前这个金额？预算超过多少，项目仍算成功？获得可靠预算的信息是否足够？在此基础上，确认批准给项目的资金数额、授权来源和融资方法（投资预算、附加授权、资金融通与调配）。项目经理的财务决策权一般包括以下两个方面：一是利益分配权，即项目经理有权决定项目团队成员的利益分配,包括计酬方式,如实行计件、计时工资制或绩效工资制等,奖罚制度,如奖励工作表现良好成员和处罚工作表现较差的成员;二是费用控制权,即项目经理在财务制度允许的范围内拥有费用支出和报销的权力,如聘请法律顾问、技术顾问、管理顾问的费用支出,工伤事故、索赔等项的营业外支出。例如,项目经理可以行使决策权和财务签字权的级别。在实践中,这意味着符合"只要事后获得项目委员会的批准,项目经理被授权作决策的范围应该不影响项目时限、项目预算或项目管理资源分配"。例如,某项目章程允许项目经理作出采购金额高达 100 万元的决定,而不需要项目发起人的批准,但任何超过这一金额的采购则需要进一步授权。

3) 设施和资源使用授权

描述项目对设施和资源如办公用房、特殊设施、计算机设备、办公设备和辅助工具等的要求。确定为提供支持该项目环境所需的具体配置的角色的责任。由于资源的配置,如物资的供应,人力、财力的配备在项目的实际实施中,可能与项目计划书有所出入。当项目外部环境发生变化时,项目实施的进度与计划进度不一致,项目经理可以根据项目总目标,将项目的进度和阶段性目标与资源和外部环境平衡起来,作出相应的决策,以便对整个项目进行有效的控制。

3. 项目组织结构

在项目章程中,应明确说明项目团队的组织结构。项目组织结构设计描述中,最好用图形描述的方式描述项目团队的组织结构形式。从技能、专业特长等方面估计人力的需求,以及分配和招募有资格人员的策略,制定执行组织开发和人员培训的概要,为项目提供必要的支持。

项目团队中的主要角色包括:负责项目管理的人员、执行项目活动的人员、提供支持的专家、用户或客户代表、分包商和供应商、业务伙伴成员等。

4. 其他事项

上述基本内容既可以直接列在项目章程中,也可以援引其他相关的项目文件。同时,随着项目工作的逐步展开,这些内容也会在必要时随之更新,因此,项目章程中还包括"修改记录"。此外,项目章程一般还包含联系方式、相关术语、附录附件。

5. 项目章程的签署

项目章程正式确认项目的存在并对项目提供简要的概述。因此,项目章程应是书面形式,并由适当的利益相关者(可能是执行单位的公司总裁或其他主管)签署认可。

虽然项目章程的签字看起来像一种形式,但签署项目章程代表了一个门槛,意味着"签字人已阅读、理解并同意本项目章程所包含的信息内容"。如果没有某种形式的签字要求,则该项目章程变成一个普通的计划文件,利益相关者可能会、也可能不会认真审查和清楚地了解该文件。没有发起人和管理层的签字,与该项目不密切的利益相关者就不会明白项目在组织内部的重要性。

此外,项目章程一定要有签字日期。如果项目里程碑计划采用相对日期,则签字日期非常重要,因为项目里程碑计划以这个日期为时间参照点。

思 考 题

1. 项目管理规划的主要作用有哪些？
2. 项目一般有进度、成本和绩效三大目标（或称三重约束），它们是否同等重要？
3. 项目章程有哪些作用？
4. 案例分析：北京2008年奥运会火炬接力

北京2008年奥运会火炬接力以"和谐之旅"为主题，以"点燃激情 传递梦想"为口号，跨越五大洲，在19个国家的19个城市和国内的香港、澳门以及31个省、自治区和直辖市的113个城市和地区进行传递，还抵达世界最高峰——珠穆朗玛峰，历时130天，火炬手2万多名，护跑手5 000名，是奥运史上传递时间最长、参与人数最多的一次火炬接力。

在制定《北京奥运会火炬接力传递计划路线》时，北京奥组委根据以往火炬接力惯例和北京奥运会火炬接力的特点，制定了路线编制的标准："有利于展示地方特色、有利于最多人数参与、有利于安全顺利运行、有利于电视媒体转播。"因此，在路线编制时，充分考虑传递城市所具有的代表性、标志性的场所和风景点。如在俄罗斯圣彼得堡传递时路过冬宫；在英国伦敦时经过大英博物馆；在法国传递时安排途经埃菲尔铁塔；在印度新德里安排了红堡；泰国曼谷安排经过大皇宫；在韩国首尔传递时安排了仁寺洞；中国南端海南三亚的天涯海角，西部新疆的帕米尔高原，世界最高峰——珠穆朗玛峰等。北京奥组委还按照国际奥委会的规定，设计了火炬、火炬接力服装、火炬接力境外传递包机、火炬接力运行车队等。在传递方式上，除了手手相接的陆地跑的传统方式外，还设计了形式多样的方式，如自行车传递、骑马传递、火车传递、轮渡传递等。

在北京2008年奥运会火炬接力传递过程中，虽然受到少数人的干扰破坏，但无损于"和谐"的主题。体现了中国传统文化追求身心和谐、人际和谐、天人和谐的思想，体现了当代中国的发展理念，与奥林匹克"使体育为人的和谐发展服务，以促进维护个人尊严的和平社会的发展"的精神实质深度契合，高度概括了北京奥运会"绿色奥运、科技奥运、人文奥运"举办理念和"同一个世界、同一个梦想"主题的深刻内涵。

问题：分析该项目的主导目标、一般目标和从属目标。

5. 案例分析：奥运会篮球馆五棵松体育馆

作为奥运场馆优化调整计划中涉及的最重要的工程项目之一，奥运会篮球馆五棵松体育馆的设计修改受到了人们的广泛关注。在"节俭办奥运"这个原则的指导下，据介绍，设计优化后的五棵松体育馆造价大幅下降，而且降低了施工难度，增强了安全性能。

经过优化的五棵松体育馆，取消了原来场馆上部的商业配套设施和外立面的四面大屏幕，建筑面积由原来的11.9万平方米减少到6.3万平方米，用钢量由原来的近5万吨减少到4 000吨。另外，体育馆的竞赛层比以前抬高了近8米，观众大厅的入口抬升至地面，环行车道、下沉式广场和隧道也都进行了简化。调整后的五棵松体育馆节约造价5亿多元人民币。

"方案优化"不仅简化了五棵松体育馆的功能，节约了造价，还给建筑设计带来了好处。功能简化后的五棵松体育馆，能容纳18 000人的规模和首体、工体相同，但体积要比它们小。如果场馆体积大,对混响时间的控制就比较困难,体积小就容易得多,进行各种声场的控制如吸声、隔声等,效果都要更好一些。这样,将来如果要举行音乐会或是开会的话,里面的声音条件就要好得多。体积小的另一个好处是比较节能,这点很容易理解。例如空调是体育场馆中耗能非常大的部分,使用同一台空调,50平方米的屋子肯定比100平方米的耗电要少得多。五棵松体育场馆建设的节约之道还在于,采用再生或可再生材料,使用绿色环保建材及产品等。

问题:确定该项目的主导目标、一般目标和从属目标。

第 4 章

项目团队的建设

项目团队是具体实施项目的主力,因而建设一个高效的项目团队是项目成功的基础。一个高效的项目团队应具有符合项目特点的组织结构,因而应根据项目特征来组建项目团队;项目团队的绩效取决于项目团队的管理水平,因而应加强项目团队的建设,如对其成员进行训练、激励,从而形成高效团队。因此,项目团队建设的目的:一是满足项目的需要,确保项目目标的实现;二是调动员工的积极性,发挥员工的潜能,实现最优绩效。

4.1 项目团队的组建原则和流程

项目团队建设是指为了实现项目团队绩效及产出最大化而进行的一系列结构设计及人员激励等团队优化行为,包括项目团队的组建和管理。在实践中,不是先有项目团队,再去认识和了解项目团队;而是根据项目特征,量身打造项目团队,即组建项目团队。所谓的组建项目团队,就是根据项目的需要,把来自不同专业领域的个体成员按照特定的模式组织起来,形成一个单一的、具有凝聚力的,为了实现项目目标而工作的共同体——项目团队。

4.1.1 项目团队的组建原则

项目团队一般由项目经理和团队成员组成,团队成员的分工不同,承担的角色不同,所具有的知识、经验和技能不同,但他们被合理地组织在一起,协同工作,共同完成项目,实现项目目标。如果一群人没有分工合作和优化整合,那只是乌合之众,不是团队。因此,组建项目团队必须遵循一定的原则。

为了项目的成功,组建项目团队的基本原则是团队与项目二者匹配的原则,即在项目实施过程中,项目团队在人员的数量、组成和质量上始终恰好满足项目人力资源的需要。团队与项目二者匹配包括3个方面:一是人员数量上的匹配,即项目团队的人员数量与项目所需的人员数量匹配;二是人员组成上的匹配,即项目团队成员的知识和技能与项目所需要的知识和技能匹配;三是人员能力上的匹配,即项目团队成员的能力与其岗位要求的胜任力匹配。

1. 项目团队的人员数量与项目所需的人员数量匹配

项目团队的人员数量要满足项目对人员数量的需要。例如,一个需要100人才能按进度计划完成的项目,如果只配备50人的项目团队,那么肯定不能按进度计划完成项目。因此,项目团队要在数量上满足项目的人力资源需要。由于不同的项目阶段所需要的人员数量是不同的,有高峰也有低谷,项目团队人员的配备应作相应的变化。项目团队人员数量不足会影响项目的实施,反之,项目团队人员数量过多会导致"浪费"。无论是人浮于事还是事浮于人都不合理,因而在项目实施过程中,不希望出现人力过剩或人力不足的情况,项目团队的人员数量应始终与项目所需要的人员数量匹配,即项目团队的人员数量应不多不少恰好满足项目所需要的人员数量,确保在人员配备方面实现精简、高效和节约的目标。此外,在项目团队中提倡兼职,因为一个项目的职能工作种类可能很多,但每项职能工作的量可能较小,所以需要做兼职的安排。另外,在人员配备中还提倡减少项目组织层次,精简项目组织机构,减少配备的人员数量,达到精简、高效和节约的目标。

2. 项目团队成员的知识和技能与项目所需要的知识和技能匹配

在项目实施过程中,有不同种类的任务,需要不同的知识和技能。根据"以适合的人,做恰当的事"的原则,应配备不同知识和技能的人员。因此,团队成员的知识和技能应满足项目对知识和技能的需要。例如,一个土木工程项目需要土木工程领域的人才,如果招聘一批优秀的IT专业人才,也难以想象他们能够按计划完成项目;反之,一个IT项目需要IT领域的人才,如果招聘一批优秀的土木工程专业人才,也难以想象他们能够按计划完成项目。之所以他们不能够按计划完成项目,是因为他们的专业技能与项目需要的专业技能不匹配,而不是他们不优秀。因此,项目团队成员的知识和技能应与项目需要的知识和技能相匹配。

在项目实施过程中,任务总是多种多样的,应该根据不同性质、特点的任务,选拔有相应专长的人员去完成。项目团队人员配置的一个重要目标就是把各类人员分配在最能发挥他们专长的岗位上,力争做到人尽其才、才尽其用。通过分析每个岗位的职责要求,并确定任职要求,选择满足任职条件的候选人进入项目团队。

除了团队成员与其工作岗位的工作要求匹配外,团队成员的个性也应与其工作特性相适应。在组建项目团队时,基本上都能够遵循个体的知识和技能与岗位的工作要求匹配的原则,但很容易忽视个性与工作的匹配。根据约翰·霍兰德(John Holland)的"个性—工作适应性"(personality-job fit theory)理论,个体的个性特点与他的职业环境之间需要匹配,员工对工作的满意度和流动意向,取决于个体的个性特点与职业环境的匹配程度。当个性与职业相匹配时,则会产生最高的满意度和最低的流动率。因此,团队成员的个性应与工作的性质匹配。

3. 项目团队成员的能力与其岗位要求的胜任力匹配

项目团队的根本目标就是成功地完成项目,因此项目组织人员配备必须以实现项目目标为中心,即项目组织一切人员配备都必须为实现项目目标而服务。应先设定岗位,然后聘用适合该岗位的人员。项目团队成员的能力与其岗位要求的胜任力匹配就是要求团队成员能够胜任所分配的工作。任务有难易、繁简之分,人员有能力高低之分。应根据每项任务的特点、难易和繁简程度及其对人员资格条件的要求,选择具备相应能力水平的人去承担,做到让合适的人做合适的事。

在项目管理实践中,可能出现两种不匹配的情况。一是现有人员素质低于现任岗位的要求;二是现有人员素质高于现任岗位的要求。前者不能胜任工作,影响项目的实施,因而应采用技能性培训或转岗等方法来调节现有人员的使用情况;后者是一种人才的浪费,还可能导致员工不安心工作等问题,因而应考虑将其提升到更高的岗位担任工作,以发挥他们更大的潜力。

除了上述 3 项基本原则外,组建项目团队可能还包括其他一些原则,如对组织架构的要求。例如,《建设工程项目管理规范》(GBT 50326—2006)第 5.1.1 款提出建立项目组织机构的基本原则如下:①组织结构科学合理;②有明确的管理目标和责任制度;③组织成员具备相应的职业资格;④保持相对稳定,并根据实际需要进行调整。因此,项目团队组织构架应科学、合理,与所须履行的职能相适应,可以为项目提供相互协同的全方位服务;项目组织机构应有明确的管理目标,各部门及所有工作人员应有明确的责任;团队成员必须具有相应的从业资格并经遴选任用,能够有效履行相应的职责;在项目的不同阶段,项目团队应保持相对稳定,并根据实际需要作相应调整。

4.1.2 项目团队的组建流程

"知彼知己"是"百战不殆"的必要条件,但不是充分条件。在项目管理中,了解项目和了解项目团队也是项目成功的必要条件。管理人员可能面临两种情况:一是先有项目团队,在认识了解项目团队的基础上去寻找适合项目团队的项目;二是先有项目,再根据项目特征,量身打造项目团队,使团队的能力满足项目的需要。在实践中,除了少数开创性项目需要根据项目组建全新的团队外,多数情况介于二者之间,即根据基础团队的特征去寻找比较适合于基础团队的项目,再根据项目的特征对基础团队进行调整,形成并完善实际的项目团队,使之满足项目的人力资源需要,如图 4-1 所示。

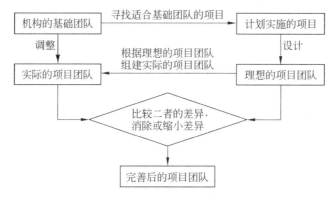

图 4-1 项目团队的组建流程

对于一个给定的项目来说,根据团队与项目匹配原则,项目团队的组建包括 5 个步骤:①项目的人力资源需求分析;②项目团队的设计(理想的项目团队);③项目团队的组建(实际的项目团队);④项目团队的完善(评估实际的项目团队与理想的项目团队之间的差异,并寻找处理二者差异的措施,减少或消除差异,获得改进的项目团队);⑤项目团队的维持(确保项目团队满足项目的人力资源需求)。

1. 项目的人力资源需求分析

要量身打造项目团队,并使项目团队能够胜任项目,首先要分析项目实施过程中的人力资源需求情况。在给定项目的情况下组建项目团队,可以根据项目所需完成的任务、项目任务所需的组织结构、项目组织所需的各类职务和岗位等,最终预测出项目的人力资源需求。通过分析项目的人力资源需要,制定人力资源规划(又称人力资源计划),确保项目的各类工作岗位在适当的时机获得适当的人员(包括数量、能力等),从而满足项目进展的需要。

项目人力资源需求的预测与一般日常运营组织的人力资源需求预测相比要简单一些,因为项目组织是临时性的,所以它主要涉及一定时期内的项目人力资源需求预测。项目人力资源需求分析的主要依据是项目范围文件、历史经验、假设条件等。通过分析项目范围文件,了解项目的基本特征,预估项目人力资源的需求,为设计项目团队提供依据。例如,项目团队规模的大小,需要什么样的团队成员(岗位设置),每样团队成员需要多少,每个团队成员所承担的角色,每个角色的要求,等等。通过对预期的团队成员进行描述,从而为招聘项目团队成员定义岗位职责和要求,为组建一个高效的项目团队制定蓝图。

每个项目团队都拥有一些必要的角色,它们与项目的特征无关;但一个项目团队必须拥有满足具体项目所需要的角色,它们与项目的特征密切相关,目的是保证团队与项目的特征彼此匹配。例如,有甲、乙两个项目,甲项目是建设一座桥梁,乙项目是开发一个信息管理系统。很明显,甲项目需要一个桥梁专业的土木工程师团队,而乙项目需要一个系统开发的软件工程师团队。如果让甲项目的团队去从事乙项目将会是一场灾难,反之亦然。因为彼此都不熟悉对方的专业领域,既缺少相关的知识技能,更缺乏相关的实践经验。即使在同一专业领域,对项目团队的要求也有所不同。又如,有 A、B 两个项目,A 项目涉及解决一个非常困难的流程改进问题,B 项目是一个安装某公司的客户技术支持系统。很明显,A 项目需要一个拥有分析性、构思性和创造性的问题解决者的团队,而 B 项目需要能够定制满足客户的特殊需求的专家。如果让 A 项目的团队去从事 B 项目将会是一场灾难:他们会寻找创新机会,寻找那些不存在的问题,而不是把精力放在现有的系统安装流程上。反之,如果让 B 项目的团队去从事 A 项目也会是一场灾难:他们不知道如何寻找创新机会,如何寻找现有流程中存在的问题。

2．项目团队的设计

组建项目团队的第二步是根据项目的人力资源需求设计项目团队。项目团队设计包括团队组织结构的设计和团队成员的岗位设计。

团队组织结构的设计就是对项目团队的组成要素和它们之间连接方式的设计。项目团队的组织结构应适合于项目特点,组织结构过于复杂,不利于贯彻执行命令。因此,项目团队组织结构设计是根据项目目标和项目特点,划分管理层次、确定组织系统、选择合理的组织结构形式的过程。目的是在项目团队中合理地进行分工,明确岗位职责,使任务、权责能够有效地组合和协调,避免岗位不清、分工不明的问题。设计项目团队组织结构时应注意两方面:一是保证项目组织的结构形式与项目的主要特点的匹配;二是应充分考虑项目实施机构自身的组织结构对项目管理的影响,必要时应予以调整。

目前,主要有职能型组织结构、项目型组织结构和矩阵型组织结构 3 种项目团队组织结构,它们各有优缺点,适用于不同的情景。职能型组织结构适用于不确定性程度较低、所用技术标准规范、持续时间较短的小型项目,但不适用于环境变化较大、技术创新性很强、持续时间长的大型项目。项目型组织结构适用于不确定性程度高、技术创新性很强、持续时间较长的大型项目。矩阵型组织结构适用于介于二者之间的情况。因而一些规模巨大、持续时间长的项目常常采用项目型组织。例如,在三峡枢纽工程中,经国务院批准,1993年9月27日成立中国长江三峡工程开发总公司,全面负责三峡工程的建设,该公司在本质上是项目型组织。但是,多数建筑企业采用强矩阵型组织结构。以某建筑股份公司为例,在工程中标后,该公司根据项目规模、项目特点、投标策划、合同要求,为每个项目组建一个项目部(项目管理团队)。项目部通常包括项目部经理和项目部管理人员,直接承担项目的管理职能,计划、组织、领导各种工作队(注:工作队可以是临时聘用的劳务人员)完成具体的项目任务。企业的职能部门是项目管理资源支持性部门,主要提供工程测量、检验与试验、工料分析、工程造价、成本管理、分包管理、建筑劳务、材料采购、仓储运输、机械设备、后勤保障、治安保卫、行政事务等职能性服务。例如,某建筑公司推行"总部服务控制、项目授权管理、专业施工保障、社会协力合作"的项目管理理念。以公司的实力为后盾,充分发挥公司总部对项目的支持保障能力和服务控制能力,对项目进行统一的施工方案策划、质量策划、企业形象策划,以"只有不同的业主需求,没有不同的项目管理"为标准,全力建设"项目标准化管理"。

进行项目团队的组织结构设计的同时,需要进行团队成员的岗位设计,编制岗位说明书,用于团队成员的聘用和绩效考核,避免职责不明、考核无据的问题。岗位设计,又称工作设计,是规定每个岗位的任务、责任、权力以及与其他岗位关系的过程。岗位设计主要包括下列工作:①根据工作任务的需要确立工作岗位名称及其数量;②根据岗位工作确定岗位的职务范围;③根据岗位的性质明确实现岗位目标的责任;④确定各个岗位之间的相互关系;⑤定义岗位的工作质量和绩效标准;⑥确定岗位任职资格,或者建立岗位胜任力模型。

为了建立岗位胜任力模型,首先,根据岗位要求,在类似项目从事这类岗位工作的员工中,随机选取一定数量的绩效优秀和绩效普通的员工进行调查,从而获得有关岗位胜任力的数据资料。然后,对所获得的数据资料进行内容分析,记录各种胜任力出现的频次,并比较优秀组和普通组的各种胜任力发生频次,找出两组的共性与差异特征,并根据频次的集中程度,估计各胜任力的大致权重,从而建立岗位胜任力模型。最后,采用回归法或其他相关的验证方法,用已有的优秀与普通的有关标准或数据验证岗位胜任力模型,从而获得最终的岗位胜任力模型。

3. 项目团队的组建

在组建实际项目团队时,如果有充足的资源和/或时间去选择项目团队的成员,则所组建的团队可以满足项目团队设计的各项要求,实际项目团队与设计的项目团队相同。然而,现实中最常遇到的情况是没有充足的资源来选择团队成员。有些项目实施机构可能把挑选团队成员的范围限定在机构现有的人力资源之内,项目实施机构的人力资源可能完全满足项目需要,也可能只是部分满足项目需要。例如,如果项目实施机构恰好有项目所需要的某方面的专家,但该专家只是部分满足项目需要,如果不能外聘的话,则只能聘用该名专家,这样组建的项目团队称为实际项目团队,它与设计的项目团队有所不同。即使不限制在项目实施机构的内部,也可能出现类似情况:市场上没有或暂时没有完全符合条件的人才。因此,虽然可以按项目所需人力资源的具体能力和熟练程度来设计项目团队,但由于存在资源的限制,可能很难组建一个完全满足要求的项目团队。

组建实际项目团队的主要工作包括：一是评估现有人力资源，即对潜在的团队成员进行评估；二是形成初始的项目团队，即挑选团队成员，并将团队召集在一起。评估现有人力资源包括项目实施机构的现有人力资源评估和劳动市场供应的人力资源评估。前者的相关数据一般是现成的，项目经理在召集项目团队的时候都可以使用，后者的相关数据可以利用招聘广告等方式进行收集。依据岗位胜任力模型对团队成员候选人进行评估，评估合格的人员作为潜在的项目团队成员。为了确保项目团队成员的角色齐全和均衡，在正式聘用之前，对由潜在的团队成员组成的项目团队进行均衡性评估，如果存在对团队整体效果不佳的潜在成员，予以剔除，改换合适的候选人，确保组建一个高效团队。经过评估后，确定最终项目团队的组建方案，按照该方案挑选团队成员，将团队召集在一起，从而形成实际的项目团队。

4. 项目团队的完善

由于在组建实际项目团队时，所招聘的团队成员与理想的团队成员之间有差异，也就是说实际项目团队与项目需要之间有差异。要保证项目团队与项目匹配，就需要对此差异进行评估，确定差异在何处，差异有多大，寻找处理二者差异的措施，从而消除或至少缩小差异，这是项目团队建设的目的之一。

在确定了实际团队与理想团队之间的差异之后，应设法消除或缩小二者的差异，使实际的项目团队无限接近理想的项目团队。一般来说，优先尝试提升团队成员的胜任力，利用工作或业余时间对团队成员进行培训，使实际团队接近或达到设计的团队要求；也可以改变队员的任务分配，尽可能地利用团队拥有的技巧和能力，使实际团队接近或达到设计的团队要求。完善项目团队的过程会一直持续到实际团队达到理想团队的要求，不再需要改进为止。

5. 项目团队的维持

在项目实施过程中，项目生命周期的不同阶段（如设计、构建、测试、实施）的人力资源需求是不同的。此外，市场条件改变、技术改变或者项目过程中的创新和发现都会使项目范围发生变化，进而使项目的人力资源需求特征发生变化；其他的变更也可能导致人力资源需求的变化，如赶进度可能要求增加人手。另外，项目团队本身也可能发生变化，如团队成员离职或因生病而不能履职等导致岗位空缺。因此，在项目生命周期中，应根据项目进展变化，调整人员数量和人员类型，必要时对人力进行恰当的培训，使项目需要与项目团队始终保持最佳匹配，做到使人尽其才，事得其人，人事相宜，以实现项目目标。

4.2 项目团队绩效的提升

团队与项目相匹配是项目成功的必要条件，但不是充分条件。要使项目获得成功还需要提高项目团队的绩效。仅把一组人员召集在一起，为同一个项目工作，并不能形成一个高效的项目团队。因此，项目团队建设应对项目团队进行质的管理，即在人力数量和类型不变的前提下，采用现代的科学方法，对人的思想、心理和行为进行有效的管理（包括对个体和群体的思想、心理和行为的协调、控制和管理），充分发挥人的主观能动性，使团队成员都充分发挥出最佳效应。

4.2.1 高效项目团队的主要特点

高效的项目团队具有如下特点：①对项目目标有清晰理解，对每位成员角色和职责有明确期望，目标导向，高度的合作互助及高度信任。②项目团队的每位成员都要协助营造一个积极有效的项目环境。③团队成员对自己有高度期望，他们会做好计划，控制并相信他们各自的工作。

高效项目团队要求项目经理和成员：①将全部情感投入到项目中，对实现目标有强烈责任感；②每个人都贡献出大量时间，在整个项目期间全身心地工作；③专注于关键问题，在头脑中有一个清楚的优先顺序表，正确地去做需要的事。高效项目团队强调了明确的项目目标、明确的团队成员的作用和任务、强大的项目领导，以及将所有人团结在一起的"项目精神"的重要性。有成效的项目工作需要密切的合作：成员分享信息，彼此交流，作出决策；团队成员互相支持并接受其他人的观点，个人、部门或组织必须执行项目目标而不是他们自己的目标。紧密联系和高度负责的项目团队是项目成功的关键。

低效率的团队的主要表现：团队成员间缺乏交流，团队成员独自工作，很少分享信息和提供帮助；团队成员间没有清晰的角色和责任；团队成员不负责任地移交工作，对时间和质量缺乏关注；团队成员把错误归咎给他人，没人承担责任；团队成员不相互支持；团队成员经常缺席，造成时间表的延误，为其他成员增加了额外的工作。

项目的失败常常源自困扰团队的症结：内部冲突、成员的焦虑和挫折；浪费在无关问题上的时间；以及资深人员、合作者由于失误而随便作出的决定。团队成员通常更关心完成任务，而非正确地完成任务。很多小组从不知道自己的目标是什么，因此也从不知道自己什么时候完成了目标，或自己是否已经完成了目标。

4.2.2 成功项目团队的关键要素

《西游记》讲述了一个成功实现项目目标的项目团队的故事。该项目团队（取经团队）是一个什么样的团队？观音菩萨为唐僧配备的团队成员只是三人一马，可称得上少而精，并建立了有效的制约机制。唐僧直接管理孙悟空，但只能在孙悟空突破底线时才动用紧箍咒，平时则让其充分发挥能动作用；孙悟空对猪八戒在具体工作上有管理权力，但他也限制不了猪八戒的言论自由，他自己的行为反而受到猪八戒的监督；猪八戒虽然有"散伙回家"的思想，但有孙悟空的金箍棒，思想不能转化为行动；沙僧作为后勤人员，关键时刻对协调各方关系起到很好的作用。许多团队之所以能够成功，是因为后勤保障有力，取得了事半功倍的效果。

虽然《西游记》中的唐僧团队是虚构的，但是师徒历经 81 个劫难而成功取得真经的故事反映了成功的项目团队所需具备的关键要素：①具有明确的团队目标；②分工明确、责任清晰；③建立明确的约束规则；④形成相互交流沟通的习惯，及时高效地反馈信息；⑤具备团队精神；⑥成员都具有个人执行能力；⑦能够获得外部支持。

1. 建立共同目标

在《西游记》的取经团队中，项目目标是取回真经。唐僧在接纳孙悟空、猪八戒和沙僧进入项目团队时，不但让他们清楚地知道和理解项目目标，而且成功地把项目目标转化为他们的个人目标。由此可见,项目目标必须明确而且要与团队成员的个人目标一致或至少具有相容性,项目目标的实现也使团队成员个人目标得到了实现,二者可以不同,但绝不能冲突。因此,团队成员加入项目团队之前应对项目目标有清晰的理解。

团队中不同角色由于地位和看问题的角度不同,对项目的目标和期望值会有很大的区别。优秀的项目经理善于捕捉成员不同的心态,理解他们的需求,帮助他们树立共同的奋斗目标。例如,在建筑工地,由于农民工的流动性,他们的报酬很难与项目成功挂钩,因此农民工可能根本不关心项目是否能按时完工。优秀的项目经理可以把项目进度目标细分为一系列的里程碑事件,将农民工的报酬与里程碑事件的实现挂钩,从而建立共同的目标——按时完成里程碑事件。

2. 实行分工合作

在项目实施过程中,分工合作是项目成功的关键之一。分工就是把项目任务分解为较小的工作包,然后分配给个人或小组去完成,其目的是进行专业操作;合作就是个人与个人、群体与群体之间为达到共同目的,彼此相互配合的一种联合行动、方式。

有分工,必然有合作,二者是一个硬币的两个面。因此,项目经理要正确处理好分工与合作的关系,着力提高整体效能,项目经理的效能最终都体现为项目团队的整体效能。要处理好分工与合作的关系,必须以精诚团结为前提。一是分工不分家,务必相互支持,相互配合,但应注意不能干涉他人的工作,遵循孔子的"不在其位,不谋其政"的理念;二是先分后合,合理的分工才可能有良好的合作,分工不合理难以达到理想的合作;三是权责统一,不能因为合作而模糊了责任界限,不得揽功诿过,不得回避责任。合作的前提是明确分工,明确各自的责任,在没有明确责任的团队中,团队成员不知道自己的责任,就会出现揽功诿过的乱象。

由此可见:①分工合作能充分发挥每个人的专长,让每个人根据自己的专长承担任务,这样不但可以提高质量还可以提高效率。②分工合作可以弥补个人的不足,因为许多工作不是一个人能完成的,即使能完成也可能时间不允许。③分工合作可以发挥整体效能,通过取长补短,提高工作效率。④分工的同时应合理授权,授予团队成员完成任务所需要的权力。在《西游记》的取经团队中,唐僧师徒四人各有所长,但也都有不足之处,能够取得真经的秘诀就是分工合作,发挥了整体效能。

3. 制定团队规则

在《西游记》的取经团队中,有一条铁律——不能杀生,坚决不允许做有损目标实现之事。虽然有师徒之情,但如果因为孙悟空杀生而取不到真经,唐僧会毫不犹豫地念紧箍咒,甚至将其驱逐出取经团队。孙子在《孙子兵法》中强调为将者应具备"智、信、仁、勇、严"的五德,其中"严"就是要求将领不但严于律己,而且严格执法。这一点充分体现在"孙子练兵杀姬"的故事之中。由此可见,一个成功的团队要有明确的规则、严明的纪律,并且要得到严格的执行。规则的底线不能碰,碰触底线必定惩罚(负向激励)。在项目团队建设过程中,如果过分追求团队的亲和力和人情味,则可能导致制度执行不力,形同虚设。严明的团队纪律是项目成功的保障,只有做到令行禁止,团队才会战无不胜,否则充其量只是一群乌合之众,稍有挫折就会作鸟兽散。

对于项目团队而言,特别是项目团队建设初期,还没有形成成熟的团队文化和团队精神,但完全可以制定一个严明的团队纪律。严明的团队纪律不仅是维护团队整体利益的需要,在保护团队成员的根本利益方面也有着积极的意义。詹姆士·威尔逊(James Q. Wilson)和乔治·凯林(George L. Kelling)在《破窗》一文中,描述了一种现象:一幢有少许破窗的建筑,如果不修理好那些破窗,可能会有破坏者破坏更多的窗户,最终他们甚至会闯入建筑内,如果发现无人居住,也许就会在那里定居或者纵火。这就是著名的"破窗效应"。该理论认为如果放任不良现象的存在,会诱使人们的仿效,甚至变本加厉。因此,对于违背规章制度的行为,应该及时制止,否则,类似的违规行为就会滋生和蔓延,直至不可收拾。例如,某个成员没能按期保质地完成某项工作或者是违反了某项具体的规定,如果他没有受到相应的处罚或是处罚太轻,则是对他的纵容,使他和团队其他成员产生不守纪律的错误思想,久而久之,遗患无穷。如果他从一开始就受到严明纪律的约束,及时纠正错误的认识,那么对团队和他本人都是有益的。因此,项目经理应使团队成员明白,没有一个好的激励约束机制,就会造成执行力的缺失,遵守团队规则既符合团队的整体利益,又符合成员的个体利益。项目团队必须通过立规矩、树准则来实现制度管人。

4. 建立有效沟通

成功的团队也是有良好沟通的团队,通过沟通,团队成员彼此增进信任、坦诚相对,团队成员间有共识,团队成员间有正面的、支持性的工作关系。如果团队成员间缺乏交流,团队成员独自工作,很少分享信息和提供帮助,则会导致团队的效率低下。有些冲突是因为缺乏沟通造成的,因此,在成功的团队中,团队成员能够开放、坦诚而又及时地沟通,他们愿意交流信息、想法和感情,他们彼此间能作出建设性的反馈。

有效的沟通包括处理冲突。在项目实施过程中,冲突是难免的,也是无法压制的,因此要以积极的态度对待它,把它当作学习和成长的机会。所以,应以积极的态度正视冲突问题,恰当地处理冲突问题。

5. 培养团队精神

团队精神是指团队的成员为了实现团队的整体利益和目标而相互协作、尽心尽力的意愿和工作作风,是大局意识、协作精神和服务精神的集中体现。它包括团队的向心力、凝聚力、合作意识和士气。虽然团队成员能力不同,性格各异,但在组建项目团队时就应考虑互补性,以便培养团队精神。

然而,团队精神的形成并不要求团队成员牺牲小我,换取大我,放弃个性,追求趋同,否则就有违团队精神,就是个人主义在作祟。虽然团队精神的核心在于协同合作,强调团队合力,注重整体优势,远离个人英雄主义,但追求趋同的结果必然导致团队成员的个性创造和个性发挥被扭曲、湮没。而没有个性,就意味着没有创造,这样的团队只有简单复制功能,而不具备持续创新能力。团队精神的实质不是要团队成员牺牲自我去完成一项工作,而是要充分利用和发挥团队所有成员的个体优势去做好这项工作。

俗话说,人心齐,泰山移。团队精神强调的就是向心力、凝聚力。早在两千多年前,孟子就认识到这个问题,认为"天时不如地利,地利不如人和",强调了向心力和凝聚力的重要性。一个没有团队精神的人难以成为优秀的项目经理,一个没有团队精神的团队是经不起考验的团队。要培育团队精神,项目经理首先要以身作则,做一个团队精神极强的楷模;其次要加强团队精神的理念教育,并将这种理念落到团队工作的实践中去。

如果缺乏团队精神,团队成员的力量就很难形成合力,指向同一目标,大家相互扯皮、推诿指责,项目也就不可能成功。就像篓子中的一群螃蟹,即使不盖上盖子,也没有螃蟹能够爬出去,因为只要有一只想往上爬,其他螃蟹便会纷纷攀附在它身上,把它拉下来,最后没有一只能够爬出去。现实生活中有一些人,嫉妒别人的成就与杰出表现,天天想尽办法破坏与打压,如果不予去除,久而久之,整个团队就成为一群互相牵制、毫无生产力的"螃蟹"。

对于项目团队而言,特别是项目团队建设初期,还没有形成成熟的团队文化和团队精神,但完全可以营造出一个积极进取、团结向上的工作氛围。将强制性的团队规则或团队制度升华到文化层面,使员工普遍认知、认可、接受以达到自觉、自发、自动按照制度要求规范其行为,完成他律到自律的转化,是构建制度文化的真正内涵。因此,项目经理应做如下努力:在工作中,奖罚分明,对于工作成绩突出者一定要让其精神和物质双丰收,对于出工不出力者要让其受到相应的惩罚;在生活中,项目经理需要多关心、多照顾团队成员,让大家都能感受到团队的温暖。

6. 提升个人执行能力

项目团队成员的个人执行能力就是团队成员能够按照计划,完成预定目标的操作能力。执行能力是完成任务的意愿和完成任务的能力的组合,因此,为了提升个人执行能力,一要增强个人的责任心(工作态度),二要增强个人的胜任力。由于每个团队成员的责任心和胜任力不同,项目经理采取什么策略提升团队成员的个人执行能力应根据其具体情况而定,如表4-1所示。

表4-1 提升个人执行能力的策略

工作态度(责任心)	胜任力	
	高	低
好(强)	维持胜任力和责任心	增强胜任力
差(弱)	增强责任心	增强胜任力和责任心

如果团队成员既有很强的责任心又有很高的胜任力,则应想办法维持他的责任心和胜任力,不要使其执行能力下降。

如果团队成员的胜任力很强,但缺乏责任心,则应通过思想工作增强其责任心。执行能力实际上体现的是一种工作态度,它需要精神信仰,需要激情和动力,需要耐心和毅力。因此,要增强成员的责任心,就要发挥思想政治工作的优势,让成员清醒地认识到团队利益与个人利益密切相关。有没有责任心是衡量其工作合格与否、称职与否的首要标准。因为工作就意味着责任,没有不需要承担责任的工作。用心去做好本职工作,不但是对团队负责的表现,同样也是对自己、对家庭、对事业负责的表现。有了责任心,精力就会集中在工作上,就会用心、热心、尽心,就会积极主动地想办法、出主意、拿措施,就不会找借口。

如果团队成员的责任心很强,但胜任力不足,则应通过技能培训增强其胜任力。加强岗位技能培训,结合岗位操作实际,编制针对性较强的练兵手册,使团队成员能在最短的时间内胜任工作岗位。同时,团队成员应从自身出发,不断加强学习、更新观念,不断分析、认识、提高自己的能力。

如果团队成员既缺乏责任心又没有足够的胜任力,则应想办法增强他的责任心和胜任力。如果无法增强他的责任心和胜任力,则应调整他的工作岗位或者解聘,重新雇用合格的成员。

7. 争取外部支持

项目的实施环境比较复杂,不仅涉及项目实施机构的内部环境,还涉及整个市场的大环境。有些事超出了项目团队的处理能力,需要项目实施机构的管理层相关人员的大力支持。因此,当项目团队遇到无力解决的困难和问题时,上级和相关人员应大力支持。

除此之外,还需要克服团队管理的几个误区,否则可能会颠覆一个项目团队。常见的团队管理误区包括:团队缺少关键技能和知识及解决办法;团队的计划不连贯;团队成员有傲慢情绪;团队分工不清,人员责任不明;团队总是追求短期目标;团队中经常有制造混乱的成员;团队成员之间缺少协同工作的习惯等。

4.3 项目团队的激励

在项目实施过程中,每个团队成员都需要被激励,项目经理的激励工作做得好与坏,直接影响到团队的士气,最终影响到团队的发展。

激励是指通过适当的激励方式来激发、引导、保持或强化项目团队成员的行为,使他们充分发挥出其潜在的能力。水不激不扬,人不激不奋。个人的工作绩效是在一定的环境下对能力激发的结果,因为个人的工作绩效不仅取决于能力,还取决于受激励的程度。早在两千多年前,中国人就认识到这个问题。根据《吕氏春秋·察微》记载,孔子的学生子贡替一位奴隶赎身,政府要给予奖励,但他认为做好事不应求回报而拒绝。孔子认为子贡的做法不合适,因为如果这样鲁国将不再有人愿做这种替人赎身的好事了。孔子的另一个学生子路救了一个溺水者,那人用一头牛作为谢礼,子路坦然接受。孔子对子路的做法大加赞赏,并说:从今往后,鲁国人必定会争先恐后地帮助他人。这个故事说明了3个问题:一是希望人们做好事就需要激励;二是激励方式应因人而异,大多数人可能需要物质的激励,但子贡需要的是名誉的激励;三是激励时机要及时,试设想如果在两年后送一头牛给子路,那又会是什么效果。因此,对项目团队的激励需要了解激励过程,掌握激励机理。

4.3.1 激励过程

激励过程是"需要→行为→满意"的一个连锁过程。需要是产生行为的原动力。得不到满足的需要是激励的起点,它引起心理紧张,导致作出能够满足需要的某种行为。如果行为的结果满足了需要,则消除了心理紧张,激励就消失了。如果行为的结果未能满足需要,则产生挫折感而且心理紧张仍然存在,因而又可能产生两种心态:一是积极心态,继续导致新的满足需要的行为;二是消极心态,如放弃需要,产生绝望等。然而,人们的需要是不断变化和提高的。当一种需要满足了,新的需要又会产生,从而导致进行新需要所驱使的行为,并为满足这种新需要而努力。这样就形成了一个连续不断的激励过程。激励过程如图 4-2 所示。

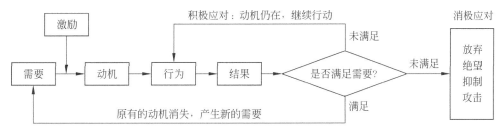

图 4-2 激励过程

图 4-2 中,结果包含两种含义:一是行为的直接结果,如完成了一项艰巨任务,或者造成了重大损失;二是行为的间接结果,如因完成一项艰巨任务而获得奖励,或者因造成了重大损失而遭受处罚,或者因未完成任务而遭受处罚,或者因避免了重大损失而获得奖励。行为的直接结果取决于能力的大小和努力程度,"激励"的作用不是改变一个人的能力大小,而是改变一个人的努力程度。努力程度的高低与激励方向、激励方式、激励时机、激励次数和激励强度密切相关。

4.3.2 激励机理

激励是为了特定目的而去影响人们的内在需要或动机,从而强化、引导或维持行为的过程。该激励的定义隐含 5 个激励因素:一是"为了特定目的"指明激励的方向;二是"影响人们的内在需要或动机"提出了 4 个问题:用什么去影响,即激励方式;什么时候去影响,即激励时机;施加影响的次数,即激励频率;施加多大的影响,即激励强度。

1. 激励方向

激励有正向激励与负向激励之分,相关的理论有心理学家斯金纳(B. F. Skinner)提出的激励强化理论。所谓的正向激励就是奖励那些符合特定目的的行为,以使这些行为得到加强,从而有利于特定目的的实现。在项目管理中,当项目团队成员的行为符合项目的需要时,通过奖赏的方式来鼓励这种行为,以达到持续和发扬这种行为的目的,因而又称为正激励或正强化激励。所谓的负向激励就是惩罚那些不符合特定目的的行为,以使这些行为削弱甚至消失,从而保证特定目的的实现不受干扰。在项目管理中,当项目团队成员的行为不符合项目的需要时,通过制裁的方式来抑制这种行为,以达到减少或消除这种行为的目的,因而又称为负激励或负强化激励。正向激励是对行为的肯定,负向激励是对行为的否定。目的都是对人的行为进行强化,不同之处在于二者的取向相反。

根据《韩非子·内储说》的记载,孔子对激励方向的看法尤为深刻。两千多年前的一天,鲁国人放火烧积泽,偏偏天刮北风,火势向南蔓延,烧向国都。鲁哀公想带人去救火,但没有人跟随,大家只愿意追捕野兽,而不愿意去救火。鲁哀公就问孔子怎么办。孔子说:"追捕野兽任务轻松又不会受到责罚,救火任务辛苦危险还没有奖赏,所以没有人愿意救火。"鲁哀公认为有理。孔子又说:"事情紧急来不及行赏,再说凡是参与救火的人都有赏,那么国库的钱还不够赏人的。因此,只好下令不救火者一律论罪。"于是鲁哀公下令:"凡是不参与救火者,比照战败降敌之罪;只追捕野兽者,比照擅入禁区之罪。"命令还未遍及全国,积泽的大火就已被扑灭。这个故事说明了两个问题:一是正向激励并不一定就是奖赏,关键是行为导向;二是正激励应与负激励相结合,符合特定目的的行为就奖励,不符合特定目的的行为就惩罚。

2. 激励方式

所谓激励方式(又称为激励形式或激励措施)是指用来激励的措施。根据产生激励的来源,激励方式分为内激励和外激励。内激励是指由工作任务本身引发的、源自工作人员内心的激励,即在工作进行过程中因工作任务本身的刺激所获得的满足感,它与工作任务是同步的,如追求成长、锻炼自己、获得认可、自我实现、乐在其中等。外激励是指与工作任务本身无直接关系的激励,即工作任务完成之后或在工作场所以外所获得的满足感,它与工作任务不是同步的,如完成任务之后的报酬、工作出色的奖励或表扬等。

由激励过程可知,行为的结果是为了满足需要。因此,心理学家马斯洛(Abraham Maslow)直接分析人们有哪些需要,并提出了需要层次理论。该理论把人的需要由低到高分为5个层次:生理需要、安全需要、社交和归属需要、尊重需要、自我实现需要。在特定时刻,如果有多种需要都未得到满足,那么满足最主要的需要就比满足其他需要更迫切,只有排在前面的那些属于低级的需要得到满足,才能产生更高一级的需要。根据需要层次理论,当一种需要得到满足后,另一种更高层次的需要就会占据主导地位。然而,人的需要是非常复杂的,有些人并不遵循由低到高地满足自己的需要,一些低层次需要得到部分满足之后,就直接追求高层次的需要。例如,有些科学家对吃穿住的要求很低,也不进行社交活动,完全沉浸在科学试验之中。也有些人虽然遵循由低到高地满足自己的需要,但当一些低层次需要得到满足之后,并没有产生高层次的需要,而是停留在低层次需要上,只是变换需要的内容,那些追求吃喝玩乐、享受的人就属于这一类。

类似的激励理论是心理学家克雷顿·奥尔德弗(Clayton Alderfer)在需要层次理论的基础上提出来的ERG理论。该理论把人的需要分为三个层次,即生存(existence)的需要、相互关系(relatedness)的需要和成长发展(growth)的需要,其主要特点包括:①ERG理论并不强调需要层次的顺序,认为某种需要在一定时间内对行为起作用,而当这种需要得到满足后,可能去追求更高层次的需要,也可能没有这种上升趋势。②当较高级需要受到挫折时,可能会降而求其次。③某种需要在得到基本满足后,其强烈程度不仅不会减弱,还可能会增强。

需要层次理论和ERG理论都没有深入研究具体激励方式的激励效果。行为科学家弗雷德里克·赫茨伯格(Fredrick Herzberg)的双因素理论弥补了这一空缺。双因素理论把影响激励效果的因素分为两类:使职工感到满意的因素都是属于工作本身或工作内容方面的因素,称为激励因素;使职工感到不满的因素都是属于工作环境或工作关系方面的因素,称为保健因素。激励因素包括成就、赏识、挑战性的工作、增加的工作责任、成长和发展的机会等。这些因素能对人们产生更大的激励,能带来积极态度和满意。保健因素包括公司政策、管理措施、监督、人际关系、物质工作条件、工资、福利等。当这些因素恶化到人们认为可以接受的水平以下时,就会产生对工作的不满意,导致消极的态度。但是,当人们认为这些因素很好时,它只是消除了不满意,并不会导致积极的态度,而是某种既不是满意、又不是不满意的中性状态。保健因素是必需的,不过它一旦使不满意中和以后,就不能产生更积极的效果;只有激励因素才能使人们有更好的工作成绩。

激励方式有很多,如物质激励、竞争激励、情感激励、尊重激励、表扬激励、赏识激励、荣誉激励、工作激励、任命升迁、支持激励、榜样激励、参与激励、目标激励、挫折激励、激将激励、鞭策激励、文化激励、挑战激励等。如何选择合适的激励方式？理论上应该针对人们的需要选择激励方式。例如,对一个具有强烈自我实现欲望的员工来说,给予物质奖励不如给他一次能充分发挥自己才能的机会,使他从中得到更大的鼓励;而对于一个急需用钱的员工来说,奖金的效果最佳。因此,项目经理必须深入地进行调查研究,不断了解团队成员的需要层次和需要结构的变化趋势,有针对性地采取激励措施,才能收到实效。

3. 激励时机

所谓激励时机是指进行激励的时机。在其他条件相同时,进行激励的时间不同,其激励效果是不同的,如"雪中送炭"与"雨后送伞"的效果是完全不一样的。何时进行激励要根据具体情况进行具体分析。根据时间上快慢的差异,激励时机可分为及时激励与延时激励;根据时间间隔是否规律,激励时机可分为规则激励与不规则激励;根据工作的周期,激励时机又可分为期前激励、期中激励和期末激励。激励时机既然存在多种形式,就不能机械地强调一种而忽视其他,而应该根据多种客观条件进行灵活的选择,更多的时候还要加以综合运用。在实践中,并不存在一种绝对有效的、时时适宜的激励时机,激励时机的选择是随机制宜的。应根据具体客观条件,灵活地选择激励的时机或采用综合激励的形式,以有效地发挥激励的作用。在不同时间进行激励,其作用与效果有很大的区别。因此,要准确地把握激励的时机。

4. 激励频率

所谓激励频率是指执行任务期间进行激励的次数,如在完成任务后进行一次性激励,或者在执行任务期间分多次进行激励。在其他条件相同时,进行激励的次数不同,其激励效果是不同的,激励频率与激励效果之间并不是简单的正相关关系,而是受多种因素的影响,如工作的内容和性质、任务目标的明确程度、工作环境、激励对象的素质情况等。一般来说,对于比较复杂的工作、较难以完成的任务,激励频率应当高一些;反之,对于比较简单的工作、容易完成的任务,激励频率应该低一些。对于任务目标不明确、较长时期才可见成果的工作,激励频率应该低一些;反之,对于任务目标明确、短期可见成果的工作,激励频率应该高一些。对于工作环境较差的工作,激励频率应该高一些;反之,对于工作环境较好的工作,激励频率应该低一些。此外,激励频率还应因人而异:对于素质较差的人,激励频率应该高一些;对于素质较好的人,激励频率应该低一些。因此,只有区分不同情况,采取相应的激励频率,才能有效发挥激励的作用。

5. 激励强度

所谓激励强度是指激励量的大小和获得奖励的可能性。在其他条件相同时,进行激励的强度不同,其激励效果是不同的,但激励强度与激励效果之间并不是简单的正相关关系,超量激励和欠量激励不但起不到激励的真正作用,有时甚至会起反作用。例如,过分优厚的奖赏会使人感到得来全不费功夫,丧失发挥潜力的积极性;反之,过于吝啬的奖赏会使人感到得不偿失,多干不如少干。过分苛刻的惩罚可能会导致人的摔破罐心理,挫伤改进工作的信心;反之,过于轻微的惩罚可能导致人的不在乎心理,不但不改掉毛病,反而会变本加厉。在竞争性激励策略下,获得奖励的可能性越大,激励作用也就越大;反之,获得奖励的可能性越小,激励作用也就越小。在绩效性激励策略下,激励作用与激励强度成正比。由此可见,激励强度并不是越高越好,超过了一定的限度,就无激励作用可言了,正所谓"过犹不及"。因此,激励强度一定要做到恰如其分。例如,一位猎人发现一只兔子,但是没有打中,兔子死里逃生,拼命逃跑,于是猎人让猎狗去追。猎狗追啊追,但总是差那么一点,最后还是被兔子逃走了。猎狗垂头丧气地回来,猎人生气地说:"真没用,连一只兔子都追不上!"猎狗委屈地说:"我已经尽力了!"兔子知道后说:"它只是尽力地跑,而我是拼命地跑。它追不到我,回去只是挨顿骂,或者少吃一根肉骨头;但我不同,如果被它追到了,我就会失去生命。"

那么,激励强度多大合适?根据心理学家弗鲁姆(Victor Vroom)的期望理论,激励的效用来自期望值与效价的乘积:激励的效用＝期望值×效价。其中,激励效用指调动个人积极性,激发人内部潜力的强度;期望值是根据个人的经验判断达到目标的把握程度;效价是被激励者对目标达成后的所得的个人主观估值。根据期望值理论,同样的奖罚对不同的人其激励效用是不同的。例如,1万元的奖金可能激发贫穷员工的积极性,但未必能够激发富裕员工的积极性,因为同样的1万元对他们的效价是不同的。因此,激励强度因人而异。

然而,如果激励强度因人而异,则会导致公平性问题。孔子认为:"不患寡而患不均,不患贫而患不安。"员工不只是考虑激励的绝对值,还会考虑公平性。根据心理学家亚当斯(J. S. Adams)的公平理论,人们的工作积极性不仅取决于其所得到的报酬的绝对值,而且取决于其所得到的报酬的相对值。每个人都有追求公平的倾向,而是否公平则是被激励者从自己得到的报酬与自己所作的贡献的比较中得出的。如果有客观标准,则被激励者会以客观标准来比较。如果没有客观标准,则被激励者就会与类似的情况相比较,如与他人、与自己的过去相比较等。如果他发现自己的收支比例与他人的收支比例相等,或现在的收支比例与过去的收支比例相等,他就会认为公平、合理,从而心情舒畅,努力工作。如果比较的结果是自己的收支比与他人的收支比不相等,自己现在的收支与过去的收支不相等,那么人们会产生不公平感,内心不满,工作积极性随之降低。

总之,激励方向应符合项目的目标,激励方式应针对项目团队成员的需要,激励时机应恰到好处,激励频率应符合实际情况,激励强度应产生最大效价。

值得注意的是,不是设置了激励目标、采取了激励手段,就一定能获得所需的行动和努力,并使员工满意。要形成激励→努力→绩效→奖励→满足并因满足回馈努力这样的良性循环,取决于个人完成目标的能力,获得奖励的期望值,觉察到的公平,投入与获得的比值等一系列因素,只有综合考虑到各个方面,才能取得满意的激励效果。

思 考 题

1. 组建项目团队应遵循哪些原则?为什么?
2. 如何提高项目团队的工作绩效?
3. 如何激励项目团队?

第 5 章

项目活动的定义

项目管理遵从"从大处着眼,从小处着手"的原则。老子在《道德经》中说:"图难于其易,为大于其细。天下难事,必作于易;天下大事,必作于细。"法国哲学家笛卡儿也建议将一个复杂的问题分解为若干个简单的部分来处理。二者的启示是,不管多难、多复杂的项目,不管多大的项目,都应从简单的、细小的事开始。换句话说,应该把项目细分为可管理的更小部分,以便更好地管理和控制。

工作分解结构(work breakdown structure,WBS)就是一个对项目进行细分工具。通过工作分解结构方法,对项目进行层层分解,直到分解为一个个的工作包(称为项目活动)为止,并对这些项目活动进行定义;然后把这些项目活动分配给一个人或一个小组去分别完成。

5.1 项目活动定义概述

定义项目活动是指识别并记录为完成项目可交付成果所需采取的具体行动的过程。要完成项目的可交付成果,就需要界定该可交付成果需要完成哪些工作;要将这些工作分配给个人或小组去执行,就需要将项目工作分解为较小的、便于分配的、易于管理的工作包。项目活动定义就是对项目工作进行分解和对项目活动进行界定,从而获得一份包括所有项目具体活动的清单,其目的是帮助项目经理定义、组织和实施项目工作。

5.1.1 项目活动定义的依据

项目活动定义以项目范围计划的结果为依据,主要包括项目范围说明书、项目约束条件、项目假设条件、事业环境因素和可供参考的历史资料等。

1. 项目范围说明书

项目活动定义的依据之一是既定的项目目标和已界定的项目范围以及这方面的相关信息与资料,如项目范围说明书等。项目范围说明书指明了客户认可的需求、项目目标或从高层次对项目可交付成果作出说明,强调执行工作的主要领域以及客户所需的交付物和项目产出,同时明确为完成项目必须完成的任务、工作或活动,并制作一览表。如果一个项目的目标不清楚或者项目范围不确定,那么在定义项目活动的过程中就有可能漏掉一些必须开展的项目活动;或者是将一些与实现项目目标无关的工作或活动界定为项目的必要活动。所以在项目活动定义中,必须以界定的项目范围作为依据。

2. 项目约束条件

项目约束条件是指项目所面临的各种既定的限制条件和限制因素。任何一个项目都会有各种各样的组织内部和外部的限制条件与各种各样的资源限制因素,任何一个具体的项目活动也都会有一定的资源限制因素和环境限制条件。这些项目的约束条件也是定义项目活动的关键依据之一。不同的约束条件将导致实现项目目标的活动不同、完成项目活动的方式不同、所需要的辅助措施不同等。例如,在市中心盖一座办公楼和在郊区盖同样的办公楼会受到不同的约束,因而项目活动也有所不同。一般来说,在市中心盖办公楼需要更多的环境保护措施,进度安排也受影响,等等。因此,项目约束条件是在定义项目活动时所必须考虑的重要因素。

3. 项目假设条件

项目假设条件是指在开展项目活动过程中,存在一些尚不确定的条件,但为了定义项目活动和制订项目管理计划就必须对它们作出假设,并使用这种假设的条件去定义一个项目的具体活动。这种假设是必需的,否则就会因为缺少必要条件而无法进行项目活动的定义。项目的假设条件不是任意假设,而是依据个人的分析、经验和判断来进行合理假设。然而,再合理的假设条件都存在一定的不确定性,它们会给项目带来一定的风险。

4. 事业环境因素

可以考虑的事业环境因素包括是否有可利用的项目管理信息系统与进度安排工具软件。在进行活动定义过程中,要充分利用组织过程资产,包括同活动规划有关的正式与非正式方针、程序与原则;吸取的教训和知识库藏有以前类似项目用过的有关活动清单的历史信息,在确定项目计划活动时可以参考使用。在定义活动时显然要考虑项目范围说明书中记载的项目可交付成果、约束因素与假设条件。其中约束因素是限制项目管理团队选择的因素,如反映高层管理人员或合同要求的强制性完成日期的进度里程碑;假设条件是在项目进度规划时视为真的因素,如每周的工作时间或一年当中可用于施工的时间。

5. 历史参考资料

在项目活动定义中,各种相关项目的历史信息是需要使用的依据之一。历史信息既包括本项目在前期工作中所收集和积累的各种信息,也包括项目组织或其他组织过去曾经开展过的类似项目的各种历史信息。例如,在过去开发和实施的类似项目中究竟开展过哪些具体的项目活动、这些项目活动的内容与顺序如何、这些项目活动的成功与失败及其原因是什么、这些项目活动带来了什么经验与教训等,这些都属于历史参考资料,都是在一个新项目的项目活动分解和界定中需要使用的信息。

5.1.2 项目活动定义的工具与技术

准备一份项目活动清单一般采用项目工作分解结构,利用分解技术、使用样板、滚动式规划去分解和界定项目的具体活动。

1. 项目工作分解结构法

项目工作分解结构法是指为了使项目便于管理,通过逐层分解和细化项目工作中的各项任务,从而得到全部项目具体活动的一种结构化、层次化的项目活动的分解与界定方法。具体来说,项目工作分解结构法将项目范围说明书中确认的项目工作按照一定的层次结构分解成一系列的详细、具体和容易管理与控制的具体活动,并以结构化的方式表达出来。

2. 项目工作分解模板法

项目工作分解模板法,也叫项目工作分解样板法,是把已经完成的类似项目的活动清单作为新项目的活动定义模板(或样板),根据新项目的实际情况(各种具体要求和限制条件与假设前提条件),在该模板(或样板)上调整(增减和修改)项目活动,从而定义出新项目的所有活动,形成新项目的活动清单。此外,项目工作分解模板中的有关活动属性信息还可能包含资源技能,以及所需时间的清单、风险识别、预期的可交付成果、进度里程碑和其他文字说明资料。

同类型的项目相似程度比较高,不同类型的项目差异比较大。因此,应针对每种类型的项目创建自己的工作分解模板。这样的模板应该是在从多个项目中获得的经验的基础上创建出来的。如果只是根据一个已完成项目的工作分解结构来创建"模板",则该"模板"不是真正的工作分解模板。参照已完成项目的工作分解结构对新项目进行工作分解,可以称为工作分解参照法。无论项目看上去有多么类似,在某些层级上,每个项目都有所不同,需要仔细检查确定其中重要的不同之处,一个新项目的 WBS(工作分解结构)不能简单地使用模板,更不能完全照搬先前项目的工作分解结构。

项目的工作分解结构是分层逐步进行、层层细分的。完全相同的项目几乎不存在,但多数项目的前几级(如项目分解结构的第 2 级、第 3 级)一般大致相同,越往后差别越大。因此,项目工作分解模板法可以只针对项目前几级创建一个工作分解"模板"。

项目工作分解模板法简化了工作分解的过程,并且起到了核对表的作用,具有简单、快捷、明了等优点,但存在两大局限性:一是新项目与模板项目的相似性,二者相似程度越高效果越好;二是模板(已完成项目的活动清单)的完善程度,如果模板存在缺陷,则新项目的活动清单也可能存在类似的缺陷。例如,如果模板漏掉一些项目活动或额外增加一些不必要项目活动,则新项目的活动清单也可能漏掉类似的项目活动或额外增加类似的不必要项目活动。因此,在使用这种方法的时候,一定要特别注意项目活动分解模板的选用工作。

3. 滚动式工作分解法

工作分解结构与工作分解结构词汇表反映了随着项目范围一直具体到工作组合的程度而变得越来越详细的演变过程。滚动式工作分解法是项目工作分解结构逐步完善的一种表现形式,近期要完成的工作在工作分解结构最下层进行详细分解和界定,而计划在远期完成的工作,在工作分解结构较高层进行分解和界定。所以,项目计划活动在项目生命期内可以处于详细程度不同的水平。例如,在信息不够确定的早期规划期间,活动的详细程度可能仅达到里程碑的水平。

5.2 项目工作分解结构

进行项目活动定义的最基本工具是工作分解结构。要用好工作分解结构这个工具,首先要了解工作分解结构的基本概念、分解原则、分解方法、创建过程、主要作用等。

5.2.1 工作分解结构的基本概念

工作分解结构就是按一定的分解原则,把一个项目分解成子项目,子项目再分解成主要任务,主要任务再分解成次级任务,次级任务再分解成一项项工作,如此一级接一级地分解,直到把一项项工作分解成分配到一个人或一个小组可以执行的工作包为止,从而形成在工作性质或内在结构上相对独立、内容单一和易于管理的、被称为工作包的工作单元,并以某种形式(如层次结构图、行首缩进的表格等)表达的结构形式。为了避免出差错,工作分解结构一般与编码系统相结合。

工作分解结构可以用树形层次结构图形式表达。图 5-1 所示为典型的树形层次结构表达的 WBS。该 WBS 由 5 个级别组成:①项目;②子项目;③主要任务;④次级任务;⑤工作包。

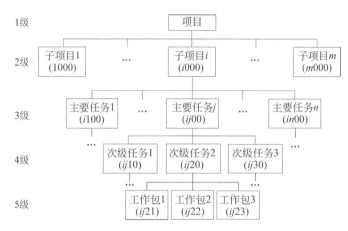

图 5-1 典型的树形层次结构表达的工作分解结构

树形结构图的 WBS,结构性很强,层次清晰,非常直观,可以展现项目全貌,但由于图形尺寸的限制,大的、复杂的项目很难在一张图纸上表示出项目的全部活动。因此,其一般用于分解后工作单元较少的中小型项目。

工作分解结构也可以用行首缩进的表格(或称目录式或词典式)表达。图 5-2 所示为典型的行首缩进的表格形式的 WBS。

表格形式的 WBS 以活动清单形式表示项目的全部工作单元,采用首行缩进的方式具有一定的层次性,理论上活动清单可以无限长;但是,表格形式的 WBS 不能直观地了解项目分解后的全貌。因此,表格形式的 WBS 适用于项目活动项比较多的大中型项目,特别适合在项目管理软件中应用。

5.2.2 工作分解结构的分解原则

工作分解结构是以可交付成果为导向对项目要素进行的分组,它归纳和定义了项目的整个工作范围,每下降一层代表对项目工作的更详细定义。因此,工作分解应遵循两项分解原则:合适工作包原则和 MECE(mutually exclusive, collectively exhaustive)原则。

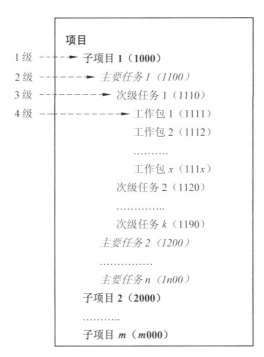

图 5-2　典型的行首缩进的表格形式的工作分解结构

1. 合适工作包原则

项目工作分解结构的分解方式之一是将项目的"交付物"自上而下逐层分解,一直分解到易于管理的若干元素,以此结构化地组织和定义项目的工作范围。WBS 每个分支的最低层次的项目可交付成果称为工作包(work package),一个可以充分实施计划和控制的元素。

项目工作分解结构的层次没有固定的要求。层次太少,不利于计划和控制,层次过多,会增加管理的复杂性。工作分解过细过多会增加不必要的项目管理工作,因为管理大量的项目活动比起管理较少项目活动需要更多的时间和成本。一般而言,工作分解结构应当分解到能够充分、明确定义工作包为止。一个合适的工作包应具有下列 SMARTER 所定义的标准。如果这些标准得不到满足,就说明工作包过于宽泛,需要进一步分解。

1) S—specific(明确、具体的)

工作包必须是具体的,即工作包完成时应有确定的、可交付的成果;从而使工作包的可交付物、成品或结果与相关需要和技术说明得到确定。

2) M—measurable(可度量的)

工作包必须是可以衡量的,即工作包的完成结果应该是可以度量/测量的。当输出为有形结果或实物产品时,应当为每一个工作包确定开始和结束的事件。其他没有明确最终结果的任务,如检查和维修,也必须由单独的工作包加以确定。

3) A—assignable(能分配的)

工作包必须是能分配给一个人或一个作业组的任务。每个工作包都必须有人来完成;或者是将工作分包给外部人员来完成,或者由内部职能部门通过工作的"内部合同"

来完成。虽然几个职能或分包部门可能对一个工作包同时负责,但是理论上一个工作包只应该由一个分包或职能部门来完成。这样做可以简化工作规划和控制过程。工作包中的工作责任应落实到具体的个人或作业组;确保能把完成每个底层工作包的职责明确地赋予一个成员或一个作业组者,同时考虑尽量使一个工作细目容易让具有相同技能的一类人承担。

4) R——resource-estimating(资源估算)

工作包必须有利于对资源(如材料、设备、人工和成本)进行较为精确的估算,即工作包应详细说明人、财、物等资源输入,便于进行资源估算,以便为工作包的实施准备所需要的人力(包括确定执行工作包的个人或作业组的资格)、技能、设备、设施和材料等。

5) T——time-estimating(时间估算)

工作包必须有利于估算执行项目活动所需要的时间。工作包所包含的活动应有一定的持续时间。时间太短的活动,不能提供足够的时间进行校正;时间太长的活动,不利于控制。一般要求工作包的时间跨度不超过 80 小时(10 个工作日或 2 周。注:有些人认为不要超过 4 周),否则会给项目控制带来困难。因此,工作包的定义应遵循 80 小时法则或两周法则,即任何工作包的完成时间应当不超过 80 小时。在每个 80 小时或少于 80 小时结束时,只报告该工作包是否完成。通过这种定期检查的方法,可以控制项目的变化。此外,对细节的控制要适度,控制不能太细,否则会影响项目成员的积极性。

6) E——easily done(容易执行)

工作包应比较容易执行。工作包的大多数工作应适应相同的工作人员,从而提高执行效率。一个工作包的工作内容不能太复杂,应相对独立,否则不利于管理。

7) R——representable(可描述的)

工作包必须是可描述的。在分配工作时,应告诉员工具体做什么,因此,工作包应该是可以描述的。如果工作包能够描述(或界定)本身的工作内容,则项目经理只需告诉员工承担哪一个工作包,让他们自己独立地去阅读相关的工作内容,而不是每天忙于告诉员工一些详细的工作内容。

2. MECE 原则

无论如何分解,都必须遵守 MECE 原则,即"相互独立,完全穷尽"原则,具体叙述如下。

1) 相互独立原则(mutually exclusive,ME)

WBS 不反映元素间的时间关系或横向联系,所有的结构关系都是纵向的,从而保证两个元素之间的工作定义不重叠,不相互包含。每一层都坚持无重叠原则,则保证工作包相对独立,确保每个工作包是唯一的,以便进行任务分工。WBS 用于进行任务分配、成本预算、解释项目的范围和性质,因此,某项任务应该在 WBS 中的一个地方且只应该在 WBS 中的一个地方出现。每一个 WBS 元素都应该代表一个离散的工作元素,都应该有一个唯一标识符,即每个 WBS 元素是唯一的,并遵循"编号唯一性"原则。值得注意的是,WBS 的不同分支的层级数不必相同,因为每一分支都是分别进行分解的,当无法进一步分解或分解导致不必要细分时,就应停止继续分解。

2) 完全穷尽原则(collectively exhaustive,CE)

作为定义项目活动的一个框架,WBS 应覆盖项目工作的全部范围,所有的可交付成果或输出产品都在 WBS 中得到表示,不在 WBS 中的工作也不在项目范围中。换句话说,WBS 应包括也只包括项目范围定义的所有工作和可交付的结果(包括中间结果)。因此,WBS 必须满足完全穷尽原则(或称百分之百原则)。

完全穷尽原则适用于 WBS 中的每个层级。每一级元素的总和都代表了其上一级元素工作的百分之百,每一个元素中的工作都等于其下属元素工作的总和,即子元素中所有工作加总必须等于父元素所代表的百分之百的工作。因此,如果采用自上而下的方式分解,一个 WBS 元素的下一层分解(子层)必须百分之百地表示上一层(父层)元素的工作,从而确保识别完成一个项目所必须进行的所有工作包和活动。

5.2.3 工作分解结构的分解方法

项目的工作可以采用多种方式进行分解。一般将需要完成的项目按照其内在的工作性质或内在的结构进行分解。所有的项目都有一个或多个可交付成果,即独特的产品、服务或结果。项目的最终可交付成果是创建 WBS 的基本元素;可交付成果的实现过程中的联系(例如,零部件如何被装配或集成为最终产品的过程或它们之间的相互关联关系)是创建 WBS 的横向关联元素;对可交付成果的实现过程的管理是创建 WBS 的项目管理元素。项目的工作分解框架如图 5-3 所示。

图 5-3 项目的工作分解框架

可交付成果是由项目定义得来的。当项目的输出是有形的产品时,对可交付产品的物理结构进行细分是最通用和最容易的方法;当项目的输出是无形的服务时,对服务进行细分的结果是相关工作领域的一个逻辑集合,可以采用基于一种对相似的和相关的工作元素、职能或技术进行逻辑分组的方法;当项目的输出为无形的结果(没有有形的、结构性的可交付成果)时,该工作分解是一系列可接受的步骤,即实现项目目标所必需的过程步骤。横向关联元素和项目管理元素是支持性元素,是完成定义项目范围和满足百分之百原则所必需的。

横向关联元素是横跨产品所有内容的一种分解结构,如建筑设计、安装或系统测试。这些元素通常是技术性的或支持性的。横向关联元素将 WBS 横向截断,将每一层的同级元素都联结起来,代表如下工作:支持产品大类的开发或内容,如建筑设计元素;导致产品生成的下一个步骤,如产品的最终检验系统测试。横向关联元素有 3 种类型:集成的(集成两个或更多同级的 WBS 元素的工作)、分析的(对同一个父级元素的所有工作元素的分析活动,其下一级元素通常是与父级元素类型相似的工作元素集)、过程(代表工作进展的下一步,如工作流程)。

项目管理元素是对项目管理责任和管理活动的分解结果,包括报告、项目审查,以及项目经理和项目团队的一些活动。

项目工作可以按照不同的思路进行分解,如按照项目的实施过程(或开发周期)进行分解,按照项目的工作性质进行分解,按照项目的内容形式进行分解,按照项目的各个目标进行分解,按照产品的物理结构进行分解,按照产品的功能进行分解,等等。此外,项目工作在不同的层级可以采用不同的分解思路,如可以将项目生命周期的各个阶段作为第一层,将每个阶段的交付物作为第二层。如果有的交付物组成复杂,则将交付物的组成元素放在第三层。分解时要考虑项目管理本身也是工作范围的一部分,可以单独作为一个细目。对一些各个阶段中都存在的共性工作可以提取出来,作为独立的细目,如人员培训。

1. **产品型项目的工作分解结构**

一个产品型项目的 WBS 的第二级元素通常包括主元素和其他主要可交付成果,以及支撑产品工作的主要横向关联元素;产品的第三级元素反映了产品的自然结构;横向关联元素是集成性、分析性或过程性的元素。某计算机项目的基于产品的工作分解结构如图 5-4 所示。

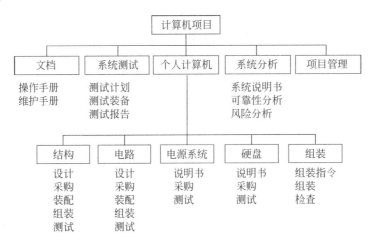

图 5-4 某计算机项目的基于产品的工作分解结构

一个产品型项目的 WBS 的第二级元素也可以是为达到结果所公认的标准过程步骤,第三级元素仍然可以是其上一级元素内的标准过程步骤。某计算机项目的基于过程的工作分解结构如图 5-5 所示。

2. **服务型项目的工作分解结构**

服务型项目的 WBS 元素是相似任务的分组,这些 WBS 元素通常能够分配给一个个人或小组;工作分解结构的第二级 WBS 元素是主要的、需要支撑项目总体目标的工作领域;WBS 元素细分到与父项分类或分组相关的子领域或职能;一个新服务性项目的 WBS 可以采用任务逻辑分组法(自下而上的方法)来开发。某宴会项目的工作分解结构如图 5-6 所示。

3. **结果型项目的工作分解结构**

结果型项目的 WBS 元素主要是项目实施过程的一系列活动。因此,工作分解结构的第二级元素是为达到结果所公认的标准过程步骤;工作分解结构的第三级元素是其上

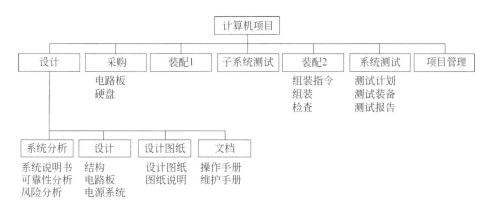

图 5-5 某计算机项目的基于过程的工作分解结构

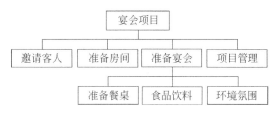

图 5-6 某宴会项目的工作分解结构

一级元素内的标准过程步骤。图 5-7 所示为一般论文写作项目的工作分解结构。图 5-7 中,"调查研究"和"研究分析"既是一个分析元素,又是一个过程元素,代表研究工作;"论文写作"是一个过程元素,代表论文项目的写作阶段;写作完成就进入"打印/印刷"阶段。

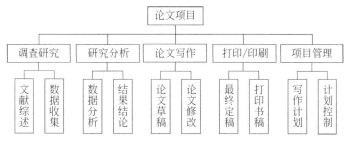

图 5-7 一般论文写作的工作分解结构

5.2.4 工作分解结构的创建过程

创建 WBS 分为以下 6 个步骤,重点是要交付客户或最终用户的产品、服务或结果。在创建 WBS 过程中,要先了解所有的项目活动以及活动的具体情况,然后再进行分解,这样才能够使得工作分解结构准确地体现项目范围。

1. 识别项目的主要输出

根据项目范围说明书及相关资料,识别若干可交付成果的领域、描述中间输出或可交付成果,确定项目工作分解结构的类型。如果有合适的项目工作分解结构模板,则选择该模板作为工作分解的辅助工具。如果没有合适的项目工作分解结构模板,但有类似项目的工作分解结构,则可以用该类似项目的工作分解结构作为参照物。

2. 进行项目工作的分解

进一步细分元素,使其形成顺序的逻辑子分组,直到适于计划和控制的层级(工作包)。在分解任务的过程中不必考虑工作进行的顺序。所有WBS的分支的最低级不必相同,即WBS中的支路没有必要全都分解到同一层次,不必强求结构对称。在任意支路中,当达到某一层次时,对WBS元素的成本和所需工时能作出准确的估算就可以停止了。不同的项目分解的层次不同,应把工作分解到合适的工作包为止。

3. 检查工作包的合适性

项目工作分解结构的最低级元素是合适的工作包,是否为合适的工作包,可以通过回答下述问题来判断。下述问题的肯定回答越多,需要进一步分解的理由就越充分。

(1) 有必要提高估计成本和工期的精确性吗?
(2) 有必要准确地知道工作包中活动的时间安排吗?
(3) 在工作包的活动中需要成本支出吗?
(4) 中间活动和其他工作包之间有任何关联吗?
(5) 在执行工作过程中的工作元素有任何重要时间的中断吗?
(6) 过一定时间工作包中的资源需求变化吗?
(7) 在完成整个工作包之前有合适的可接受的准则吗?
(8) 工作包中要执行的一部分工作能够被作为一个单元安排吗?
(9) 有需要集中精力于一部分工作包的风险吗?
(10) 工作包需要进一步分解以使风险分散吗?
(11) 工作包能够被清楚和完全地理解以满足不同的利益相关者吗?

4. 绘制WBS的层次结构图或编制WBS词典

把项目工作分解的结果用层次结构图或WBS词典表示出来。为了便于区分每个WBS元素,避免混淆,一般还建立一个编号系统,对WBS的每个元素进行编码。编码规则是根据每一层中单支的元素个数确定用一位或多位数字来编码:如果该层的每个分支的元素个数都少于10,则可以用一位数表示;如果该层的每个分支的元素个数都少于100,则可以用两位数表示;如果该层的每个分支的元素个数都少于1 000,则可以用三位数表示,以此类推。编码的总位数是各层的位数之和,从左至右分组表示不同级别。

5. 进行MECE检查

对所绘制的层次结构图或所编制的WBS词典进行逐级审查,确保每一级的WBS元素相互独立,并包括且只包括全部的项目工作,保证100%的工作被识别。验证上述分解的正确性,并进行必要的调整。如果发现较低层次的项没有必要,则修改组成成分。随着其他计划活动的进行,不断地对WBS进行更新或修正,直到覆盖所有工作。审查工作可以与项目利益相关者一起进行,以确保覆盖了项目的所有工作。

6. 定义WBS工作包

WBS工作包代表的工作可以在WBS词典中进行详细描述,描述最好使用名词,如有必要,加上形容词。如果使用了动词,不能认为是活动,因为活动是通过WBS元素下发生的行为元素定义的。因此，WBS 词典可能成为工作陈述或工作授权文档的基础。确保工作元素被定义，并且仅仅与一个具体工作有关，这样活动就不会被忽略或重复。WBS 元素的定义即为项目活动定义。

5.2.5　工作分解结构的主要作用

工作分解结构是项目管理的最核心方法，是项目管理各个方面的基础。工作分解结构是制订进度计划、估算资源需求、编制成本预算、制订风险管理计划和采购计划等的重要基础，其主要作用体现在 9 个方面。

1. 工作分解结构是项目范围管理的基础

工作分解结构采用"相互独立原则"和"完全穷尽原则"进行分解，明确和准确地界定了项目的范围，是表示项目范围的一种标准形式。工作分解结构通常采用一个被称为 WBS 词典的文件，对工作分解结构中每一个元素的内容进行定义，WBS 每下降一层就代表对项目工作更加详细的定义和描述，有利于项目执行人员对项目的了解。因此，在分解的过程中，应尽量让团队成员参与创建 WBS，共同讨论 WBS 元素可加深项目成员对所做工作的理解，明白自己的工作在整个项目中的作用。

WBS 不但可防止遗漏项目的可交付成果，也是控制"范围蔓延"的主要工具。以一个结构化的方式来定义项目能够为项目范围界定提供更有效的控制。如果要执行的工作包括在 WBS 之中，并且在 WBS 词典或工作陈述中有描述，那么这项工作就在范围之内，否则这项工作就在范围之外。如果项目发生变更，应当允许修改 WBS。不包括在 WBS 中的工作需要通过正规的变更控制程序才能添加到项目和 WBS 中。由此可见，工作分解结构是范围管理的基础。

2. 工作分解结构是项目工作分工的基础

工作分解结构把项目分解成具体的活动，即确定的、特定的、可交付的独立工作包，便于工作分配（或用于对团队成员进行工作分工），是项目人力资源管理的基础。WBS 元素是责任分配矩阵的两个维度之一，与另一维度（组织分解结构元素）结合起来就形成责任分配矩阵。图 5-8 所示为典型的责任分配矩阵。

为了更好地分工合作，应邀请职能部门经理、分包商、项目团队成员等参与工作分解。他们对 WBS 的认可有助于保证工作定义的准确性和充分性，并得到他们对项目的承诺。

3. 工作分解结构是项目进度管理的重要基础

WBS 是项目进度管理的重要基础，具体体现在进度计划和进度控制两个方面。WBS 的工作包为估算项目活动工期提供基础，每个工作包的时间估算表明了所预计的工作包完成情况；结合活动的逻辑关系，WBS 的工作包用于制订项目的详细进度计划。WBS 的层级结构特性为制订不同层级的进度计划提供了方便，利用不同层级的 WBS 元素编制不同层级的进度计划，供不同的项目参与人使用。图 5-9 所示为基于工作分解结构的进度计划横道图。

鉴于工作分解结构由上到下一级一级地分解，则可以根据对信息详细程度要求不同，构建不同分解深度的工作分解结构，从而形成不同的进度管理计划。在项目的早期阶段，

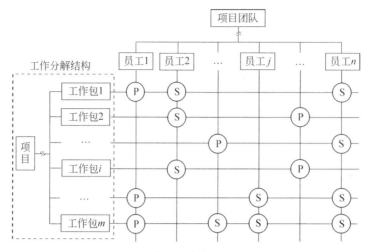

图 5-8　典型的责任分配矩阵

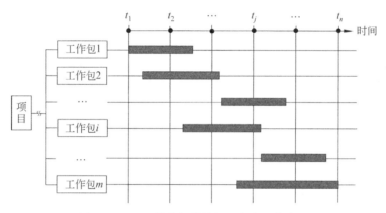

图 5-9　基于工作分解结构的进度计划横道图

开发一个仅有二到三级的 WBS 是合理的,如概要性工作分解结构(指导性的、战略性的工作分解结构),因为详细的工作可能还没有被定义,所制定的进度计划也比较宏观。随着项目进入项目定义阶段或者计划阶段,计划就变得详细多了,因而 WBS 就能够逐级分解到更低级别,所制订的进度计划也比较详细。

4. 工作分解结构是项目成本管理的基础

工作分解结构是项目成本管理的基础,具体体现在成本预算、资金需求计划、成本控制 3 个方面。

工作分解结构是项目成本预算的基础。对于一个较大的项目,工作包被用作成本估算的基本组成部分。自下而上的成本估计法就是利用 WBS 对所有的工作包分别进行成本估算,然后计算它们的总和。即先对 WBS 中的所有工作包分别进行成本估算;然后,逐级加总计算项目总成本;最后,加上企业管理费和间接费用的总和就可获得整个项目的目标成本。图 5-10 所示为自下而上成本估算法的基本过程。

工作包的资源需求量估算与项目进度计划相结合,形成项目资源需求计划。首先,利

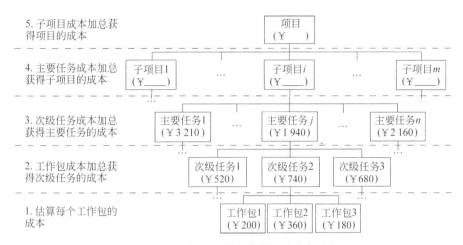

图 5-10　自下而上成本估算法的基本过程

用 WBS 对所有的工作包分别进行资源(如某种材料,某种设备或人员)需求估算;然后,根据进度计划中所确定的工作包的起止时间就可以确定各种资源需要的时间,从而形成资源需求计划,如图 5-11 所示。

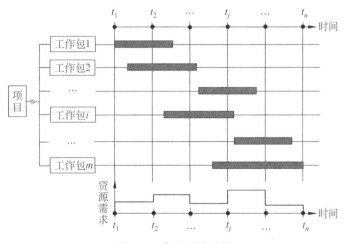

图 5-11　资源需求计划

如果将各种资源需求折算成货币形式,则资源需求计划转变为资金需求计划。一个简化的办法是将工作包的估算成本均摊到工作包的持续时间上,从而获得成本计划,如图 5-12 所示。

工作分解结构是项目成本控制的基础。工作分解结构与组织分解结构相结合,将项目工作与项目的财务账目联系起来,建立成本核算中心,每个成本核算中建立一个账目编码(注:账目编码是用于唯一确定项目工作分解结构每一个单元的编码系统),从而形成成本核算中心矩阵,成本和资源被分配到这一编码结构中,如图 5-13 所示。利用成本核算中心,可以进行实际花费与工作完成价值的比较,从而给出成本偏差,有利于项目成本的控制。

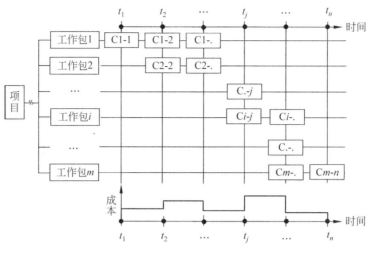

图 5-12 资金需求计划

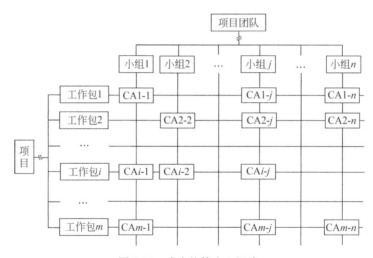

图 5-13 成本核算中心矩阵

采用这种方法估算成本需要进行大量的计算,工作量较大,所以只计算本身也需要花费一定的时间和费用。但这种方法的准确度较高,用这种方法作出的报表不仅是成本估算的表述,还可以用来作为项目控制的依据。最高管理层则可以用这些报表来选择和批准项目,评定项目的优先性。

5．工作分解结构是质量管理的基础

工作分解结构把项目进行逐层分解,并以层级结构的方式表现分解的结果。从项目工作分解结构中,找出控制质量的最佳层次和关键点,对项目采取主动控制。此外,由于工作分解结构也是落实责任制的基础,因而可以实现项目质量的全员管理。由此可见,工作分解结构是项目质量管理的基础。图 5-14 所示为落实质量管理责任制的质量控制单元矩阵示意图。

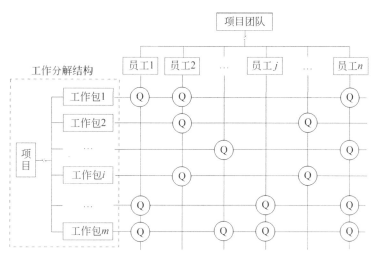

图 5-14　落实质量管理责任制的质量控制单元矩阵

6. 工作分解结构是采购管理的基础

工作分解结构把项目分解成具体的活动,用于分析完成项目所需的设备、原材料等。结合进度计划就可以确定什么时候需要采购什么设备、材料等。因此,可以说工作分解结果是项目采购管理的基础。图 5-15 所示为项目采购计划示意图。

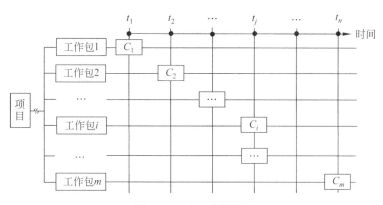

图 5-15　项目采购计划

7. 工作分解结构是沟通管理的基础

工作分解结构的主要目的之一是沟通。工作分解结构把项目分解成具体的活动并进行编码,为沟通提供了便利,因而工作分解结构是项目沟通管理的基础。在现代大型复杂项目中,一般要涉及大量的资源,涉及许多公司、供应商、承包人以及相关的政府部门等项目利益关系人,因而要求的综合信息和信息沟通的数量往往相当大。创建一个恰当的工作分解结构将能够使得这些利益关系人有一个较精确的信息沟通连接器,成为一种相互交流的共同基础。

WBS 是一种用标准形式表示项目范围,并用于项目管理沟通(项目团队内部和与项目干系人进行协调沟通)的巧妙工具。在 WBS 的应用中,各个子系统都利用它收集数据,这些系统都是在与 WBS 有直接联系的代码词典和编码结构的共同基础上来接收信息的。由于 WBS 代码的应用使所有进入系统的信息都是通过一个统一的定义方法收集到的,这样就能确保所有收集到的数据能与同一基准相比较,并使项目工程师、会计师以及其他项目管理人员都可参照有同样意义的同种信息,这对于项目控制的意义是显而易见的。例如,许多项目中的典型问题之一是会计系统和进度控制系统不是采用完全相同的分类或编码,但是在一个项目中对成本和进度作出统一恰当的解释、分析和预测对于项目的有效管理是非常重要的。此外,各个子系统之间在 WBS 基础上的共同联系越多,对项目控制就越有益,因为这样可以减少或消除分析中的系统差异。

8. 工作分解结构是风险管理的基础

工作分解结构把项目分解成具体的活动,根据工作分解结构的层级特点可进行不同层次的风险评估;WBS 为项目风险管理的识别、分析、响应过程提供了一个逻辑结构,便于进行不同层次的风险评估。例如,将 WBS 作为框架,识别所选定的 WBS 元素的风险概率及其影响,有助于限定风险,如图 5-16 所示。由此可见,工作分解结构是项目风险管理的基础。

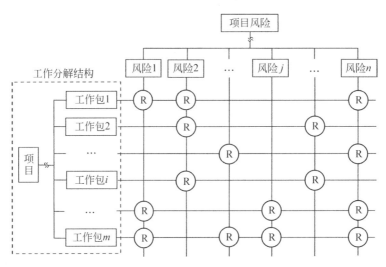

图 5-16 风险分析单元矩阵

9. 工作分解结构是综合管理的基础

工作分解结构是各项计划的基础,因而也是制订完整的项目计划的基础,还是项目整体管理的基础。WBS 是有助于确保项目中各部分高效协同的工具。典型的项目控制系统包括进度、费用、会计等不同的子系统。这些子系统在某种程度上是相互独立的,但是各个子系统之间的系统信息转移是不可缺少的,必须将这些子系统很好地综合起来,才能够真正达到项目管理的目的,而工作分解结构的应用可以提供一个这样的手段。

5.2.6 工作分解结构方法的拓展应用

虽然工作分解结构的理念在人类进行分工合作生产时就产生了,但是这一工具是 20 世纪 60 年代初美国国防部和国家宇航局在项目管理实践中提出来的,并在项目管理中成为最基本的核心工具。其实,工作分解结构的理念也可以应用到其他领域,从而形成XBS(X breakdown structure),其中,X 代表被分解的对象,B 代表分解,S 代表表达形式。常见的其他分解结构包括产品分解结构、组织分解结构、风险分解结构、材料清单、目标分解结构、报告内容分解结构等。

1. 产品分解结构

产品分解结构(product breakdown structure,PBS)是指详尽的构成产品的构件树形结构,它们形成整体—部分的关系。产品分解结构可以帮助厘清项目的产出物,以及构建工作分解结构。

产品分解结构与工作分解结构不同,产品分解结构只包括最终产品的组成,工作分解结构不但包括最终产品的组成而且还包括实现最终产品的工作内容。图 5-17 以新型自行车项目的分解结构展示了二者的区别。

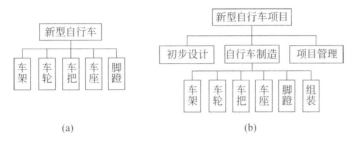

图 5-17　新型自行车项目的两种分解结构
(a)产品分解结构;(b)工作分解结构

2. 组织分解结构

组织分解结构(organization breakdown structure,OBS)用于显示各个工作元素被分配到哪个组织单元,一般按照职能进行分解。

3. 风险分解结构

风险分解结构(risk breakdown structure,RBS)是对风险分类细分的方法,如项目风险分解政治风险、法律风险、社会风险、经济风险、技术风险等。其中,政治风险又分为战争、暴乱、国际制裁、禁运等,与因果分析相似。

4. 材料清单(BOM)

材料清单(bill of materials,BOM)表述了用于制造一个加工产品所需的实际部件、组件和构件的分级层次。

5. 目标分解结构

目标分解结构(goal breakdown structure,GBS)将一个大目标分解为若干子目标,进而将每个子目标又分解为更小的目标,并用分支树的方式表达。目标分解结构有利于进行目标管理。

6. 报告内容分解结构

报告内容分解结构(report CBS)主要用于撰写报告的内容层次结构,图 5-18 是典型的报告内容分解结构示例。

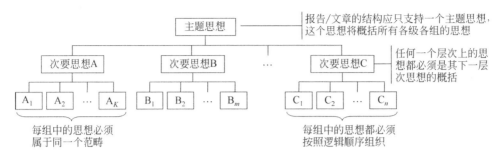

图 5-18 典型的报告内容分解结构示例

5.3 项目活动定义的成果

项目活动定义的成果包括一系列的文件和信息,其主要成果包括项目活动清单、项目活动属性。详述如下。

5.3.1 项目活动清单

项目活动分解与界定工作给出的最主要信息和文件是一份项目活动清单,这份项目活动清单开列出了一个项目所需开展和完成的全部项目活动。项目活动清单应满足两项要求:一是包括一个项目的全部活动内容,即为实现项目目标所必需的项目活动;二是不能包含任何不属于本项目的活动内容,即与实现项目目标无关的项目活动。换句话说,既不多做,也不少做,因为多做无益,而少做达不到要求。

项目活动清单应当有活动标志,并对每一计划活动工作范围给予详细的说明,以保证项目团队成员能够理解如何完成该项工作。计划活动的工作范围可有实体数量,如应安装的管道长度,在指定部位浇筑的混凝土,图纸张数,计算机程序语句行数或书籍的章数。活动清单在进度模型中使用,属于项目管理计划的一部分。计划活动是项目进度表的单个组成部分,不是工作分解结构的组成部分。

5.3.2 项目活动属性

项目活动属性是活动清单中的活动属性的扩展,指出每一计划活动具有的多属性。每一计划活动的属性包括活动标志、活动编号、活动名称、先行活动、后继活动、逻辑关系、提前与滞后时间量、资源要求、强制性日期、制约因素和假设。活动属性还可以包括工作执行负责人、实施工作的地区或地点,以及计划活动的类型,如投入的水平、可分投入与分摊的投入。这些属性用于制定项目进度表,在报告中以各种各样的方式选择列入计划的计划活动,确定其顺序并将其分类。

1. 活动属性说明

明确定义的项目活动应具有以下属性。

(1)工作说明:清楚、容易理解的工作说明能使任务得到明确的定义,足以让执行团体确切了解必须完成什么。

(2) 资源需求:为任务准备的人力、技能、设备、设施和材料。
(3) 时间安排:估算执行任务所需的时间。
(4) 预算成本:估算执行任务所需资源、管理和相关开支的成本。
(5) 人员职责:确定对执行和验收任务负有责任的团体、个人或工作资格。
(6) 活动输出:任务的可交付物、成品或结果与相关需要和技术说明。
(7) 活动输入:开始任务需要的前提和先前任务。
(8) 质量保证:在质量计划中指明,任务必须遵守的工作项、过程和结束条件。
(9) 其他事项:指定还需要的其他额外信息。

如果上述列出的任何属性不能得到定义,就说明任务过于宽泛,必须进一步分解。在大多数情况下,将任务分解为足够小时,就能最终确定上述属性。这种足够小的任务单元在定义上包括了上文所列出的特征时,就组成了工作包。

2. 工作包说明示例

对于每个工作包,应尽可能地包括有关工作包的必要的、尽量详细的信息。下面以某项目的"检测"工作包的说明为例,展示典型的工作包说明的主要内容。

(1) 工作说明:4 部 IBR04 型蝙蝠侠机器人运输装置的运行测试和检查验收。
(2) 资源需求。
人力:1 名测试经理、2 名测试工程师和 3 名测试技术人员,一起专职工作 3 周。
材料:模拟试验用的轨道以及其他试验用材料。
设施:第 2 号实验室,占用 3 周。
(3) 时间安排:进度安排 3 周(关键时间),12 月 2 日开始,12 月 23 日结束。
(4) 预算成本。
1 名测试经理:1×120 小时 $+ 25\%$ 间接费用 $= 4\,500$(美元)
2 名测试工程师:2×120 小时 $+ 25\%$ 间接费用 $= 7\,800$(美元)
3 名测试技术员:3×120 小时 $+ 25\%$ 间接费用 $= 10\,800$(美元)
材料费:$9\,630$(美元)
小计:$32\,730$(美元)
10%一般管理费:$32\,730 \times 10\% = 3\,273$(美元)
总计:$36\,003$(美元)
(5) 人员职责。
检查测试,机器人装置经理叶××。
验收测试结果,制造部门经理刘××。
通报测试状况和结果,项目工程师李×,现场操作人员张××。
(6) 活动输出:4 部经过测试和验收的 IBR04 型蝙蝠侠机器人运输装置。参见说明书(第 9 条)。
(7) 活动输入。
前置工作:蝙蝠侠机器人运输装置装配完成(工作包 V)。
前提:第 2 号实验室为机器人运输标准试验准备就绪。

(8) 质量保证：参考 LOGON 项目质量计划的工作包 X，包括工作项、过程和结束条件。

(9) 其他事项：测试说明参见测试文件 2307 号和 LOGON 项目合同条款第 28、36、41 章。机器说明参见合同要求 G.9 到 G.14。

① 工作顺序：无，依实际情况而定。

② 分包合同：无分包商。

③ 采购订单：轨道测试材料的 8967—987 号采购订单。

思 考 题

1. 工作分解结构有哪些分解原则？
2. 为什么说工作分解结构是项目管理的核心之一？
3. XBS 是 WBS 的拓展形式，举例说明 XBS 的应用。

第 6 章

项目进度计划的制订

在《环球 80 天》中,福克先生与他人打赌在 80 天内环游地球一周。在 80 天内环游地球一周并不是拍脑袋的决定,而是基于《每日电讯报》的估算:从英国伦敦经由西尼斯(Cenis)山和布林迪西(Brindisi)到埃及苏伊士坐火车和轮船需要 7 天,从苏伊士坐船到印度孟买需要 13 天,从孟买坐火车到加尔各答需要 3 天,从加尔各答坐轮船到香港需要 13 天,从香港坐轮船到横滨需要 6 天,从横滨坐轮船到旧金山需要 22 天,从旧金山坐火车到纽约需要 7 天,从纽约坐轮船到伦敦需要 9 天,一共需要 80 天。这一故事说明旅行前需要制订旅行计划。

环游地球一周本质上是一个项目,按照项目管理方式,把环游地球一周分为若干个旅游线段,每个旅游线段从哪里出发、从什么时间开始,乘坐什么交通工具、什么时候到哪里等分别进行估算和规划,从而制订出完整的环游地球一周的旅行计划。在项目管理中,制订项目进度计划也是如此。首先,把项目分解成若干个项目活动(或称为"工作"或"工序"),定义项目活动的内容,估算项目活动的持续时间,安排项目活动的顺序,从而确定每项活动的起始和结束时间,形成项目进度计划。

6.1 项目进度计划概述

项目管理的主要目标之一是时间目标,如项目章程中规定了项目的完工日期。要实现时间目标就需要进行项目的进度管理。换句话说,项目进度管理就是确定项目各项活动工期并合理地安排项目各项活动的起止时间,保证在规定的时间内为完成项目范围计划所规定的各项活动的一种项目管理活动。项目进度管理的第一步就是制订项目进度计划。项目进度计划是保证按时完成项目、合理分配资源、发挥最佳工作效率的基础。因此,在项目活动定义之后,就需要进行进度安排,以便为其他的管理奠定基础。

6.1.1 项目进度计划的概念

项目进度计划是对为创造特定产品或服务的一系列活动进行时间顺序和逻辑上的合理安排,以达到合理利用资源、降低费用支出和缩短工期的目的。项目进度计划的结果是列出组成项目的一系列活动的开始日期(最早开始时间)和结束日期(最迟完成时间)以及它们之间的相互关系。换句话说,项目进度计划是根据项目各项活动的工作量和工期要求,拟定各项活动的开展顺序、起止时间、相互间的衔接关系的时间安排。

项目进度计划以项目的工作分解结构为基础,其主要工作包括项目活动的工期估算、项目活动的实施顺序、每项活动的起止时间、关键路径的识别、项目工期的确定等。项目进度计划的目的是为控制活动的起止时间提供基准,是进度控制的依据。因此,需要准确估算各项活动的工期,合理地安排项目各项活动的顺序,从而确定各项活动的开始时间和结束时间,并制订出理想的项目进度计划。通过进度网络分析,确定关键项目活动和关键路径,确保按期实现项目目标。

6.1.2 项目进度计划的作用

项目管理就是以时间为主轴,对空间、人员和其他资源进行合理安排和使用,从而实现项目预期目标,由此可见项目进度计划的重要性。项目进度计划将说明哪些工作必须于何时完成和完成每一任务所需要的时间,从而满足项目的时间约束条件。计划总是包含时间概念,只有数量而没有时间要素不能称为计划。在项目管理中,如果合理地估算每项活动所需要的人工、资源、设备、资金等,则通过与进度计划相结合就可以形成人力资源计划(如人员聘用计划)、资源需求计划、设备需求计划、项目采购计划、资金需求计划等,从而更好地对完成各项工作所需的劳力、材料、设备、资金等作出具体安排。

6.2 项目进度计划的制订过程

在对项目进行工作分解的基础上,制订项目进度计划包括下列工作:①项目活动工期的估算,即估算各项活动在理想的假设条件下所需要的工时;②项目活动顺序的安排,即分析各项活动之间的逻辑关系,安排各项活动的起止时间,形成理想的项目进度计划;③项目进度计划的表达,即用一定的方式把项目进度计划表达出来,如横道图(或称"甘特图")、网络图(包括单代号网络图和双代号网络图)、时标双代号网络图等表达方式;④根据项目管理的需要,在项目工作分解结构的不同层级上制订不同详细程度的进度计划。

6.2.1 项目活动工期的估算

项目活动工期的估算就是估算完成一项项目活动所需要的时间。除了项目活动的作业时间之外,项目活动工期包括准备时间、必要的休息时间、检验验收时间、工序交接时间等。

1. 项目活动工期估算的常用方法

项目活动工期可以由专家进行估算,可以通过类比进行估算,可以采用参数法进行计算,还可以将上述方法结合使用。下面简要介绍常用的3种项目活动工期的估算方法。

(1) 专家估算法,指利用有经验的人员(如实际承担该项活动的人员,或项目团队中对项目各种活动比较熟悉的项目计划人员)对活动所需时间进行分析和评估的方法。由于项目活动工期受许多因素的影响,所以在使用其他方法估算和推理有困难时就必须依赖专家的经验,因此专家评估法在很多情况下是十分有效的。

(2) 类比估算法,是利用以前类似的活动作为未来活动工期的估算基础,考虑项目的实际情况进行修正,从而估算出新项目活动工期的一种方法。有经验的企业一般会建立项目管理信息系统,存储项目活动工期的一些历史信息;一些商业项目管理咨询公司也收集同类项目的历史信息,提供商业性项目工期估算数据库资料。这类信息包括:相似项目的实际项目活动工期文件、项目团队成员掌握的有关项目工期估算的知识和经验等。但是,这种方法的结果比较粗略,所以一般仅用于最初的项目活动工期估算,或者当新项目活动工期方面的信息有限时使用。

(3)参数估算法,当产品可以用定量标准计算工期时,则以计量单位为基础数据进行整体估算,再由专家审查确认这种估算。

2. 项目活动工期不确定性的处理

实践中,项目活动可能受不确定因素的影响,因而完成该项目活动所需要的时间也存在不确定性。在这种情况下,需要借助模拟法,运用仿真方法进行项目活动工期估算。其常见的方法有蒙特卡罗模拟、三角模拟等。其中,三角模拟法相对比较简单,在项目计划评审方法(project evaluation and review technique,PERT)中常被应用。具体做法是把项目活动时间的三角分布简化为对项目活动时间的3种估算:最乐观的估计(乐观时间 t_o)——在非常顺利的情况下完成某项活动所需的时间,最悲观的估计(悲观时间 t_p)——在最不利情况下完成某项活动的时间,最可能的完成时间(最可能时间 t_m)——在正常情况下完成某项活动的时间,并评估这3种项目活动时间所对应的发生概率。然后,用这3个时间估计确定出每项活动的期望(平均数或折中值)工期。项目活动工期期望值的计算公式如下:

$$t_e = \frac{t_o + 4t_m + t_p}{6}$$

例如,假定某项活动的乐观时间(t_o)为2周、最可能时间(t_m)为4周、悲观时间(t_p)为12周,按照PERT方法,则这项活动的工期期望值(t_e)为:$t_e = (2+4\times 4+12)/6 = 5$(周)。

3. 项目活动工期的影响因素

在符合质量要求的前提下,完成一项活动所需要的时间取决于所投入的资源(人力资源、机械设备等)的质量和数量。一般而言,随着资源投入的增加,完成一项活动的时间就会缩短,但是,因为工作环境、工作条件的限制,完成一项活动的时间不会无限地缩短。从效率的角度看,存在一个最佳投入,使得活动工期与资源投入之比最大。理论上,项目活动工期估算就是估算在最佳投入的条件下,完成项目活动所需要的时间。在实践中,项目活动工期估算是在一定的约束条件和假设前提条件下,完成项目活动所需要的时间。其中,约束条件是指项目活动开展中面临的各种限制因素,假设前提条件是指项目活动开展中各种可能发生的情况。

如果能够投入的资源有限,则根据所能调用的资源来估算完成活动的时间。绝大多数项目活动工期的长短受项目所需资源和所能得到资源的数量与质量的制约。一般来说,在资源有限的情况下完成一项活动的时间比在最佳投入情况下的时间要长。例如,如果某项目活动需要2人工作1天,则1个人作业需要2天左右的时间;如果一项活动让熟练员工做需要2天,则非熟练员工可能需要更长的时间才能完成。

所以,在项目活动工期估算中,人们必须全面考虑确定性的项目约束条件和项目假设条件。在估算工期时要充分考虑活动清单、合理的资源需求、人员的能力因素以及环境因素对项目工期的影响。在对每项活动的工期估算中应充分考虑风险因素对工期的影响。必要时,在工期估算中预留一定比例作为冗余时间以应付项目风险。

项目活动工期估算的工作结果包括两方面的内容：一是估算出的项目活动工期。项目活动工期估算包括对于完成一项具体项目活动所需时间及其可能性的定量计算和对于项目总工期的估算两项工作。项目工期估算的结果应该既包括对于项目活动工期的估算，也包括对于项目活动工期可能变化范围的评估。二是项目工期估算的支持细节。这是有关项目工期估算的依据与支持细节的说明文件。其中，项目工期估算的依据包括项目工期估算中所使用的各种约束条件、假设前提条件和参照的各种项目历史信息，以及项目活动清单与项目资源需求数量和质量等方面的资料及文件。

6.2.2 项目活动顺序的安排

项目活动顺序的安排是指分析和确认项目活动清单中各项活动的相对关系，并用适当的方式表达出来（如网络图）。项目活动排序工作就是根据上述项目活动之间的各种依存关系、项目活动清单和项目产出物的描述，以及项目的各种约束和假设前提条件，编排出项目活动之间顺序的一项管理工作。项目活动之间存在工艺关系（或称必然依存关系）和组织关系（或称人为依存关系）。

项目活动之间的工艺关系是指项目活动之间客观需要和不可违背的先后顺序逻辑关系，是一种"硬逻辑"关系。这种关系一般是由事物发展的客观规律决定的，如生产性工作之间由工艺过程所决定的顺序，非生产性工作之间由工作流程所决定的顺序。例如，一个房屋建筑项目只有建成地基和基础之后才能建造主体结构部分，最后才能进行内外装修。这种顺序是客观规律的要求，不能人为地改变。

项目活动之间的组织关系是由项目管理人员人为规定的项目活动之间的关系，是一种"软逻辑"关系，即一种可以由人们根据自己的主观意志去调整和安排的活动之间的关系。虽然这种关系是主观决定的，但是并不能完全随心所欲和为所欲为，只是在一定程度上由人主观决定。由于组织关系的人为特性，项目管理水平的高低就体现在活动的组织关系的处理水平上。

在网络图中，存在 4 种项目活动的顺序关系：①"开始—开始"的关系，即 A 活动与 B 活动可以同时开始，或者 A 活动在 B 活动开始之前就已经开始了；②"结束—开始"的关系，即 A 活动结束以后，B 活动才能开始；③"开始—结束"的关系，即 A 活动必须在 B 活动结束之前开始；④"结束—结束"的关系，即只有 A 活动结束以后，B 活动才能够结束。图 6-1 所示为网络图中两项活动之间的 4 种关系。

在网络图中，如果 A 活动与 B 活动是在同一条路径上的活动，则它们之间只有"结束—开始"的关系；如果 A 活动与 B 活动是在不同路径上的活动，则它们之间存在 4 种可能的关系："开始—开始""开始—结束""结束—开始""结束—结束"的关系。有些项目活动虽然不一定同时结束，但是要求同时开始，而有些项目活动只有它们全部结束以后下一项活动才能够开始。

6.2.3 项目进度计划的表达

通过项目活动排序确定出项目活动关系后，可以编制项目进度计划。进度计划编制的主要工具是网络计划图和横道图，通过绘制网络计划图，确定关键路线和关键工作。当

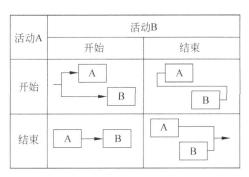

图 6-1 网络图中两项活动之间的 4 种关系

项目活动之间关系比较简单时,横道图(或附加文字描述)可以较好地表示项目进度计划;但是,当项目活动之间关系比较复杂时,横道图就难以明确表示项目进度计划,需要使用网络图(单代号网络图或双代号网络图)方式表示项目进度计划。

1. 横道图(甘特图)

横道图(bar chart),或称条形图,是亨利·L.甘特大约在 1917 年提出来的,所以又称为甘特图。横道图的理念很简单,基本是一个二维的线条图,横向作为时间轴,纵向依次列出项目活动,以横道(或粗线条)表示一项活动,横道的长短代表活动持续时间的长短,横道在时间坐标轴上的起始位置代表活动的最早开始时间,横道在时间坐标轴上的终止位置代表活动的最迟完成时间,如图 6-2 所示。

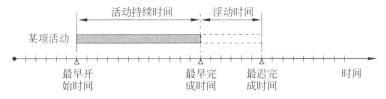

图 6-2 项目活动在横道图中的表达

例 6-1 某项目包括 5 项活动,活动 1 持续 3 天,活动 2 持续 2 天,活动 3 持续 10 天,活动 4 持续 5 天,活动 5 持续 4 天,活动 2 和活动 3 在活动 1 完成之后才能开始,活动 4 在活动 2 完成之后才能开始,活动 5 在活动 3 和活动 4 都完成之后才能开始。该项目进度计划的横道图如图 6-3 所示。

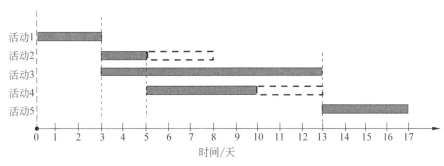

图 6-3 某项目进度计划的横道图

基于横道图的基本思想——用横道表示项目活动,横道图有一演变形式:用表格替代时间坐标,即在表格中画横道,以图示的方式通过活动列表和时间刻度形象地表示出任何特定项目的活动顺序与持续时间。表 6-1 是例 6-1 的另一种表达方式。

表 6-1　表格式横道图

活动	持续时间	时间/天															
		1	2	3	4	5	6	7	8	9	10	11	12	13	14	15	16	17
1	3																	
2	2																	
3	10																	
4	5																	
5	4																	

在表格中,还可以通过日历形式列出项目活动工期及其相应的开始和结束日期,为反映项目进度信息提供了一种标准格式。它直观地表明项目活动计划在什么时候开始和在什么时候结束,如果把活动进展情况也反映在图中,则实际进展与计划进度之间形成鲜明的对比。据此,管理者一眼就可以看出项目进展情况:还剩下哪些工作要做,进度是否滞后。由此可见,横道图具有两大优点:一是在横道图上可以看出各项活动的开始和终了时间,形式简单,易于理解,各级管理人员一看就懂;二是通过标注进度,可显示计划与实际之间的关系。但是,横道图也有不足之处:在绘制各项活动的起止时间时,虽然考虑它们的先后顺序,但各项活动之间的关系却没有表示出来,不能突出活动之间的相互依赖关系;不能明确反映影响工期的关键工作和关键线路;不能反映出工作所具有的机动时间,看不到计划的潜力,无法进行最合理的组织和指挥。因此,横道图比较适合于小型项目或高层级的进度计划,但对于复杂的项目来说,横道图就显得不足。

2. 网络图(单代号网络图或双代号网络图)

关键路径法将项目分解为多个独立的活动并确定每个活动的工期,然后用逻辑关系(结束—开始、结束—结束、开始—开始和开始—结束)将活动连接,从而能够计算项目的工期、各个活动时间特点(最早和最晚时间、时差)等。在关键路径法的活动上加载资源后,还能够对项目的资源需求和分配进行分析。

1) 单代号网络图(顺序图法、节点网络图法)

单代号网络图,也叫顺序图法(precedence diagramming method,PDM)或节点网络图法(activity on node,AON),这是一种通过编制项目网络图而给出项目活动顺序安排的方法。这一方法使用节点表示一项项目活动,使用节点之间的箭线表示项目活动之间的相互关系。在用节点表示活动的网络图中,每项活动由一个方框或者是圆框表示,对项目活动的描述(命名)一般直接写在框内。同时规定每项活动只能使用一个方框或圆框表示,在使用项目活动编号时,每个框只能有一个项目活动编号。项目活动之间的顺序关系使用连接这些活动框的箭线表示,在结束—开始的关系中,箭线箭头所指向的项目活动是后序活动(后续开展的活动),箭头离开的项目活动是前序活动(前期开展的活动)。一项后序活动只有在与其联系的全部前序活动都完成以后才能开始,这可以使用箭线连接前后两项活动的方法表示。图 6-4 就是一份使用顺序图法给出的一个简单项目活动的排序结果。这种项目活动排序和描述的方法是大多数项目管理中所使用的方法。这种方法既可以使用人工绘制的方法,也可以使用计算机软件系统实现。

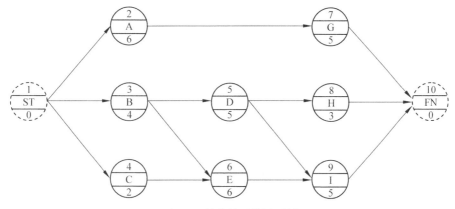

图 6-4 单代号网络图示例

绘制单代号网络图的规则:①一个项目的网络图只能有一个起点和一个终点,如果有多项活动可以在项目起点开始,则增设一个虚拟工作作为起点;如果有多项活动一起结束,则增设一个虚拟工作作为终点。②每项活动的名称是唯一的,其节点编号也必须是唯一的,不能重复。③节点编号从左到右,由小到大。④箭线表示活动之间的关系,因此,不允许出现无箭头的箭线,也不能出现双箭头的箭线。⑤网络图中不能存在回路。⑥网络图必须准确表示各项活动的逻辑关系。

2) 双代号网络图(箭线图法)

双代号网络图,又称箭线图法(arrow diagramming method,ADM),使用箭线表示项目活动,使用节点代表项目活动之间的相互关系,一个项目活动使用一条箭线表示,有关这一项目活动的描述(或命名)可以写在箭线上方。其中,描述一项活动的箭线只能有一个箭头,箭线的箭尾代表活动的开始,箭线的箭头代表活动的结束。箭线的长度和斜度都与项目活动的持续时间没有任何关系。在箭线图法中,代表项目活动的箭线通过圆圈连接起来,这些连接用的圆圈表示项目的具体事件。箭线图中的同一个圆圈既可以代表项目的开始事件也可以代表项目的结束事件。当箭线指向圆圈时,此圆圈代表该项目活动的结束事件。当箭线离开圆圈时,此圆圈代表该项目活动的开始事件。在箭线图法中需要给每个项目事件确定一个唯一的代号。项目活动的开始事件(箭尾指向的圆圈)也叫作该项目活动的"紧前事件",项目活动的结束事件(箭头指向的圆圈)也叫作该活动的"紧随事件"。

在箭线图法中,有两个基本规则用来描述项目活动之间的关系:其一,图中每一个事件(由圆圈代表)必须有唯一的事件号,图中不能出现重复的事件号;其二,图中每项活动必须由唯一的紧前事件和唯一的紧随事件的组合来描述它与其他项目活动的关系。

绘制双代号网络图(图6-5)的规则：①一个项目的网络图只能有一个起点和一个终点；②节点编号必须唯一，不能重复；③节点编号从左到右，由小到大；④箭线表示活动之间的关系，因此，不允许出现无箭头的箭线，也不能出现双箭头的箭线。⑤每项活动的编号必须是唯一的，如果不唯一，则可以通过增加虚拟活动予以解决；⑥网络图中不能存在回路；⑦网络图必须准确表示各项活动的逻辑关系。

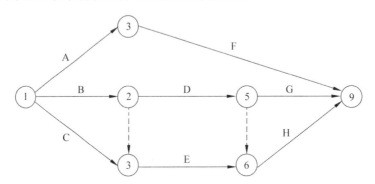

图6-5 双代号网络图示例(与图6-4对应)

例6-2 根据网络图的绘制规则，指出图6-6中的错误之处，并说明理由(违反了哪条网络图的绘制规则)。

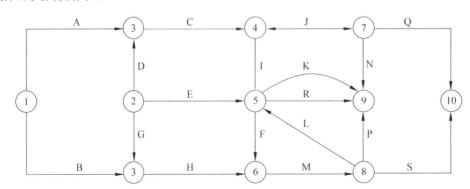

图6-6 不符合绘制规则的网络图示例

解：该网络图有多处违反了网络图的绘制规则，如图6-7所示。该网络图有两个起始节点和两个终点节点；有两个3号节点，节点编号重复，不唯一；活动L的编号为8—5，编号由大到小；存在循环回路5—6—8；活动J为双头箭线；活动I为无头箭线；活动K与活动R的编号相同，出现工作同号。

3) 时标双代号网络图

在横道图中，横线的长短表示活动的持续时间，横线的起点表示活动的起始时间，横线的终点表示活动的结束时间，直观明了，易于理解。然而，虽然在绘制各项活动的起止时间时考虑了它们的先后顺序，但各项活动之间的关系却没有表示出来，同时也没有指出影响项目工期的关键所在。双代号网络图不但能够准确地反映各项活动之间的关系，而且也能指出影响项目工期的关键活动。把横道图与双代号网络图结合起来就形成了时标

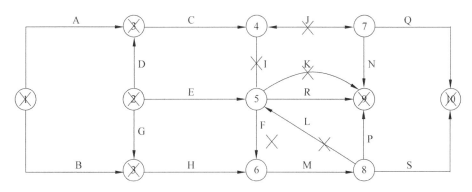

图 6-7 网络图中不符合绘制规则的地方

双代号网络图,它兼具二者的优点,但美中不足的是绘制比较麻烦。在时标双代号网络图中,用箭线表示活动,箭线的长短表示活动的持续时间,用波浪线表示活动的时差(自由时差)。图 6-8 所示为时标双代号网络图示例。

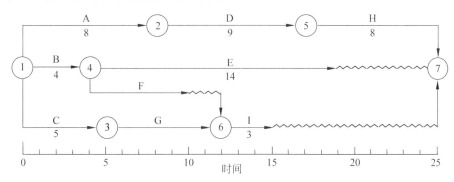

图 6-8 时标双代号网络图示例

时标双代号网络图的优点如下。

（1）能够明确表达各个工作之间的逻辑关系。

（2）从图中可以直接找出关键工作和关键线路(没有波浪的路径)。

（3）从图中可以明确各项工作的机动时间(波浪长度所代表的时间)。

时标双代号网络图的缺点是,如果不利用项目管理软件,绘制和计算比较复杂。

6.2.4 项目进度计划的层级

项目进度计划以工作分解结构为基础。工作分解结构把项目工作一级一级地进行分解,越往下分解,工作内容越详细。因此,项目进度计划也可以分级制订,即可以在工作分解结构的不同层级上制订进度计划,从而得到工作内容详细程度不同的进度计划,形成多个层级的项目进度计划。

在这些不同层级的项目进度计划中,第一层级的项目进度计划的内容最简略,一般是一个总体的、概要性的计划,或者是归纳项目框架的概要计划。在项目的早期(如概念阶段),由于缺乏深入细致的工作,一般只能建立这样高度集合的项目进度计划。项目实施机构的高层管理人员一般只需要掌控项目的关键时间点(如里程碑事件的时间点),并不需要掌控项目进度计划的细节。因此,这个层次的计划显示的仅仅是一些高度综合的活动和与该项目有关的里程碑事件,一般作为初始的项目进度计划。

在第二层级项目进度计划中,对第一层级进度计划中的各项工作分别进行细化,工作包含的范围也很广,它们包括了更多或更少的里程碑事件。在每一项下集合了众多包括几个或许多具体活动的项目要素。在这层计划中,详细地考察项目结构,可以看出和分析项目各个部分之间的关系。这层计划还明确了那些在不影响项目完成的前提下可以改变的单个工作或活动群之间的限制,也可以为第一层计划中的每一项活动制订各自单独的第二层计划。因此,在第二层级的计划中,概要计划中的各项工作被扩展和细化。这一层次的计划是中层管理者作出决定和进行控制的工具。它明确了项目中的责任和组织结构,也是使用正规化和计算机化计划技术的第一层计划。

在第三层级进度计划中,对第二层级进度计划中的各项工作再分别进行细化,它可以用几种方法来制订,在有约束条件的基础上尤其如此。因此,它们倾向于一些模块化的计划,每一个模块涵盖了项目的一个组成部分或者一个独立的工程。

如此一层一层地制订下去,直到工作分解结构的最低层为止。在层级进度计划中,项目进度计划的层级不同,其内容的详细程度不同。因而,最高层级的进度计划可供高层管理人员使用,从宏观上掌控项目进度;最低层级的进度计划可供一线人员使用,具体控制项目进度。由于高层级进度计划主要是供高层管理人员使用,涉及的工作项数不宜太多,但没有什么项数限制,能够概括整个项目的主要工作、满足工作需要即可。项目的层级进度计划示例如图6-9所示。

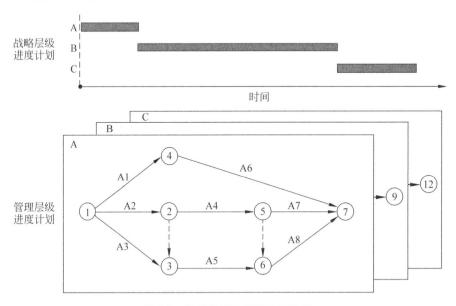

图6-9 项目的层级进度计划示例

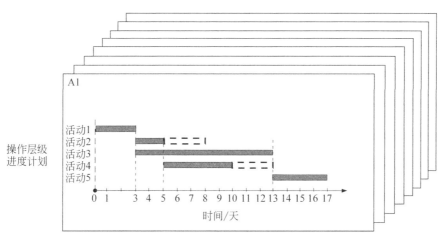

图 6-9 项目的层级进度计划示例(续)

6.3 项目进度计划网络分析

项目进度计划网络分析方法是 20 世纪 50 年代末发展起来的,是用于项目的计划与控制的一项管理方法。1956 年,美国杜邦公司在制定企业不同业务部门的系统规划时,制订了第一套网络计划。这种计划借助于网络表示各项工作与所需要的时间,以及各项工作的相互关系。通过网络分析研究工程费用与工期的相互关系,并找出在编制计划及计划执行过程中的关键路线。这种方法称为关键路线法(CPM)。项目进度计划网络分析包括:计算项目工期、确定项目关键路径,以及各项活动的最早开始时间、最早结束时间、最迟开始时间、最迟结束时间、自由时差和总时差等。

6.3.1 项目进度计划网络分析的主要时间参数

在项目进度计划网络分析中,主要涉及以下概念。

活动工期(duration,D)是完成一项活动所需要的时间。在每项活动开始之前,都有一个估算的工期,而在每项活动开始之后、完成之前,也可以估算剩余工期。一旦活动完成,就可以记录实际的活动工期。

最早开始时间(early start-time,ES)是指某项活动能够开始的最早时间。一项活动的最早开始时间是由所有紧前活动中最后一个结束的活动的最早结束时间来确定的,用正推法计算。

最早结束时间(early finish-time,EF)是指某一活动能够完成的最早时间。活动的最早结束时间由活动的最早开始时间加上其工期确定,即 EF=ES+D。

最迟结束时间(late finish-time,LF)是指为了使项目在要求完工时间内完成,某项活动必须完成的最迟时间。换句话说,一个活动的最迟结束时间是该活动在不耽误整个项目的结束时间的情况下能够最迟结束的时间,它等于所有紧后工作中最早的一个最晚开始时间,用逆推法计算。

最迟开始时间(late start-time，LS)是指为了使项目在要求完工的时间内完成,某项活动必须开始的最迟时间。换句话说,一个活动的最迟开始时间是该活动在不耽误整个项目的结束时间的情况下能够最迟开始的时间。它等于活动的最迟结束时间减去活动的工期,即 LS=LF−D。

时间间隔是指在单代号网络图分析中,一项活动的最早完成时间与其紧后活动的最早开始时间之间的差值,即相邻两项活动之间的时间间隔,用符号 $LAG_{i,j}$ 表示。

最早节点时间(early event occurrence time，ET)是指在双代号网络图分析中,节点的最早开始时间。最早节点时间与以该节点为起点的活动的最早开始时间相同,即 ET=ES。

最迟节点时间(late event occurrence time，LT)是指在双代号网络图分析中,节点的最迟结束时间。最迟节点时间与以该节点为终点的活动的最迟结束时间相同,即 LT=LF。

总时差(或称总浮动时间)(total float or slack，TF)是指一项活动在不影响整体计划工期的情况下最大的浮动时间。总时差可以根据活动的最迟开始时间与最早开始时间之差获得,即 TF=LS−ES,或者根据活动的最迟结束时间与最早结束时间之差获得,即 TF=LF−EF。如果时差大于零,则该活动的开始时间就可以在该时差范围内浮动而不影响项目的工期;如果时差小于零,则表明无法按计划工期完成该项目。

自由时差(或称自由浮动时间)(free float or slack，FF)是指一项活动在不影响其紧后活动的最早开始时间的条件下可以浮动的时间。在双代号网络图中,自由时差有两种计算方法:一是用其紧随工序的最早开工时间减去自身的最早完工时间;二是先算出指向同一节点的各项活动的总时差及其最小值,然后用各个活动的总时差减去这个最小值,就可得出各个活动的自由时差。在单代号网络图中,自由时差等于紧后活动的最早开始时间的最小值减去本活动的最早完成时间,即 $FF_{i-j}=\min\{ES_{j-k}-EF_{i-j}\}(j=1,2,\cdots)$,或者本活动与其紧后活动的时间间隔的最小值,即 $FF_{i-j}=\min\{LAG_{i,j}\}(j=1,2,\cdots)$。活动的自由时差总为正值($\geq 0$),只有两项或更多活动指向同一工作时,这些活动中才存在大于零的自由时差,而且活动的自由时差总是小于或等于其总时差。当有多个活动在同一路径上时,习惯上把自由时差优先分配给最后面的活动,如图 6-10 所示。

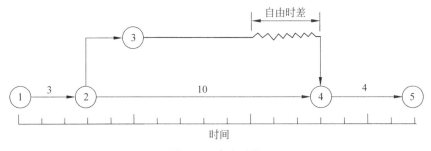

图 6-10　自由时差

项目工期泛指完成项目所需要的时间。在项目进度计划中,项目工期有 3 种:一是要求工期,即项目委托人所提出的指令性工期或称合同要求的工期,用 T_r 表示;二是计算工期,即根据网络计划时间参数计算而得到的工期,用 T_c 表示;三是计划工期,即根据要求工期和计算工期所确定的作为管理目标的工期,用 T_p 表示。

关键路径,在项目的进度网络图中,从起点到终点有多条路径。其中,从起点到终点工期最长的路径称为关键路径(critical path),其他的路径称为非关键路径,工期比关键路径工期略少的路径称为次关键路径。因此,在项目进度网络图中至少有一条关键路径。

关键活动:关键路径上的任何一项活动都称为关键活动,关键活动的工期延期直接导致项目的工期延期,关键活动的工期提前可在一定范围内使项目工期提前。非关键路径上的活动发生延期,可能导致该非关键路径成为关键路径。

1. 节点的时间计算

最早节点时间(节点的最早开始时间)按照正推法进行计算,最迟节点时间(节点的最迟结束时间)按照逆推法进行计算。

1) 正推法计算最早节点时间

正推法(forward pass)是从双代号网络图的起始节点开始,顺着箭线方向,计算节点的最早开始时间,直到网络图的收尾节点为止。首先,设置双代号网络图中的第一个节点(网络图的起始节点)的最早节点时间,如设置为 0 或其他时间,即 $ET_1=0$(或其他设定的时间)。然后,以第一个节点的最早节点时间为基础,顺着箭线方向,计算它的紧后节点的最早节点时间,以此类推,直到网络图的收尾节点为止。对于任意一个节点 j,如果其之前只有一项紧前活动(一个节点 i),则其最早节点时间:$ET_j=ET_i+D_{i-j}$,式中,i 只是一个数码;如果该节点之前有多项紧前活动,则其最早节点时间:$ET_j=\max\{ET_i+D_{i-j}\}$,式中,$i$ 代表多个数码(如 $i=1,2,\cdots,m$),D_{i-j} 为活动 $i-j$ 的持续时间,如图 6-11 所示。

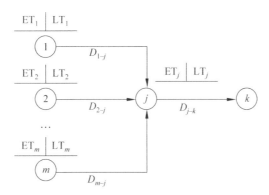

图 6-11 最早节点时间的计算

2) 逆推法计算最迟节点时间

逆推法(backward pass)一般从双代号网络图的收尾节点开始,逆着箭线方向,计算节点的最迟节点时间,直到计算到起始节点为止。首先,设置最后一个节点的最迟节点时间,一般令其等于正推法计算出的最早节点时间(或计划完工时间,或合同规定的完工时间),即 $LT_N=ET_N$。然后,以最后一个节点的最迟节点时间为基础,逆着箭线方向,计算它的紧前节点的最迟节点时间,以此类推,直到网络图的起始节点为止。对于任意一个节点 j,如果其后只有一项紧后活动(一个节点 k),则其最迟节点时间:$LT_j=LT_k-D_{j-k}$,

式中,k只是一个数码;如果该节点之后有多项紧后活动时,则其最迟节点时间:$LT_j = \min\{LT_k - D_{j-k}\}$,式中,$k$代表多个数码(如$k=1,2,\cdots,n$),$D_{j-k}$为活动$j-k$的持续时间,如图6-12所示。

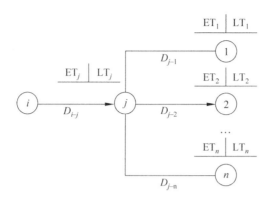

图6-12 最迟节点时间的计算

例6-3 某项目的双代号网络分析示例如图6-13所示。图中字母A～H为活动代号,斜线后的数字是该活动的持续时间(时间单位为"天")。计算每个节点的最早时间和最迟时间。

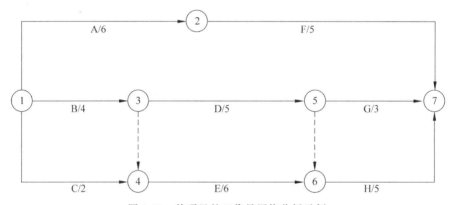

图6-13 某项目的双代号网络分析示例

解:首先,用正推法计算最早节点时间;然后,用逆推法计算最迟节点时间。计算结果如图6-14所示。其中,关键路径为1—3—4—6—7(即B—E—H)。值得注意的是,节点计算法不能计算活动的总时差和自由时差。

2. 项目活动的起止时间计算

在进行时间参数计算时,首先,采用正推法计算各项活动的最早开始时间(ES)和最早结束时间(EF),并确定项目的最早完工时间,即项目的计算工期;其次,采用逆推法计算各项活动的最迟结束时间(LF)和最迟开始时间(LS);再次,根据活动的最迟开始时间与最早开始时间之差或者活动最迟结束时间与最早结束时间之差计算活动的总时差,并确定项目的关键路径,即由总时差最小的活动所连接的路径,在双代号时标网络计划中无波形线的线路;最后,计算活动的自由时差。这种以活动为计算对象的方法被称为活动计

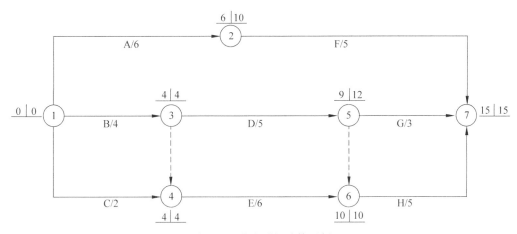

图 6-14 节点时间计算示例

算法;在网络图中标注了活动的 6 个时间参数,因而又称为六时标注法。

1) 正推法计算活动的最早开始时间

正推法是从网络图的起始活动(或第一个活动)开始,顺着箭线方向,计算活动的最早开始和最早结束时间,直到网络图的收尾活动(或最后一个活动)为止。首先,设置网络图中的第一个节点(网络图的起始节点)的时间,如设置为 0 或其他时间,作为从起始节点开始的活动的最早开始时间;然后,从网络图的起始节点开始,顺着箭线方向,计算它的紧后活动的最早开始和最早结束时间,以此类推,直到网络图的终止节点为止。对于任意一项活动 D_{ij} 来说,如果其之前只有一项紧前活动,则其最早开始时间等于那个紧前活动的最早结束时间:$ES_{ij} = EF_{ki}$,式中,k 只是一个数码;如果该活动之前有多项紧前活动,则该活动的最早开始时间等于所有紧前活动的最早结束时间的最大值:$ES_{ij} = \max\{EF_{ki}\}$,式中,$k$ 代表多个数码(如 $k=1,2,\cdots,m$);该活动的最早结束时间等于其最早开始时间加活动的持续时间:$EF_{ij} = ES_{ij} + D_{ij}$,其中,$D_{ij}$ 为活动 $i-j$ 的持续时间,如图 6-15 所示。

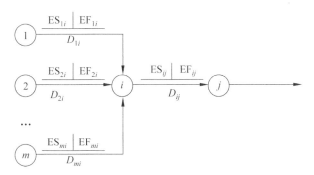

图 6-15 活动最早开始和结束时间的计算

2) 逆推法计算活动的最迟结束时间

逆推法一般从项目的终止节点(最后一个活动)开始,逆着箭线方向,计算活动的最迟结束和最迟开始时间,直到计算到起始节点(第一个活动)的时间为止。首先,设置最后一个节点的最迟结束时间,令其等于正推法计算出的最早时间(或计划完工时间,或合同规定的完工时间);然后,以最后一个节点的最迟节点时间为基础,逆着箭线方向,计算它的紧前节点的最迟节点时间,以此类推,直到网络图的起始节点为止。对于一项活动 D_{ij},如果其后只有一项紧后活动,则以该活动的最迟结束时间等于那个紧后活动的最迟开始时间:$LF_{ij}=LS_{jk}$,式中,k 只是一个数码;如果该活动之后有多项紧后活动,则其最迟结束时间等于所有紧后工作的最迟开始时间的最小值:$LF_{ij}=\min\{LS_{jk}\}$,式中,k 代表多个数码(如 $k=1,2,\cdots,m$);该活动的最迟开始时间等于其最迟结束时间减去活动的持续时间:$LS_{ij}=LF_{ij}-D_{ij}$,其中,D_{ij} 为活动 $i-j$ 的持续时间,如图 6-16 所示。

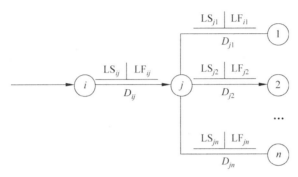

图 6-16 活动最迟结束和开始时间的计算

6.3.2 双代号网络分析

在正确构建双代号网络图之后,其分析步骤如下:①用正推法计算每项活动的最早开始时间和最早结束时间;②用逆推法计算每项活动的最迟结束时间和最迟开始时间;③计算每项活动的总时差:$TF=LS-ES=LF-EF$;④计算每项活动的自由时差;⑤确定关键路线。下面通过示例演示双代号网络图的分析过程。

例 6-4 某项目的双代号网络图如图 6-17 所示。图中字母 A~H 为活动代号,斜线后的数字是该活动的持续时间(时间单位为"天")。要求:①计算项目工期,并指出关键线路(注:指出组成关键路线的工作,并在图中加粗相应的箭线);②计算活动 D 的总时差和自由时差。

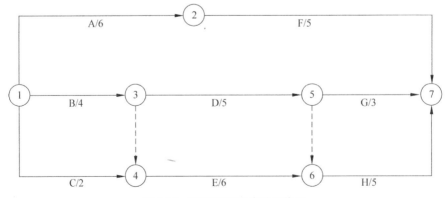

图 6-17 某项目的双代号网络图

解：按照分析计算步骤，首先确定起点时间。由于例 6-4 中没有指定开始时间，一般假定从第一天的 0 点开始，也就是从第 0 天的 24 点开始，因为二者是同一时间点。然后，用正推法计算每项活动的最早开始时间和最早结束时间，用逆推法计算每项活动的最迟结束时间和最迟开始时间，最后，计算每项活动的总时差和自由时差，并确定关键路径。计算结果如图 6-18 所示。其中，关键路径为 1—3—4—6—7（B—E—H），活动 D 的总时差为 1，自由时差为 0。

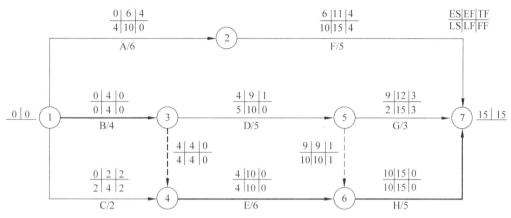

图 6-18 双代号网络图计算结果

例 6-4 中，如果项目的开始时间不是从第 1 天开始，而是从第 6 天 0 点开始，也就是从第 5 天的 24 点开始（所以，起始节点的时间是第 5 天），则每项活动都相应延期进行。这种情况下，每项活动的最早开始时间、最早结束时间、最迟开始时间和最迟结束时间都相应地顺延，但每项活动的总时差和自由时差不变，项目的关键路径不变。图 6-19 所示为项目延期开始的网络分析结果。

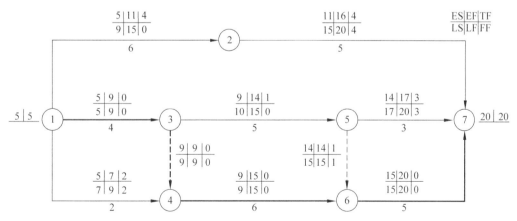

图 6-19 项目延期开始的网络分析结果

例 6-4 中，如果项目的计划工期是 20 天（比计算工期多 5 天），则允许每项活动的最迟开始时间和最迟结束时间都相应延长 5 天，但每项活动的最早开始时间和最早结束时间都不变。这种情况下，每项活动的总时差相应增加 5 天，但自由时差不变。因此，活动

D 的总时差为 6，自由时差仍为 0。图 6-20 所示为计划工期比计算工期长的网络分析结果。

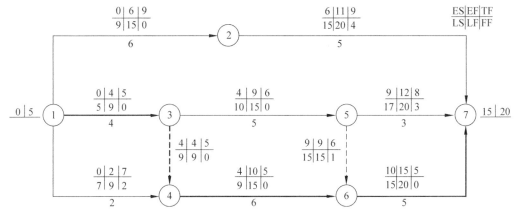

图 6-20 计划工期比计算工期长的网络分析结果

6.3.3 单代号网络分析

在正确构建单代号网络图之后，其有两种分析步骤：一是与双代号网络图分析完全相同的分析步骤（参见 6.3.2 节）；二是与双代号网络图分析有所不同的分析步骤。后者具体如下：①用正推法计算每项活动的最早开始时间和最早结束时间；②计算相邻两工作之间的时间间隔：$LAG_{i,j} = ES_j - EF_i$（工作 i 与工作 j 相邻，是工作 j 紧前工作）；③计算每项活动的总时差：$TF_i = \min\{LAG_{i,j} + TF_j\}$（$j$ = 工作 i 的所有紧后工作）；④计算每项活动的自由时差：$FF_i = \min\{LAG_{i,j}\}$（j = 工作 i 的所有紧后工作）；⑤用逆推法计算每项活动的最迟结束时间和最迟开始时间；⑥确定关键路线。下面通过示例演示单代号网络图的分析过程。

例 6-5 某项目的单代号网络图如图 6-21 所示。图中字母 A~H 为活动代号（ST 是虚拟起点，FN 是虚拟终点），节点中字母上方的数字是该节点的编号，字母下方的数字是该

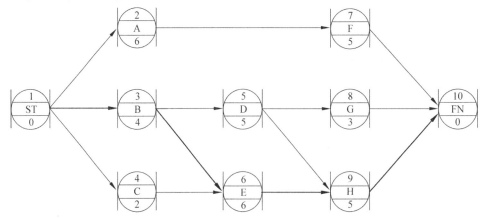

图 6-21 某项目的单代号网络图

活动的持续时间(时间单位为"天")。要求：①计算项目工期，并指出关键线路(注：指出组成关键路线的工作，并在图中加粗相应的箭线)；②计算活动 D 的总时差和自由时差。

解：本例题有两种分析方法：一是采用与双代号网络图分析完全相同的分析方法，其分析结果如图 6-22 所示；二是包含计算相邻活动的时间间距的分析方法，其分析结果如图 6-23 所示。

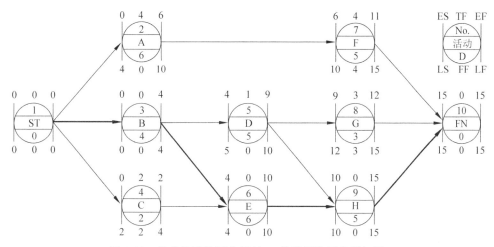

图 6-22　单代号网络图分析(与双代号网络图分析相同)

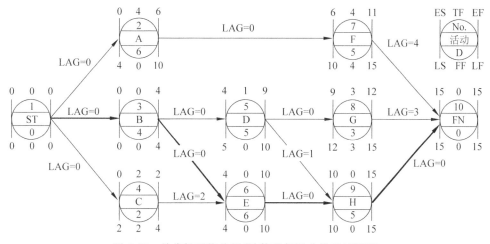

图 6-23　单代号网络分析(计算相邻活动的时间间距)

比较图 6-22 与图 6-23 可以看出，这两种计算方式获得了相同的结果：关键路径为 1—3—6—9—10(ST—B—E—H—FN)，活动 D 的总时差为 1，自由时差为 0。

思　考　题

1. 根据网络图的绘制规则，指出图 6-24 中的错误之处，并说明理由(违反了哪条网络图绘制规则)。

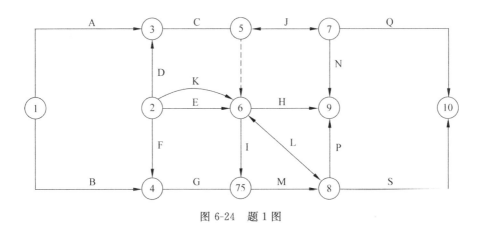

图 6-24 题 1 图

2. 某项目有 7 项活动(A,B,…,G),活动之间的逻辑关系如表 6-2 所示。请绘制该项目的单代号网络图和双代号网络图。

表 6-2

项目活动	A	B	C	D	E	F	G
紧前工作	—	—	A,B	A,B	C	C,D	F

3. 某项目有 7 项活动(A,B,…,G),活动之间的逻辑关系如表 6-3 所示。请绘制该项目的单代号网络图和双代号网络图。

表 6-3

项目活动	A	B	C	D	E	F	G
紧前工作	—	A	A	B,C	C	D	E,F

4. 某项目有 8 项活动(A,B,…,H),活动之间的逻辑关系如表 6-4 所示。请绘制该项目的单代号网络图和双代号网络图。

表 6-4

项目活动	A	B	C	D	E	F	G	H
紧前工作	—	A	B	A	B	E	C,D	F,G

5. 某项目有 8 项活动(A,B,…,H),活动之间的逻辑关系如图 6-25 所示。图中节点下部中的数字是活动的持续时间(单位:天)。计算各项活动的 6 个时间参数,并确定项目的计算工期和关键路径。

6. 某项目有 12 项活动(A,B,…,L),活动之间的逻辑关系如图 6-26 所示。图中箭线下方的数字是活动的持续时间(单位:天)。计算各项活动的 6 个时间参数,并确定项目的计算工期和关键路径。

7. 某项目的双代号网络图如图 6-27 所示。图中字母 A~J 为工作代号,斜线后的数字是该工作的持续时间(时间单位为"天")。要求:①计算项目工期,并指出关键线路

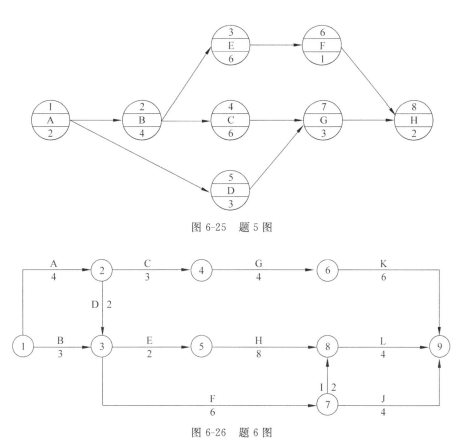

图 6-25 题 5 图

图 6-26 题 6 图

(注：指出组成关键路线的工作，并在图中加粗相应的箭线)；②计算工作 A 的总时差 TF 与自由时差 FF。

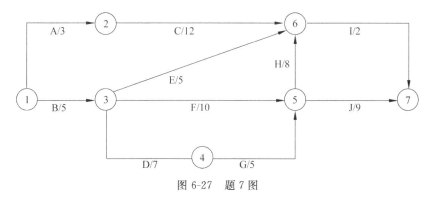

图 6-27 题 7 图

第 7 章

项目任务的分配

俗话说:"一个和尚挑水吃,两个和尚抬水吃,三个和尚没水吃。"本来人多力量大,应该更容易喝到水,但是人多了反而没水喝了,为什么?因为没有分工,责任不明。由此可见,项目管理的关键之一是科学分工。只有把项目活动任务落实到每个团队成员头上,才不会发生任务没有人干的不良现象;只有每个团队成员都明确自己的岗位职责,才不会产生推诿扯皮等不良现象。如果把项目团队组织比喻成一台机器,那么每个团队成员就是机器上的一个个零部件,只有把他们安排在正确的位置上,项目团队这台机器才能良性运转。在项目实施过程中,项目经理应当根据项目的实际情况对人员数量和分工及时作出相应调整。如果团队中有人滥竽充数,给项目团队组织带来的不仅是工资的损失,而且会导致其他人员的心理不平衡,最终导致团队工作效率的整体下降。

7.1 项目任务分配概述

任务是指项目实施过程中为了达到某种目的而进行的一系列活动。任务可以由一个或多个工作要素组成(注:工作要素是指工作中不能继续分解的最小动作单位)。一项任务可能只需要一个人就可以完成,也可能需要若干人一起完成。在实践中,对"任务"的定义难以把握,即难以明确什么样的活动或内容能被称为"任务",结果导致"任务"的粗细程度不一,有些任务描述只代表一项非常简单的活动,有些任务描述却包含丰富的活动。本书中,项目任务是指工作分解结构的最末级——工作包。

项目任务分配是指在项目团队组建之后,在项目活动定义和项目进度计划的基础上,把项目任务落实到项目团队成员的过程。项目任务分配是把项目的各项任务落实到人,并明确指定每项任务的主办、协办、配合部门,建立起工作任务与人之间的关系,其结果是责任分配矩阵,或称工作任务分工表。换句话说,项目任务分配就是确定项目的各项工作任务由哪个工作小组或者个人负责,有哪些工作小组参与,并确保每一个任务都有一个负责人。

项目任务分配与项目团队组建密切相关,组建项目团队是宏观层面上的任务分配,项目任务分配在微观层面上的任务分配。如果项目任务分配不合适,即使组建了与项目匹配的项目团队也会出现任务与个人能力不匹配、效率低下等问题。因此,应重视项目任务的分配。

7.1.1 项目任务分配的原则

项目任务分配要做到人尽其才,才尽其用,人事相宜,最大限度地发挥项目团队成员的潜力。因此,合理的任务分配应满足 3 条原则:用人之长、人岗相宜和动态调整。

1. 用人之长的原则

人的能力既受先天素质的制约，又受后天学习培养的影响。后天形成的能力不仅与本人的努力程度有关，也与实践的环境有关，因此团队成员的能力是不同的，其个性也是多样的。每个人都有自己的长处和短处，同时也有自己的专业特长及工作爱好。因此，在进行任务分配时，要扬长避短，用人必用其长。常言道："金无足赤，人无完人"，所以求全责备，则无可用之人，扬长避短，则无不可用之人。古人云：

> 骏马能历险，犁田不如牛；
> 坚车能载重，渡河不如舟；
> 舍长以求短，智者难为谋；
> 生才贵适用，慎勿多苛求。

短短的几句话精辟地论述了长与短的辩证关系，形象地说明了选才用人的要点。唐代政治家文学家陆贽认为："人才之行，自昔罕全，苟有所长，必有所短。若录长补短，则天下无不用之人；责短舍长，则天下无不弃之士。"大意是自古以来，人的才华和能力就很少有全面的，如果有所擅长的，就一定有弱的地方。如果能取长补短，那么天下就没有不能被录用的人；苛求短处放弃长处，那么天下就没有可以被录用的人。随着社会进步，现代社会分工越来越细，技术越来越专，更是难有全才。如果只看到团队成员的短处，则没有可以使用的人；反之，看到团队成员的长处，则每个成员都是可用之才。用人之长的原则就是应根据个人的优势和任务要求，将任务分配给合适的人，以便有利于发挥其优势。如果用非所长，既会影响工作又不利于人的成长。

孟子在《孟子·公孙丑上》中提出"贤者在位，能者在职"。认为治理国家应让有贤德的人居于掌权的地位，让有才干的人担当合适的职务。还提出"尊贤使能，俊杰在位，则天下之士皆悦而愿立于其朝矣"。认为如果尊重有贤德的人，任用有才能的人，给才智杰出的人安排职位，那么天下有才能人都高兴，而且愿意为国家效力。所谓的"贤者居上，能者居中，工者居下，智者居侧"即反映了这一理念。道理是相通的，在项目管理中也是如此。每个人的能力是不同的，应根据每个人的才德来安排工作。贤者领导团队，能者攻克难关，智者出谋划策，工者执行有力。

2. 人岗相宜的原则

人的才能有大小，任务要求有高低，岗位责任有轻重。这就要量体裁衣，量才任职，并做到人事相宜，使人的能力与岗位要求相对应。大材小用就会浪费人才；而小材大用，则会给项目造成损失。人岗相宜的原则在3 000多年前就得到了重视，如商朝初年著名政治家、思想家伊尹（公元前1649—公元前1549年）大兴土木的时候，用脊力强健的人来背土，独眼的人来推车，驼背的人来涂抹，各人做其适宜做的事，从而使每个人的特点都得到了充分发挥。

事物总是一分为二的，一个人的优点在某些情况下可能变成缺点，关键是要相宜。刘劭在《人物志》中分析了不同性格的利弊，他认为：

> 厉直刚毅，材在矫正，失在激讦。柔顺安恕，美在宽容，失在少决。
> 雄悍杰健，任在胆烈，失在多忌。精良畏慎，善在恭谨，失在多疑。

强楷坚劲,用在桢干,失在专固。论辨理绎,能在释结,失在流宕。
普博周给,弘在覆裕,失在混浊。清介廉洁,节在俭固,失在拘扃。
休动磊落,业在攀跻,失在疏越。沉静机密,精在玄微,失在迟缓。
朴露径尽,质在中诚,失在不微。多智韬情,权在谲略,失在依违。

上述文字的大意如下。

严厉而直率,刚强而坚毅,其可用之处在于能矫正过错,其失误在于激烈攻讦。
柔韧而顺从,安宁而宽容,其可用之处常常在于其宽容,其失误在于缺乏决断。
雄伟而强悍,杰出而刚健,其可用之处在于其胆气刚烈,其失误在于多所忌恨。
精明而良善,知惧而谨慎,其可称道之处在于恭敬严谨,其失误在于多有疑虑。
强大而典范,坚定而刚劲,其可用之处在于做栋梁主干,其失误在于专横固执。
言论能雄辩,思路能清晰,其擅长之才能在于释疑解纷,其失误在于漂流游荡。
广泛而博知,无所不能及,其宏大之处在于能笼罩一切,其失误在于博杂不精。
清正而耿介,廉洁而自守,其可敬之节操在于俭约可靠,其失误在于拘谨内敛。
知止而知变,光明而磊落,其可成之业绩在不断向上,其失误在于粗疏散乱。
能深沉宁静,知玄机奥秘,其精妙之处在于高深莫测,其失误在于迟钝缓慢。
质朴而爽快,径直而不隐,其可取之美质在于符合诚信,其失误在于不知微妙。
足智而多谋,情感可藏敛,其可取之权变在于奇谋异略,其失误在于迟疑不决。

因此,针对不同性格的人的工作分配,刘劭建议如下。

强毅之人,狠刚不和,不戒其强之搪突,而以顺为挠,厉其抗;是故,可以立法,难与入微。

柔顺之人,缓心宽断,不戒其事之不摄,而以抗为刿,安其舒;是故,可与循常,难与权疑。

雄悍之人,气奋勇决,不戒其勇之毁跌,而以顺为恇,竭其势;是故,可与涉难,难与居约。

惧慎之人,畏患多忌,不戒其懦于为义,而以勇为狎,增其疑;是故,可与保全,难与立节。

凌楷之人,秉意劲特,不戒其情之固护,而以辨为伪,强其专;是故,可以持正,难与附众。

辨博之人,论理赡给,不戒其辞之泛滥,而以楷为系,遂其流;是故,可与泛序,难与立约。

弘普之人,意爱周洽,不戒其交之溷杂,而以介为狷,广其浊;是故,可以抚众,难与厉俗。

狷介之人,砭清激浊,不戒其道之隘狭,而以普为秽,益其拘;是故,可与守节,难以变通。

休动之人,志慕超越,不戒其意之大猥,而以静为滞,果其锐;是故,可以进趋,难与持后。

沉静之人,道思回复,不戒其静之迟后,而以动为疏,美其懦;是故,可与深虑,难与捷速。

朴露之人，中疑实硌，不戒其实之野直，而以谲为诞，露其诚；是故，可与立信，难与消息。

韬谲之人，原度取容，不戒其术之离正，而以尽为愚，贵其虚；是故，可与赞善，难与矫违。

上述文字的大意如下。

刚强而坚毅之人，刚烈好争而不能和谐，若不戒备其好强所生唐突之患，却以顺从而表现出屈服与懦弱，则更能增其过刚之性。因此，可以确立法度以制之，而难以与之谋划机密之事。

柔韧而顺从之人，心思缓慢而优柔寡断，若不戒备其做事时无法统摄之弊，却以为刚烈必然造成他人损伤，则更能使其安于舒缓。因此，可以与之遵循成法，而难以与之权衡疑难之事。

雄豪而强悍之人，气势亢奋而勇猛决绝，若不戒备其勇猛所生毁伤跌宕，却以顺从而表现出胆小与懦弱，则会使其气势完全耗尽。因此，可以与之共赴危难，而难以与之共处平易之境。

多惧而谨慎之人，畏惧祸患而多所疑忌，若不戒备其因为懦弱而失义气，却以用武而要表示亲近或拉拢，则会更增加其已有疑心。因此，可以与之保全所有，而难以与之讲求节操之理。

气盛而端正之人，坚守志意而刚劲特行，若不戒备其衷心之坚守与护持，却以辩驳而逞显其人为之浮辞，则会使其专一之心更强。因此，可以与之守持正道，而难以与之附和众人之意。

善辩而博识之人，论事说理能丰富周延，若不戒备其言辞空泛而无遮拦，却以为是典范而受其束缚牵制，则会促使其流泻而不止。因此，可以与之泛泛而谈，而难以与之确立规约之条。

宽宏而普适之人，意在追求其周全和恰，若不戒备其交往之人鱼龙混杂，却只以耿介自守而求有所不为，则会使其更入浑浊之地。因此，可以与之安抚众人，而难以与之改变世俗之习。

自守而耿介之人，讥刺清流而荡击浊恶，若不戒备其所守之道常有狭隘，却以世俗红尘为污秽不净之乡，则会使其更加拘泥狭境。因此，可以与之守持节操，而难以与之谋划变通之事。

完美而知变之人，心志仰慕于超越常规，若不戒备其心意之过大与繁多，却以为沉静乃是滞塞不通之道，则会使其锐意更加坚定。因此，可以与之共趋于前，而难以与之守持于后之位。

沉着而宁静之人，循规蹈矩而思虑再三，若不戒备其沉静易成迟滞，却以为求变必然导致疏漏不密，则会使其以懦弱为美德。因此，可以与之深谋远虑，而难以与之谋划速决之事。

质朴而直露之人，见解可疑而固执己见，若不戒备其表现会有鄙野粗直，却以为计谋即是怪诞不经之论,则会使其真诚过分直露。因此,可以与之诚信相守,而难以与之研讨变通之情。

谋深而多计之人,探究揣度而求容于人,若不戒备其权术可能偏离正道,却以胸无计谋为愚拙无用之人,则会使其以虚浮为可贵。因此,可以与之共成善事,而难以与之矫正偏邪之谋。

在项目管理中,合理地分配任务可以使项目团队的整体功能强化。项目中有不同层次和种类的任务,需要不同的能力和技能。每个人也都具有不同水平的能力和技能,任务分配应做到任务要求与个人能力对应,就是说每一个人所具有的能力水平与所承担的任务要求相对应。因此,量才而用,务必做到"人尽其才,才有所用"。要牢固树立人人都可以成才的观念,坚持德才兼备原则,把品德、知识、能力和业绩作为衡量人才的主要标准,不唯学历,不唯职称,不唯资历,不唯身份,不拘一格选人用人。同时项目经理要把权力分给敢于负责的下属,只有这样才能做到人尽其才,才能提高工作效能。

然而,怎样才能对项目的人力资源进行有效合理的配置呢?答案是知人善用:一是了解团队成员的优缺点,了解人才的能力结构,容忍人才的缺陷和不足,如哪些优点是可被发挥的,哪些是没有价值的,哪些缺点是可以被改造的,哪些是无关大雅的;二是人才的发现和培养,了解了他们有哪些优缺点后,不仅要扬长避短,更重要的事情是把他们培养成能够承担更大责任的人才;三是合理地运用人事;四是了解实现项目目标对人才的需要。

3. 动态调整的原则

根据国际标准化组织的定义,项目是由一系列具有开始和结束日期、相互协调和控制的活动(任务)组成的。这一系列活动并不是同时开始、同时结束的,一般是一批活动结束后,另一批活动接着开始,直至所有的活动完成。因此,项目任务分配是动态的,根据项目进展进行任务分配,当活动要求发生变化的时候,要适时地对人员配备进行调整,始终保证合适的人承担合适的任务,这就是项目任务分配的动态调整原则。动态调整原则是用人之长原则的保证,只有在不断调整的动态过程中才能实现用人之长。

7.1.2 项目任务分配的依据

工作分解结构是责任分配矩阵的一部分。因此,项目活动定义清单是项目任务分配的主要依据之一,可以确定人力资源的数量、质量和要求。此外,进行项目任务分配还应考虑:①项目进度计划,一个人一次只能做一项工作,项目进度计划提供各活动何时需要相应的人力资源及占用时间等信息,故任务分配应与项目进度计划结合起来;②制约因素,是否能够及时获得所需要的人力资源;③激励理论,如马斯洛的需求理论,麦戈里格的 X 理论与 Y 理论等,任务分配应最大限度地激励团队成员的积极性;④历史资料,任务分配应借鉴以前的成功经验。

7.1.3 项目任务分配的过程

根据人员与任务匹配原则,任务承担人员应具备完成任务所需要的胜任能力(知识、技能和经验)。因此,首先应对各项任务进行分析,并提出该项任务对承担人员的要求;然后,测评团队成员,寻找适合该项任务的合适人选;最后,对人员胜任能力与任务要求进行匹配分析,采取必要的措施提高二者匹配程度。

1. 任务分析

任务分析是指系统全面地确认各种与任务有关的信息所进行的一系列的信息收集、分析和综合的过程。具体来说,任务分析就是通过对任务的输入、转换过程和输出,以及任务的关联特征、所需资源、工作环境等进行分析,形成任务说明书的过程。其中,任务说明包括任务的识别信息、任务概要、承担者的职责和责任,以及知识技能等资质要求。

任务分析主要是为了解决以下 6 个重要问题:任务的工作内容是什么(what)?什么时候完成工作(when)?在哪里完成(where)?为什么要完成此项工作(why)?怎样完成此项工作(how)?需要什么样的人来完成(who)?通过任务分析,可以了解任务对承担者在知识、技能、个性等方面的要求,从而为合理分配任务奠定基础。

任务分析的内容包含两个方面:一是对任务的工作内容分析,二是对承担者的要求分析。对任务的工作内容分析是指对任务实施全过程及重要的辅助过程的分析,包括工作步骤、工作流程、工作规则、工作环境、工作设备、辅助手段等相关内容的分析;对承担者的要求分析包括对承担者的年龄、性别、爱好、经验、知识和技能等各方面的分析。

任务分析可以借鉴美国劳工部的工作分析法,描述一项任务要求任务承担者对信息、人、物做些什么,如员工在信息方面的职责包括综合、调整、分析、汇编、加工、复制、比较、服务等;员工在人员方面的职责包括监督、谈判、教育、转换、劝说、交谈、服务、接收指示/提供帮助等;员工在物方面的职责包括创造、精密加工、控制、操作、掌握、照料、反馈、处理等。通过分析任务对承担者在信息、人、物 3 方面的要求,并考虑以下 4 个因素:在执行任务时需要得到多大程度的指导,执行任务时需要运用的推理和判断能力应达到什么程度,完成任务所要求具备的数学能力程度,执行任务时所要求的口头及语言表达能力如何,为选择合适的任务承担者奠定基础。

任务分析还可以通过观察、记录与核实的方式,也可以采用访谈方式和问卷调查方式,了解实践中一项任务对人的体力、能力、环境、社会等方面的要求,以及工作负荷与工作条件。访谈方法包括个别访谈法、集体访谈法、主管访谈法,它是一种相对简单、便捷的收集信息的方法,可以作为其他信息收集方法的辅助手段,如当问卷填写不清楚、观察员工工作时存在问题等;但对访谈者的技巧要求高,如果运用不当可能影响信息收集的质量。问卷调查能够从众多员工处迅速得到信息,节省时间和人力,费用低;但问卷调查属于单向沟通方式,所提的某些问题可能不为员工理解,填写者可能不认真填写,影响调查的质量。

2. 人员测评

任务(工作)分析只是责任分配的基础之一,合理的责任分配还需要了解任务承担者的知识、技能、个性等方面的水平。因此,需要对团队成员进行测评,了解每个成员的具体情况,包括对员工年龄、性别、爱好、经验、知识和技能等各方面的分析。此外,还可以进行个性品质测验、职业适应性测验、能力测验、情境测验。人员测评有助于把握和了解员工的知识结构、兴趣爱好和职业倾向等内容,了解其素质状况、优点、缺点。根据员工特点将其安排到最适合他的工作岗位上,达到人尽其才的目的,为项目人力资源策划提供科学依据。

人员测评包括对人员素质的测量和评定两个方面。人员素质测量就是对人才素质状态及其功能行为进行定量描述,而人员素质评定则是根据数学描述来确定测量对象的价值判断。测量是定量分析,评定是定性分析;测量是客观描述,评定是主观判断。

中国古代非常重视人员的测评。例如,孔子的识人三法、李悝的"识人五视",诸葛亮的"知人七观",《吕氏春秋》的"八观六验"法,《庄子·列御寇》的"九征"法,等等。这些方法比较抽象,需要的时间也比较长,对使用者要求非常高,但值得去探索和实践。

孔子在《论语·为政第二》提出"视其所以,观其所由,察其所安,人焉廋哉?人焉廋哉?"的识人三法。怎样考查一个人的品行、才干、能力?孔子认为:一要看他的动机、目的;二要看整个行动的经过;三要看他平常做事是出于什么心态?以这三点观察人,就没什么可藏匿的了。

李悝(公元前455—公元前395年)提出从5个方面去测评一个人:居视其所亲,富视其所与,达视其所举,穷视其所不为,贫视其所不取。换句话说,看一个人应该看他平时生活起居亲近哪些人,富裕时怎么花钱,有权势时推举重用什么样的人,厄运时是能否守信用,不拿原则做交易,贫困时能否洁身自好,不取不义之财。

诸葛亮在《将苑·知人性篇》提出"知人七观"之法:一曰问之以是非而观其志,二曰穷之以辞辩而观其变,三曰咨之以计谋而观其识,四曰告之以祸难而观其勇,五曰醉之以酒而观其性,六曰临之以利而观其廉,七曰期之以事而观其信。

现代西方的人员测评的方法很多,如DISC测评、Facet 5测评、卡特尔16种人格因素测试、霍兰德职业兴趣测评、MBTI职业性格测评等。

DISC(dominance, inducement, submission, compliance)测评是一种人格测验,从支配性(dominance)、影响性(inducement)、稳定性(submission)和服从性(compliance)4个与管理绩效有关的人格特质对人进行描绘,从而了解被测评者的管理、领导素质以及情绪稳定性等,帮助人们改善其行为方式、人际关系、工作绩效、团队合作、领导风格等。研究证明:人格会影响到职业选择、工作满意度、压力感、领导行为和工作绩效的某些方面。DISC测评为合理分配任务提供了良好的基础。

Facet 5测评是对意志力(will)、精力(energy)、控制力(control)、爱心(affection)和情绪性(emotionality)5个因素进行测评。其中,意志力包括决定(determination)、对抗性(confrontation)、独立性(independence)3个子因素;精力包括活力(vitality)、好交际(sociability)、适应性(adaptability)3个子因素;控制力包括纪律性(discipline)、责任心(responsibility)两个子因素;爱心包括利他主义(altruism)、支持力(support)、信任力(trust)3个子因素;情绪性包括焦虑性(anxiety)、恐惧性(apprehension)两个子因素。Facet 5测评以角色化、图形化的方式剖析人的内在心理,让使用者可以非常准确地了解被测评者,且测试的结果稳定,可信度高,为合理分配任务提供了良好的基础。

卡特尔16种人格因素测试(catell 16 personality factor test)在其人格的解释性理论构想的基础上编制了16种人格因素问卷,从16个方面描述个体的人格特征:乐群性(A)、聪慧性(B)、稳定性(C)、恃强性(E)、兴奋性(F)、有恒性(G)、敢为性(H)、敏感性(I)、怀疑性(L)、幻想性(M)、世故性(N)、忧虑性(O)、实验性(Q1)、独立性(Q2)、自律性

(Q3)、紧张性(Q4),从而了解被测评者在环境适应、专业成就和心理健康等方面的表现,预测被测评者的工作稳定性、工作效率和压力承受能力等,为合理分配任务提供了良好的基础。

霍兰德职业兴趣测评是由美国职业指导专家霍兰德(John Holland)根据他本人大量的职业咨询经验及其职业类型理论编制的测评工具。在霍兰德的理论中,人格是兴趣、价值、需求、技巧、信仰、态度和学习个性的综合体,个人职业兴趣特性与职业之间应有一种内在的对应关系。根据兴趣的不同,人格可分为研究型(I)、艺术型(A)、社会型(S)、企业型(E)、传统型(C)、现实型(R)6个维度,每个人的性格都是这6个维度的不同程度组合。人员与任务的匹配除了个人的知识、能力、技能与任务要求相匹配,更重要的是个人的性格和兴趣与任务相适应。霍兰德职业兴趣测评为合理分配任务提供了良好的基础。

MBTI(Myers-Briggs type indicator)职业性格测评从纷繁复杂的个性特征中归纳提炼出4个关键要素——动力、信息收集、决策方式、生活方式,对个性进行判断和分析,从而把不同个性的人区别开来。MBTI人格共有4个维度,每个维度有两个方向,共计8个方面,它们分别是:外向(E)和内向(I),感觉(S)和直觉(N),思考(T)和情感(F),判断(J)和知觉(P)。4个维度,两两组合,共有16种类型。每个人的性格都落足于4个维度每一个中点的这一边或那一边,如果你落在外向的那一边,那么就可以说你具有外向的偏好;如果你落在内向的那一边,那么就可以说你具有内向的偏好;以此类推。4个维度在每个人身上会有不同的比重,不同的比重会导致不同的表现,关键在于各个维度上的人均指数和相对指数的大小。

员工测评为任务分配提供了客观的依据、参考性的建议,为员工的挑选、考核和培训等方面提供了参考依据。在多数情况下,员工测评包括多个一同实施的测量,需要将多个不同测量的结果进行结合而作出整体的分析和评价,这需要使用者对各项测量有充分的了解和足够的经验。

3. 任务分配

任务分配是根据任务的特点及要求和各个团队成员的特长,把任务分配给合适的承担者;然后,进行匹配检查,看任务与人员是否匹配,如果不匹配,则进行调整;最后,形成合理的任务分配。任务分析和人员测评是合理分配任务的前提条件,项目任务分配的关键是确保人员与任务匹配,即合适的人干合适的事。不仅如此,还要扬长避短,发挥每个成员的积极性。

任务与人员匹配分析是确保任务分配合理的关键。匹配检查主要对任务承担者的性格、能力等是否符合任务的要求进行分析。此外,还需要进行任务承担者的工作负荷状况分析。匹配检查还体现在任务的数量是否与员工的承受能力相适应,使员工能够保持身心健康,每个员工的工作负荷量与员工的身心承受能力相适应。例如,员工的劳动强度要适度,脑力劳动也要适度,工作时间也要适度,不能超过一定的范围,既要合理形成一种压力与动力,又要保持员工的身体健康并保持和改善心理状态。在实际操作方面,如果工作负荷过重应减轻工作负担或增加人员来分担原任务承担者的工作;如果工作负荷量不够,则应增加该员工的任务。无论是工作负荷过重,还是工作负荷过轻,都不利于人力资源的合理配置和使用。

7.2 责任分配矩阵的构建

编制责任分配矩阵既要进行具体任务分析,又要进行人员测评,二者的工作质量是编制责任分配矩阵的基础,但关键是任务与人员的匹配。

7.2.1 责任分配矩阵的主要形式

工作分解结构把项目分解成具体的活动,成为可确定的、特定的、可交付的独立工作包,便于工作分配(或便于对团队成员进行工作分工),是项目任务分配的基础。WBS元素是责任分配矩阵(responsibility assignment matrix,RAM)的两个维度之一,另一维度是组织分解结构(OBS),二者结合起来形成矩阵,在二者的交叉点定义任务职责,以明确谁应该为项目中具体任务负责以及具体的责任类型,如主持、支持、批准、审查和协调。根据工作分解结构对团队成员进行工作分工,为各个工作包分派人员,规定这些人员的相应职责,并给予相应的授权,并据此进行绩效评估。由于责任、任务明确,常常会带来良好的绩效,绩效管理起到立竿见影的效果。图7-1所示为典型的责任分配矩阵,表示了项目的所有工作包和项目组织员工之间的联系。

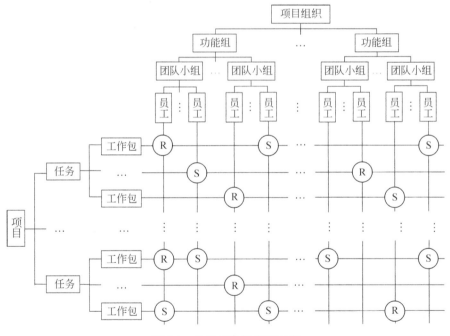

图7-1 典型的责任分配矩阵

在责任分配矩阵单元中,可以直接用文字表示分配给员工的责任(或承担的角色),但为了方便表达,常采用符号或英文字母来表示"责任"。常见的表示责任的英文名词/动词的首字母如下。

(1) R=responsible(负责),表示负责执行任务的角色,负责完成任务、解决问题。

（2）A＝accountable/approve（负有责任的/批准），表示对任务负全责的角色（负责任务的核准、批准）。只有经他/她同意或签署之后，任务才能得以进行；只有经他/她认可之后，任务才算完成（签字认可任务完成结果）。

（3）S＝support（支持），表示在任务中提供支持的角色，在任务负责人的领导下，共同完成所分配的任务。

（4）C＝consulted（咨询），表示提供咨询的角色，拥有完成项目所需的信息或能力的人员。

（5）O＝coordinate（协调），协调与其他任务的关系。

（6）I＝informed（告知），即拥有特权、应及时被通知结果的人员，却不必向他/她咨询、征求意见。

（7）R＝review（审查），表示审查任务是否符合要求。

在责任分配矩阵中，用英文字母表示项目团队成员所承担的角色时，可以根据责任字母的组合对责任分配矩阵进行命名，如RSI、RACI、RASCI或RACIO、RACIVS、DACI、PARIS、PACE等都是用来描述责任分配矩阵中的角色的，它们的具体含义如下。

（1）RSI：responsible，sponsor and informed。

（2）RACI：responsible，accountable，consulted，informed。

（3）RASCI：responsible，accountable，support，consulted，informed。

（4）RACIO：responsible，accountable，consulted，informed，out of the loop or omitted。

（5）RACIVS：responsible，accountable，consulted，informed，verify，signatory。

（6）DACI：driver，approver，contributor，informed。

（7）PARIS：primary，assigned，review required，input required，signature required。

（8）PACE：process owner，approver，consulted，executer。

7.2.2 责任分配矩阵的创建过程

以RACI责任矩阵为例，RACI责任分配矩阵是一个相对直观的模型，用以明确项目组织在项目实施过程中的各个角色及其相关责任。项目工作包的实施是不可能自发或者自动进行的，必须有人承担执行工作。因而，就很有必要对谁做什么进行定义和描述。RACI责任矩阵的创建步骤如下。

（1）通过工作分解结构对项目进行分解，找出所有的项目活动，将它们记录在RACI表的左侧第一列（作为行的标题），构成责任分配矩阵的一个维度。

（2）分析项目团队，定义每个成员或小组所承担的角色，将它们记录在RACI表的上方的第一行（作为列的标题），构成责任分配矩阵的另一个维度。

（3）完成RACI表的方格单元。根据项目活动的特性和团队成员的能力，将项目活动分配给合适的团队成员或小组，并赋予相应的角色：R（负责）、A（批准）、S（支持）、C（咨询）、I（告知）。

（4）检查RACI表的正确性。责任分配矩阵的每一行都表示了介入到一个工作包中的所有人员和职能岗位,以及相关联的类型。需要注意的是,对于每一项任务,有且只有一个人员被分配到任务的主要职责。每一列表示了各个人员或职责岗位负责的工作任务或工作包。因此,在初步完成责任分配矩阵后,应进行下列检查。

① WBS 中确定的每一个工作包都应列在职责矩阵的左边第一列之中。如果有漏项,则表明该工作包没有被分配。

② 矩阵的每行(任务项)必须有一个、也只能有一个"任务负责人"。以 RACI 矩阵为例,如果用"R"表示任务负责人,则必须有一个"R"。如果没有"R",表明该项任务没有负责人,是漏项。如果某个任务找不到"R"角色,这时对任务或项目负全责的权威人士则应该在现有角色中(或者发现新人选)挑选、任命一人担任"R",并更新 RASCI 矩阵,对各个角色及其相关责任进行阐述。而且,矩阵的每行只能有一个"R",即只能有一位任务负责人,不能有 2 个或 2 个以上的任务负责人,否则会造成混乱。如果需要有更多的执行人,则应把该任务分解得更小些,每位执行人执行一个小任务。

③ 矩阵的每列(人员项)不能是空列(没有任何符号)。空列意味着该团队成员没有任务,是多余的人,可以从责任分配矩阵中删除。项目团队中的每一个成员都应在责任分配矩阵中有所作为,可以参与多个工作包的工作。

在实际应用时,为了方便,常常用表格的形式表达责任分配矩阵,如表 7-1 所示。表 7-1 所示的责任矩阵反映了主要项目干系人在责任分配矩阵中的角色。以"任务-i"为例,它是一个职能位置和一个工作包的形式。项目工程师拥有"验收"工作包"基本设计"的职责。

表 7-1 责任矩阵的基本形式

WBS ID	任务(描述)	项目参与人						
		项目经理	团队员工	咨询顾问	投资人	客户代表	用户代表	主办人
1	任务-1	P	S					
2	任务-2		P					
...	...							
i	任务-i	P	S	C	I	C	C	R
...	...							
m	任务-m	S	P					

值得注意的是,在开展责任分配工作之前,项目经理应与项目团队进行讨论,使团队成员树立岗位责任意识,对各项工作实行归口管理,改变自由随意的管理风格;项目团队成员应积极配合项目经理的工作,为其提供创建责任分配矩阵所需的资料。在创建责任分配矩阵的过程中,项目经理部可灵活选用问卷调查法、面谈法、工作日志法、实地观察法等方法,进行认真的工作分析和调查,了解每项任务的工作目标、工作条件、上下级关系、对内对外的联系、任职资格等要素。在创建责任分配矩阵之后,应对责任分配矩阵进行跟踪调整。责任分配矩阵的制定不是一劳永逸的,随着项目的进展,项目活动的内容不同,项目团队也应作相应的调整。对于大型项目、持续时间长的项目,在项目实施过程中,每

个团队成员不同阶段承担不同的项目任务,因此,可以分阶段制定责任分配矩阵(或任务分配矩阵)。

示例——校庆活动项目的责任分配矩阵

某小学的校庆项目除了正式的庆典活动外,还有辅助的文娱活动,这些文娱活动可以看作一个文娱项目(实质上是整个校庆项目的一个子项目),需要完成的项目活动包括文娱节目、宣传、游戏、清洁、保安、饮食、服务等,项目团队由刘×等16人组成志愿小组,通过责任分配矩阵可以将所需完成的工作合理分配给每一位团队成员,并明确各自在各项工作中应承担的职责。

选择RACI表形式创建该文娱项目的责任分配矩阵,具体步骤如下:

首先,进行工作分解,识别该文娱项目需要完成的工作。根据校庆筹委会的设想,结合以往举办校庆活动的经验,该文娱项目主要工作包括:文娱节目、宣传、游戏、饮食、服务、清洁、保安7项活动。对每项活动进行编码,并将它们分别记录在RACI表的左侧第1列和第2列,作为责任分配矩阵的一个维度。

其次,针对项目活动的特点,将志愿小组(项目团队)分为7个小分组:文娱组、宣传组、游戏组、饮食组、服务组、清洁组、保安组,聘请有经验的老师作为顾问,并向校庆筹委会汇报。将这些参与人员记录在RACI表上方的第1行,作为责任分配矩阵的另一个维度。

然后,根据每个小组的特点进行责任分配,如R(负责)、A(批准)、S(支持)、C(咨询)、I(告知),完成RACI表的方格单元,如表7-2所示。

表7-2 某校庆的文娱活动项目的RACI责任矩阵

ID	任务	项目团队							顾问组	筹委会
		文娱组	宣传组	游戏组	饮食组	服务组	清洁组	保安组		
1	文娱	R	S	S				S	C	A
2	宣传	S	R						C	A
3	游戏		S	R				S	C	I
4	饮食				R	S	S			I
5	服务				S	R	S		C	I
6	清洁						R	S		I
7	保安						S	R	C	A

最后,检查RACI表的正确性。如果每项活动都有负责人,每个志愿者都有任务,则该责任分配矩阵在形式是正确的。如果每个志愿者能够胜任所分配的任务,则该责任分配矩阵是合适的。

7.2.3 责任分配矩阵的主要作用

责任分配矩阵是项目管理的重要工具之一。责任分配矩阵可以是由线条、符号和简洁文字组成的图表,不但易于制作和解读,而且能够较清楚地反映出项目各部门之间或个人之间的工作责任和相互关系。其作用主要体现在下列 3 个方面。

1) 责任分配矩阵是岗位配置优化的基础

项目一般可以被分解为许多相对独立的项目活动。当项目活动多而且参与人员也多的时候,容易发生任务漏项、重复分配、责任不明等问题。责任分配矩阵能够把参与项目的团队成员的角色和职责确定下来,使项目团队能够各负其责、各司其职,进行充分、有效的合作,避免职责不明、推诿扯皮现象的发生,避免任务漏项的发生,为项目任务的完成提供了可靠的组织保证。

此外,通过审查责任分配矩阵,能够获得项目任务分配的全面信息,发现任务分配的不当之处,找出工作中各种不合理的因素。例如,审查任务是否适合员工,员工是否胜任所分配的工作等,通过调整和培训等措施,实现项目人力资源的优化配置。

2) 责任分配矩阵是项目沟通管理的基础

责任分配矩阵是项目沟通管理的基础,为项目参与者提供了一个沟通框架。责任分配矩阵可以使项目人员清楚地看到自己对工作包和项目中其他人员的责任。当需要进一步分解指派任务时,矩阵中列出的工作项可以再划分为附加人员各自的任务并为其指派工作。虽然工作分解结构把项目分解为一系列的相对独立的项目活动,但项目活动之间有一定衔接关系。如果知道自己所承担的项目活动与其他活动之间的关系,则通过责任分配矩阵能够清楚地知道应该与谁进行沟通联系。

3) 责任分配矩阵是项目绩效评估的基础

责任分配矩阵是用来对项目团队成员进行分工、明确其角色与职责的有效工具,通过这样的关系矩阵,项目团队每个成员的角色,也就是谁做什么,以及他们的职责,也就是谁决定什么,得到了直观的反映。项目的每个具体任务都能落实到参与项目的团队成员身上,确保了项目的事有人做,人有事干。人性是有弱点的,如在三个和尚没水吃的故事中,因为没有分工、没有绩效考核,自然导致没有水吃。因此,责任分配矩阵是项目绩效评估的基础。

思 考 题

1. 如何理解项目任务分配的理念和原则?
2. 项目任务分配与管理分工有什么区别?
3. 项目任务分配是以什么为基础或依据的?
4. 项目任务分配与团队组建是什么关系?
5. 责任分配矩阵有什么作用?

第 8 章

项目资源计划的制订

俗话说:"巧妇难为无米之炊。"要实现项目目标,必须具备所需的设备、原材料、零部件、服务、技术和其他物质资源。没有这些物质资源(产品和服务),再高效的项目团队也不可能实现项目目标,再高明的项目经理也不可能按要求完成项目任务。资源的供应要及时,项目管理也要借用日本丰田公司的"Just-In-Time"理念,供应过早会产生仓储费用,供应不及时则会导致项目延期。因此,需要制订项目的资源计划,保证所需资源的适时供应。

8.1 项目资源计划概述

项目资源计划就是要确定完成项目活动所需资源(人力、设备、材料等)的种类,以及每种资源的需要量和投入项目的时间点。因此,应根据项目进度计划进行资源评估,以便于及时安排人力、设备等资源配备,确定出能够充分保证项目实施所需各种资源的清单和资源投入的时间安排。无论是项目资源种类出差错还是数量出差错都会影响项目成本,甚至项目进度和质量。若是资源投入时间安排不当一般会影响项目进度,有时也会影响项目的成本和质量。不及时提供所需要的资源就会使项目工期拖延,过早地提供资源就会造成成本增加(如材料保管费、设备占用费、资金占用费等)。例如,提前租赁项目实施所需设备都会使项目成本出现额外的增加,而滞后租赁项目实施所需设备都会使项目进度滞后。所以在项目成本管理过程中必须科学、经济、合理地做好项目的资源计划,以保证项目的顺利实施和项目成本目标的实现。

项目资源计划包括采购计划(采购什么、采购多少、什么时候采购)、成本计划、资金计划。因此,项目资源需求的种类、数量和投入时间都是项目管理中最基本的计划管理内容。在项目资源计划工作中,最为重要的是确定出能够充分保证项目实施所需各种资源的清单和资源投入的计划安排。

8.1.1 项目资源计划的编制依据

在工作分解结构的基础上,估算项目各项活动的资源(如设备、材料、资金等)需求种类和数量,结合各项活动实施的时间确定这些资源的投入时间,从而制订出项目资源计划。因此,有了项目活动定义之后就可以确定项目的资源需求,有了项目进度计划之后就可以制订项目资源计划。项目资源计划包括项目采购计划、项目成本计划和项目资金计划。

项目需要什么资源和需要多少取决于项目的范围和质量要求,什么时候需要取决于项目的进度安排。此外,要获得项目所需要的资源一般来说需要提前作准备,提前准备的时间不但与资源的种类有关,而且与资源的获取方式有关,还取决于历史经验、组织政策、资源供应状况等资料文件。因此,制订项目资源计划前必须具备以下基本数据。

(1) 项目的工作分解结构。项目资源需求的关键决定因素是项目范围。项目范围计划确定了项目的目标、产出物和工作,这些都是造成项目资源消耗和占用的要素。但是,直接用项目范围说明文件制订资源需求计划有时(特别是大型复杂项目时)比较困难,可能在项目资源计划方面出现漏洞,最终使项目的成本估算和预算都受到影响。工作分解结构(包括由工作分解结构衍生出来的项目活动清单)是可以构成和定义项目整体工作范围的具有导向性的且可执行的组成项目基本要素的工作模块。项目工作分解结构中给出的各项活动都会占用和消耗一定量的资源,而且不同的项目活动会有不同的资源需要。因此,项目的工作分解结构是制订项目资源计划的主要依据之一,是项目资源计划系统中最为基础的数据。应用 WBS 制订项目资源计划可以保证工作的完备性,不会遗漏具体的资源要素。

(2) 项目的进度计划。项目的工作分解结构只能估算项目的资源需求,但没有活动开展的先后顺序与时间,因而不能反映资源投入的时间。项目进度计划指明在项目生命周期的每个时间段内的主要活动,列出了组成项目的一系列活动的开始日期(最早开始时间)、结束日期(最迟完成时间)和活动工期,项目进度计划如同一个用时间量度的界限,把所有项目需要使用的资源在不同的时间段上进行分配,以保证项目团队能够适时、有效和有计划地安排合适的资源。换句话说,项目的工作分解结构确定做什么,项目的进度计划确定什么时候做什么,二者结合起来就可以确定项目资源计划。

(3) 其他辅助文件。项目所需要的资源一般来说需要提前作准备。提前多少时间合适取决于多种因素。除了项目工作分解结构给出的项目资源需求信息和项目进度计划给出的资源投入时间信息以外,下列信息有利于制订项目资源计划。

一是历史项目信息。已完成的同类项目的资源需求和使用情况(如项目资源计划、项目实际消耗资源记录等)具有一定的指导和借鉴作用,可以作为项目编制资源计划的参考资料,它可以使人们为新项目建立的资源需求和计划更加符合实际。因此,如果有可能,要尽可能多地了解历史上类似项目的详细信息,信息掌握得多可以完善项目资源计划的制订。

二是组织的方针政策。组织的方针和各种政策也会影响项目资源计划的编制。一个组织的方针政策是用以指导管理者利用组织特有的核心竞争力来发挥组织的竞争优势,在竞争中达到团队目标的一种策略,主要包括:组织在人力资源方面的方针政策、组织在设备材料选用方面的方针政策、组织在获得资源方式和手段方面的方针政策以及组织在项目资源管理方面的方针政策等。例如,一个组织对于项目设计与施工中使用的设备是采用购买还是采用租赁的政策、一个组织是采用零库存的管理政策还是采用经济批量订货的管理政策等。这些也是制订项目资源计划所必需的依据之一。

三是资源供给情况的信息,又称为资源库的信息。它是针对一个项目的资源需求而给出的各种资源供给情况的信息,也是项目资源计划编制的重要依据之一。资源库就是项目团队拥有的可供使用的资源的信息资料的集合。资源库中的资源分为硬件与软件两类：硬件上包括项目中完成任务的人员、设备、物资；软件上包括项目所需的各种技术、信息。例如，在人力资源供给方面项目实施组织和社会是否能够满足项目对于人力资源的需求、在设备的供给方面是否能够满足项目实施的需求、在各种原材料方面能否满足项目的需要等。这既包括项目实施组织自身拥有的资源，也包括整个社会能够为项目提供的各种资源。人们只有在掌握了这方面的信息以后，才能够作出切实可行的项目资源计划，否则制订的项目资源计划只能是纸。

上述 3 项数据都是至关重要、缺一不可的。缺少其中任何一项或任何一项中的数据不完整，所制订的项目资源计划都将是不准确的。因此，在制订项目资源计划之前，这 3 项数据都必须先完整地收集整理好，而且保证是绝对可靠的、可执行的数据。

8.1.2 项目资源计划的编制工具

编制项目资源计划首先需要估算项目所需资源的种类和数量，然后结合项目进度计划形成项目资源计划。常见的项目资源需求估算方法包括经验估算法和基于 WBS 的估算法。

1. 经验估算法

经验估算法（或称专家判断法）就是根据个人的经验和判断对项目所需资源提出一份近似的种类和数量清单。这种方法的优点是：主要依靠专家判断，适合于创新性的项目；而缺点是：在专家水平不一或专家对于项目理解不同时，就容易使项目资源计划存在问题。因此，进行估计的人应有专业知识和丰富的经验。

2. 基于 WBS 的估算法

顾名思义，基于 WBS 的估算法（又称为自下而上的资源估计法）就是利用 WBS 方法，先把项目任务进行合理的细分；然后，对各个 WBS 要素进行资源需求分析，估算所需要的资源种类和数量，并汇总列表。一般以工作包作为表格的行表头、资源种类作为表格的列表头，单元格中填写资源需求量，如表 8-1 所示。

表 8-1　资源需求量表

项目活动	资源需求量			
	资源 X	资源 Y	资源 Z	…
工作包 1	X_1	Y_1	Z_1	…
工作包 2	X_2	Y_2	Z_2	…
工作包 3	X_3	Y_3	Z_3	…
…	…	…	…	…
合计	$X=\sum X_i$	$Y=\sum Y_i$	$Z=\sum Z_i$	…

采用这种方法进行资源需求估算工作量较大，但这种方法的准确度较高。尽管资源需求量表可以将项目所需的资源统筹列出，但不能表达出关于资源投入时间的详细信息，不能确定每一个具体时间段所使用的资源数量，无法得到确切时点的资源累计数量，无法防止项目资源的使用数量大于项目的实际进度，造成项目前期资源浪费，而项目后期资源

紧缺。因此,项目经理还需要掌握包含时间信息的资源需求曲线,从而能够准确把握每个时点所需资源的数量,从整体上对项目资源进行调控。

资源需求曲线是指在时间坐标为横坐标轴的二维图形上反映项目进度及其资源需求情况,反映项目不同时间资源需求量的曲线。资源需求曲线可以在资源需求时间量表或资源需求横道图的基础上绘制。图 8-1 所示为项目的单项资源需求曲线示例。

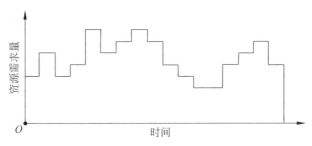

图 8-1 项目的单项资源需求曲线示例

资源需求曲线可以进一步绘制成资源需求累计曲线,如图 8-2 所示。

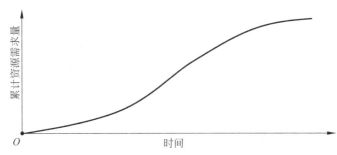

图 8-2 项目的单项资源需求累计曲线示例

一个项目(特别是大型复杂项目)常常需要多种类型的资源,一种资源需要一张资源需求时间量表。为了描述在项目进行过程中项目资源的使用和分配情况,需要对项目所需资源进行统计说明,把各种资源的需求时间量表汇总在一张表上,形成项目资源需求汇总表,如表 8-2 所示。

表 8-2 项目资源需求汇总表

所需资源	需要量	时间(天、月、季等)						
		1	2	3	⋯	j	⋯	m
资源 1								
资源 2								
资源 3								
⋯								
资源 n								

8.1.3 项目资源计划的编制结果

项目资源计划编制工作的主要结果是生成了一份项目资源计划书,也有人将其称为项目资源需求报告。这一计划书给出了项目资源的数量、质量和投入时间等方面的要求与安排。这种项目资源数量、质量和投入时间的安排应该是针对项目工作分解结构的最下层要素给出的,即它是按照项目工作分解结构中各个工作包分别给出的。项目工作分解结构中其他上层要素的资源计划安排,可以通过合计其下层工作分解结构要素(工作包)的资源需求来获得。更进一步,这种资源计划也可以是项目滚动分解的结果,即按照每项活动需要消耗的资源,自下而上滚动分解项目工作包的资源需求,然后编制出项目资源计划。

在项目资源计划中安排的各种项目所需的人力资源和物力资源(设备、材料等)可以分别通过招聘与采购的方法获得,有时还需要通过招投标的方式获得项目实施组织提供的各种服务(劳务)。例如,一个工程建设项目的管理所需人力资源可以从组织内部或者外部招聘,该项目所需的设备可以由项目实施组织(承包商)提供或者是通过租赁获得,该项目的各种原材料和物料可以通过从市场上采购获得,而项目所需的各种劳务(服务)可以通过招投标获得。

项目资源描述文件是通过资源计划最终得到的输出文件,是对项目实施过程中资源获得、资源分配具有约束力的文件。项目资源描述文件中,应明确规定工作分解结构每个单元需要什么类型的资源和资源数量。要制订一个项目的资源计划,就必须对该项目所需资源的种类、数量、特性和质量予以说明和描述。这种描述的内容包括:项目需要哪些种类的资源;这些资源的特性和要求是什么,这些资源的质量有什么要求;项目何时需要这些资源,等等。例如,在一个工程建设项目的计划设计阶段,项目究竟需要哪些种类的设计工程师和专家顾问,对他们的专业技术水平有什么要求,何时需要将这些专业技术人员和管理人员投入使用,等等。这些有关项目资源的描述对于制订项目资源计划也是至关重要的依据之一。

8.2 项目的采购计划

除了一些以人力资源为主的服务型项目外,大多数项目(如建设工程项目)都需要设备、设施、原材料、零部件、服务、技术和其他物质等多种资源,而项目团队及其企业一般无法满足项目所需的全部要求,不得不从企业之外获取。在市场经济条件下,这些原材料、产品和服务是通过采购活动来获得的。因此,采购管理成为项目管理的重要组成部分,而且采购的分量越大,采购管理就越重要。

项目采购是指从项目管理组织外部获得项目所需资源的整个采办过程。此处,资源包括有形的物品(如材料、设备、零部件等)、无形的服务(如咨询服务等)或二者的组合(如项目分包),为了简便起见,统称为"产品"。从确定采购到获得所需资源的过程一般包括采购计划、采购策略、选择供应商、到货验收、支付合同款等一系列活动。在项目采购过程中,如何合理而有效地获得所需的资源?要回答这一问题就需要解决下列问题:采购什么,何时采购,怎样采购,等等。采购计划就是要解决这些问题。

项目采购管理最少需要回答5个问题:①实现项目目标必须具备什么资源?②项目组织已经具备什么资源?③还缺少什么资源?④缺少的资源在谁的手里?⑤怎样把缺少的资源采购回来?如果要降低资源供给总成本,还需要进行自制与采购的效益分析。

在卖方和买方的关系中,项目采购管理是从买主的角度讨论的。卖方和买方关系可能存在于一个项目的多个阶段,在不同的阶段卖方可能被称为合同方、卖方和供应方。项目采购管理的主要步骤如下:①采购计划的制订,主要是决定采购什么,何时采购,采购方式,询价计划;②采购计划的实施,在计划的采购时间内,根据确定的采购方式获得所需要的产品和服务,主要包括采购合同的订立、履行、变更、解除、转让、终止等一系列活动;③采购监控,在执行项目采购计划过程中,对项目采购过程进行审查、监督、控制,保证采购目标的实现。这些过程之间以及与其他领域的过程之间相互作用。如果项目需要,每一过程可以由个人、多人或团体来完成。虽然在这里列举的过程是分立的阶段并具有明确定义的分界面,事实上它们是互相交织、互相作用的。

8.2.1 项目采购分类

在项目实施过程中,需要采购的资源多种多样,可以按不同的方式分类。

按采购内容分类,项目采购可以分为有形物资的采购和无形服务的采购。有形物资是指那些具有实物形态的物资,包括产品、设备、装置、材料等。无形服务是指那些不具有实物形态的服务,如咨询服务、技术专利等。在实践中,有些采购既包括有形采购又包括无形采购,如工程分包。在工程分包中,分包商供应工程所需的货物、材料、设备,提供设计、技术服务等,因此,既有物质资源的投入,又有无形服务。

按采购地区分类,项目采购可分为国内采购和国外采购。顾名思义,国内采购是指从国内厂商处获得所需产品或服务;国外采购是指从国外供货商(或外国供货商在本国境内的代理商)处获得所需产品或服务。

按采购时间分类,项目采购可分为计划性采购和非计划性采购。计划性采购是指根据采购计划进行的采购;而非计划性采购(或称紧急采购)是指物料急用时临时进行的采购。在项目管理中,一般预先做好采购计划,所以,项目采购一般是计划性采购。非计划性采购一般是因为采购计划有漏项或项目变更引起的采购需求。

按采购管理方式分类,项目采购可分为集中采购和分散采购。集中采购是由项目执行组织的一个部门负责所有的采购,而分散采购是项目经理负责与其项目有关的采购。集中采购更加经济化、专业化,易于控制,易于程序标准化;但是,多个项目同时采购时,容易形成瓶颈,而且负责采购的部门也不太关注项目的具体需要。分散采购时,项目经理拥有更大的控制权,对项目具体需求更加熟悉,更具灵活性与适用性;但成本更高,而且采购程序也不易标准化。

8.2.2 项目采购决策

根据项目资源需求分析的结果和所选择的合同类型编制采购计划,说明如何对采购过程进行管理,具体包括合同类型、组织采购的人员、管理潜在的供应商、编制采购文档、制定评价标准等。根据项目需要，采购管理计划可以是正式的、详细的，也可以是非正式的、概括的。

项目采购计划确定需要从项目承办企业的外部采购什么、采购多少、何时采购、以什么方式采购、合同形式以及询价计划等相关问题。项目采购计划是项目采购管理中第一位的和最重要的工作。一般来说，制订项目采购计划所需的信息有：项目的范围信息、项目产出物的信息、项目资源需求信息、市场条件、其他的项目管理计划、约束条件与假设前提。

要回答采购什么、采购多少、何时采购3个问题，首先，要进行项目的资源需求分析：分析项目需要什么资源、每种资源需要多少、什么时候需要该项资源；然后，分析资源供给情况：项目执行组织本身能够提供哪些所需资源、市场能够提供哪些所需资源、资源供给成本；最后，进行资源优化整合，自我供给与外购相结合，在满足项目资源需求的同时，降低资源供给总成本。

采购计划要解决的第一问题是采购什么，或者说某种产品或服务是否要外购。是自制还是外购取决于两大因素：一是生产能力，二是综合效益。两大因素对应着采购决策的两个步骤。第一步，分析项目执行组织是否具有生产所需要产品或服务的能力或潜力，市场上是否能提供所需要的产品或服务。如果作不出最终决策，则进入第二步，分析自制与外购的综合效益。如果既可以自制也可以外购，则分析自制与外购哪一个的综合效益更好，选择效益好的方案，从而决定哪些自制，哪些外购。

项目企业的生产能力与市场供应能力构成4种可能性：①企业能生产，市场也能供应，这时需要比较二者的效益才能作出决策；②企业能生产，市场不能供应（无合适的供应商），这时只能自制生产；③企业不能生产，但市场能供应，这时只能外购；④企业不能生产，市场也不能供应，这种情况应该在选择项目时就排除在外，因此，不在采购决策范围之内。表8-3是基于生产能力的采购决策。

表8-3 基于生产能力的采购决策

市场供应能力	项目企业生产能力	
	能生产	不能生产
能供应	比较效益后决策	外购
不能供应	自制	超出采购决策范围

既可以自制又可以外购时，需比较二者的综合效益再作决策。从经济效益的角度来看，如果生产成本比外购成本低，则自制优于外购；反之，则外购优于自制。此外，为了保证可靠的供应，或者利用过剩的生产力（劳动力、设备、技术人才），或者发挥企业生产的边际效用，或者维持组织的人才、保护专利设计，则采用自制方式。为了获得技术或管理能力或者企业生产能力不足，则采用外购方式。

在自制与外购的经济效益分析中，主要对自制可能发生的成本（固定成本和可变成本）与采购成本进行分析比较。下面是自制与外购经济效益分析例题。

例8-1 某项目需要甲产品，若自制，需要增加固定投资20 000元，变动成本为

10 元/件;若外购,15 元/件。如果你是项目经理,如何决策?

解:

自制成本:$Y_1 = 20\,000 + 10X$

外购成本:$Y_2 = 15X$

自制与外购成本平衡点为 $X = 4\,000$ 件;当需求量少于 $4\,000$ 件时,采取外购策略;当需求量大于 $4\,000$ 件时,自制比外购经济,如图 8-3 所示。

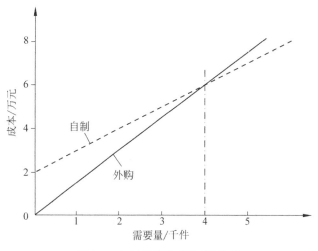

图 8-3 自制与外购分析(例 8-1)

例 8-2 某项目需要甲产品,若自制,需要增加固定投资 $20\,000$ 元,变动成本为 10 元/件;若外购,购买量小于 $3\,000$ 件时,15 元/件,大于 $3\,000$ 件时,14 元/件。如果你是项目经理,如何决策?

解:

自制成本:$Y_1 = 20\,000 + 10X$

购买量小于 $3\,000$ 件时的成本:$Y_2 = 15X$

购买量大于 $3\,000$ 件时的成本:$Y_3 = 14X$

当购买量小于 $3\,000$ 件时,自制与外购成本平衡点为 $X_1 = 4\,000$ 件,超过了 $3\,000$ 件,该平衡点不存在;当购买量大于 $3\,000$ 件时,自制与外购成本平衡点为 $X_2 = 5\,000$ 件。因此,当需要量大于 $5\,000$ 件时,自制更经济;当需要量小于 $5\,000$ 件时,外购更经济,如图 8-4 所示。

例 8-3 某项目需要产品甲,需要量取决于具体情况,20% 的可能性需要 250 件,80% 的可能性需要 600 件。若自制,需要增加固定投资 $5\,000$ 元,变动成本为 120 元/件;若外购,购买量小于 300 件时,140 元/件,大于 300 件时,130 元/件。如果你是项目经理,如何决策?

解:

自制成本:$Y_1 = 5\,000 + 120X$

购买量小于 300 件时的成本:$Y_2 = 140X$

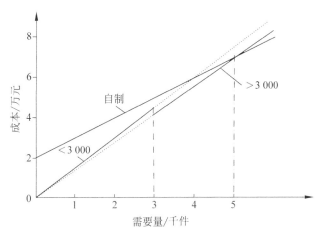

图 8-4　自制与外购分析（例 8-2）

购买量大于 300 件时的成本：$Y_3 = 130X$

当购买量小于 300 件时，自制与外购成本平衡点为 $X_1 = 250$ 件；当购买量大于 300 件时，自制与外购成本平衡点为 $X_2 = 500$ 件。需求量的期望值：$20\% \times 250 + 80\% \times 600 = 530$。因此，自制更经济，如图 8-5 所示。

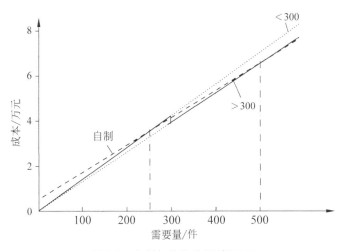

图 8-5　自制与外购分析（例 8-3）

与自制和外购非常相似的情况是设备购置与租赁。在项目实施过程中，如果需要使用某种设备，则有两种选择：一是购置该设备，二是租赁该设备。是购置还是租赁取决于二者的效益，如果购置的效益高于租赁的效益，则购置该设备；反之，则租赁该设备。

例 8-4　某项目需要设备甲，若购置，需要投资 10 000 元，运行维护成本为 100 元/天；若租赁，租期小于 300 天时，150 元/天，大于 300 天时，130 元/天。如果你是项目经理，如何决策？如果 40% 的可能性需要用 100 天，60% 的可能性需要用 250 天，你又如何决策？

解：

购置成本：$Y_1 = 10\ 000 + 100X$

租期小于 300 天时的租金：$Y_2 = 150X$

租期大于 300 天时的租金：$Y_3 = 130X$

当使用时间小于 300 天时，购置与租赁成本平衡点为 $X_1 = 200$ 天；当使用时间大于 300 天时，购置与租赁成本平衡点为 $X_2 = 333$ 天。理论上，少于 200 天租赁较经济；在 200 天至 300 天之间和大于 333 天，购置较经济；在 300 天与 333 天之间，租赁较经济，比购置最多节省 1 000（= 10 000 + 100×300 − 130×300）元。为了简化决策，如果使用时间超过 200 天，建议购置。设备使用的期望天数：100×40% + 250×60% = 190（天），少于 200 天，根据上面的分析，建议采用租赁，如图 8-6 所示。

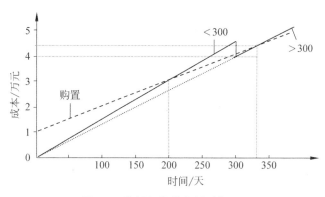

图 8-6 购置与租赁分析（例 8-4）

8.2.3 项目采购方式

按采购定价方式分类，项目采购可分为招标采购与非招标采购。招标采购又分为竞争性招标采购与非竞争性招标采购，而非招标采购包括询价采购（或称为比价采购）和直接采购（或称为公开市场采购）。竞争性招标采购还可以分为公开竞争性招标采购、两阶段招标采购和有限竞争招标采购（或称为邀请招标采购）。项目采购的主要方式如图 8-7 所示。

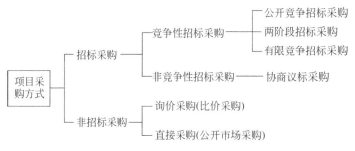

图 8-7 项目采购的主要方式

招标采购是指向潜在的供应商告知将要采购的标的物的详细要求，诸如物料名称、规格、数量、交货日期、付款条件、罚则、投标押金、投标厂商资格、开标日期等，供应商根据招标要求投标，招标单位经过评标确定供应商。

招标可分为竞争性招标与非竞争性招标。竞争性招标是指有几个乃至几十个投标人参加投标,选择其中对招标人最有利的投标人达成交易的方式。非竞争性招标又称为谈判招标或协商议标(简称议标),是购买人与供应商之间通过谈判达成交易的方式。竞争性招标又分为公开招标与选择性招标。公开投标是一种无限竞争性招标,因为对参加投标的人数没有限制,凡对该项招标内容有兴趣的人均有机会购买招标资料进行投标。选择性招标,又称邀请招标,是有限竞争性招标,因为对参加投标的人数有限制,只有招标人所邀请的供应商才可以参加投标。受邀请的供应商是招标人根据自己具体的业务关系和情报资料确定的,或者通过资格预审合格的供应商。

竞争性招标具有以下优点:①通过竞争,可以获得物美价廉的商品、工程和服务,有效地实现物有所值的目标。②不设限制,使所有符合资格的潜在供应商都有机会参加竞争,促进公平竞争。③公开采购要求、评标标准和方法等,而且其具体操作都是公开进行的,非常透明,确保交易公正。④采购程序规范,操作透明,监督健全,使腐败分子无机可乘,减少腐败现象的发生。但是,竞争性招标也有一些缺点:①从准备招标文件到合同签订,需要很长的时间,采购周期太长。②招投标费用比较高,未中标的投标人的投标费用得不到补偿。③无论是招标人还是投标人,如果考虑不周,均会处于非常被动的境地。④有时采购实体不得不在已耗时做了大量工作后宣布废标。

如果将公开竞争招标与邀请招标相结合,则形成两阶段招标的招标方式。首先,采用公开竞争招标的方式选择几家条件好(一般报价也较低)的投标人;然后,邀请它们参加第二阶段的竞争性招标,从中确定中标者。两阶段招标适用于以下两种情况:一是招标内容尚处在发展过程中,招标人需经过第一阶段招标以博采众议,评选出最优方案;二是招标人对工程项目的经营缺乏见解,可在第一阶段向投标人提出要求,就其最熟悉的经营方案进行投标,经过评价,再进入第二阶段的招标。

协商议标由招标人物色几家客商直接进行合同谈判并通过谈判确定中标人,谈判成功,交易达成。为了增加竞争性,参加谈判的投标者应在两家以上,一家不中标再寻找下一家,直到达成协议为止。一对一地谈判,是议标的最大特点。在实际生活中,即使可能有两家或两家以上的议标参加人,实质上也是一对一地分别谈判,一家谈不成,再与另一家谈,直到谈成为止。如果不是一对一地谈,不宜称为议标。

协商议标与竞争性招标均有一个"标"。招标人须事先编制议标招标文件或拟议合同草案,议标投标人也须有议标投标文件,且议标必须经过一定的程序。但是协商议标的程序随意性较大,竞争性相对更弱;而且缺乏透明度,极易形成暗箱操作,私下交易。从总体上来看,议标是弊大于利。因此,议标只用于有保密要求或者专业性、技术性较高等特殊工程。如果有保密性要求,不能在众多有资格的投标人中间扩散,则只能采用协商议标。如果没有保密性要求,但因为专业性、技术性较高而缺少同类有资格的投标人,无法形成竞争态势,客观条件不具备,也只能采用协商议标。如果既没有保密性又不是专业性、技术性很强的项目或者不存在什么特殊情况的项目,能采用公开招标和邀请招标的,就不能采用议标方式。

询价采购,也称为比价采购,是通过向潜在的供应商询问价格和供货条件,然后比较选择的采购方式。询价采购环节包括:收集并整理市场信息,选取若干个合适的供应商,将采购条件讲明并询问价格,或者寄以询价单(注:无须正式招标文件)并促请对方报价(有时还包括供货条件),比较后选择最佳供应商,完成采购事项(如索样定价、催缴发货、验收结算、整理付款等)。询价采购适用于能够直接取得的现货采购,或价值较小、属于标准规格的产品采购。

直接采购是指直接与供应商签订合同的采购。在采购过程中,没有竞争,没有比价。直接采购适用于竞争招标优势不存在,不便或不需进行招标的采购,如产品具有专卖性质,只能从一家获得的采购。

8.2.4 合同类型

在项目所需物资的采购和部分项目任务的分包中,合同类型的选择决定了风险在买方和卖方之间的分配。买方的理想目标是把最大的实施风险放在卖方,同时维护对项目经济、高效执行的奖励;卖方的理想目标是把风险降到最低,同时使利润最大化。

对于货物采购而言,合同涉及内容相对简单,主要是采购货品的名称、型号和规格,采购的数量,价格和交货期,交付方式和交货地点,质量要求和验收方法,以及不合格品的处理,违约的责任等。如果是国内采购,合同类型包括工厂交货、工地交货、成本加运费3种价格;如果是国际采购,进口货物买卖合同有3种价格形式:FOB、C&F(CFR)和CIF。

1. FOB合同

FOB是free on board的首字母缩写,一般称为"离岸价"。按离岸价进行的交易,买方负责派船接运货物,卖方应在合同规定的装运港和期限内将货物装上买方指定的船只,并及时通知买方。货物在装船时越过船舷,风险即由卖方转移至买方。按照国际商会对术语FOB的解释,卖方义务包括:①在合同规定的时间或期限内,在装运港,按照习惯方式将货物交到买方指派的船上,并及时通知买方。②自负风险和费用,取得出口许可证或其他官方批准证件。在需要办理海关手续时,办理货物出口所需的一切海关手续。③负担货物在装运港越过船舷为止的一切费用和风险。④自付费用提供证明货物已交至船上的通常单据。如果买卖双方约定采用电子通信,则所有单据均可被具有同等效力的电子数据交换(EDI)信息所代替。买方义务包括:①自负风险和费用,取得进口许可证或其他官方批准的证件,包括经由他国过境的一切海关手续。②负责租船或订舱,支付运费,并给予卖方关于船名、装船地点和要求交货时间的充分的通知。③负担货物在装运港越过船舷后的一切费用和风险。④接受卖方提供的有关单据,受领货物,并按合同规定支付货款。

2. C&F合同

C&F是cost and freight的缩写,一般称为"成本加运费"。按"成本加运费"价格进行的交易,卖方必须支付把货物运至指定目的港所需的开支和运费,但从货物交至船上甲板后,货物的风险、灭失或损坏以及发生事故后造成的额外开支,在货物越过指定港的船舷后,就由卖方转向买方负担,另外,要求卖方办理货物的出口结关手续。按照国际商会对术语C&F的解释,卖方义务包括:①自负风险和费用,取得出口许可证或其他官方批准的证件,在需要办理海关手续时,办理货物出口所需的一切海关手续。②签订从指定装运港承运货物运往指定目的港的运输合同;在买卖合同规定的时间和港口,将货物装上船并支付运至目的港的运费;装船后及时通知买方。③承担货物在装运港越过船舷为止的一切风险。④向买方提供通常的运输单据,如买卖双方约定采用电子通信,则所有单据均可被同等效力的电子数据交换(EDI)信息所代替。买方义务包括:①自负风险和费用,取得进口许可证或其他官方批准的证件,在需要办理海关手续时,办理货物进口以及必要时经由另一国过境的一切海关手续,并支付有关费用及过境费。②承担货物在装运港越过船舷以后的一切风险。③接受卖方提供的有关单据,受领货物,并按合同规定支付货款。④支付除通常运费以外的有关货物在运输途中所产生的各项费用以及包括驳运费和码头费在内的卸货费。

3. CIF 合同

CIF 是 cost, insurance and freight 的首字母缩写,一般称为"到岸价"。按到岸价进行的交易,卖方必须支付把货物运至指定目的港所需的开支和运费,还要为买方办理货运保险并支付保险费,按一般国际贸易惯例,卖方投保的保险金额应按 CIF 价加成 10%。如买卖双方未约定具体险别,则卖方只需取得最低限的保险险别,如买方要求加保战争保险,在保险费由买方负担的前提下,卖方应予加保,卖方投保时,如能办到,应以合同货币投保。

对于工程和服务采购而言,合同内容相对复杂,其中支付方式最为关键。根据支付方式分类,有 3 种合同类型:单价合同、总价合同、成本加酬金合同。

1. 单价合同

单价合同是指投标人就招标文件中列出的工程量报单价,最后按实际工程量结算费用的合同。这种类型的合同风险在项目组织与分包商之间得到较合理分摊。对于项目组织来说,单价合同可以缩减项目组织在招标阶段的工作量及准备时间,并可鼓励分包人通过提高工效等手段从成本节约中提高利润。发包人的风险在于工程结束前总价是未知的,尤其是无法在招标阶段较准确估计工作量的项目。在遇到善于运用不平衡报价的承包商时,风险会加大。而对发包人来说,出现工程量列表以外的漏项,可就此再报价,以减小风险。单价合同可以细分为以下 3 种方式:估计工程量单价合同、纯单价合同和单价与包干混合式合同。

在估计工程量单价合同中,对分部分项工程的工作量作出估计,投标人在工程量表中填入项目单价,并可依此算出总价作为投标报价。中标后,在月进度款支付中以实际完成的工程量和该单价确定数额,结算中根据竣工图结算总价格。这种类型的合同一般约定单价的调整方式,如当工程量增减到一定幅度(如±15%)时,单价作相应的调整。

在纯单价合同中,因为不能提供施工图或给出准确的工程量清单,投标人根据招标人提供的工作项目一览表,报出相应项目的单价,施工时按实际工作量结算。

在单价与包干混合式合同中,以单价合同为基础,仅对某种不易计算工程量的分项工程采用包干办法。其余均要求报出单价,并按实际工作量结算。

2. 总价合同

总价合同是指在合同中确定一个完成项目的总价,承包单位依此完成合同的全部工作。总价承包就是将一个单位工程按照定额以及各种费用一次性包死,中间不再增加费用的承包方式。这种类型的合同有利于建设单位确定最低报价的承包商,并有利于支付进度款及结算。使用固定总价合同,买方易于控制总成本,风险最小;卖方风险最大而潜在利润可能最大,因而最常用。这种合同适用于工程量不太大且能精确计算、工期较短的项目。建设单位必须具备详细的设计图纸,一般要求详尽到施工图,使承包人能够计算出工程量。总价合同又可分为固定总价合同和可调总价合同。

在固定总价合同中,如果图纸及工程要求不变,则合同总价不变。但是,如果施工中图纸或工程质量或工期有变动,则总价也应相应变动。这种合同中承包人承担了绝大部分风险,因此标价较高,对建设方也并不完全有利。在可调总价合同中,如果在执行合同中由于通货膨胀引起工程成本增加到一定限度,合同总价根据事先约定的调价方式作相应调整。

3. 成本加酬金合同

成本加酬金合同,也称为成本补偿合同,是由业主向承包人支付工程项目的实际成本,并按照事先约定的某一种方式支付酬金的合同类型。常见的成本加酬金合同可分为以下 4 种:①成本加成本百分比酬金合同;②成本加固定酬金合同;③成本加激励酬金合同;④最大保障价格加奖励合同。

1)成本加成本百分比酬金合同

在成本加成本百分比酬金合同中,承包商的报酬是在成本的基础上外加一笔报酬费。报酬费不是一笔固定金额,而是按照成本的一定比率计算的一个百分比份额,报酬部分的比例在签订合同时由双方确定。这种方式的报酬费用总额随成本加大而增加,如图 8-8 所示。因此,分包商不但不想节省成本,而且有增加成本的冲动,不利于成本控制。

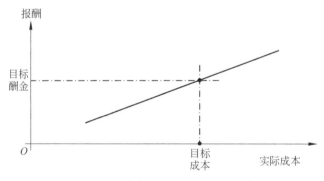

图 8-8　成本加成本百分比酬金合同

由于成本加成本百分比酬金合同不利于成本控制,一般很少采用。因此,一般在工程初期很难描述工作范围和性质,或工期紧迫,无法按常规编制招标文件招标时采用。为了控制承包商追求高额报酬的冲动,可以在合同中加入最大酬金的限制,当按照百分比计算报酬金额达到合同规定的最大酬金额度时,不再增加报酬金额。

2)成本加固定酬金合同

在成本加固定酬金合同中,分包项目的全部人工、材料、设备台班费等直接成本全部得到补偿,此外另加一笔固定费用,作为分包商的全部间接成本、管理费用、杂项及利润的补偿。固定酬金部分原则上不变,只有当工程范围发生变更而超出招标文件的规定(如10%)时才允许变动,如图 8-9 所示。

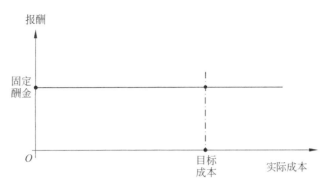

图 8-9　成本加固定酬金合同

在成本加固定酬金合同中,虽然承包商没有增加成本的冲动,但也没有节省成本的激励机制。因此,与成本加百分比酬金合同类似,一般在工程初期很难描述工作范围和性质,或工期紧迫,无法按常规编制招标文件招标时采用,如研发项目。

3) 成本加激励酬金合同

在成本加激励酬金合同中,承包商的报酬是在成本的基础上外加一笔奖金。奖金不是一笔固定金额,而是在预期的报酬费上增加或减少按一定比率计算的奖励或惩罚金额,奖惩金额的比例在签订合同时由双方确定。当成本低于目标成本时,承包商可以得到所节省成本金额的按合同规定比率计算的奖金;当成本高于目标成本时,承包商报酬费将减去所超支成本金额的按合同规定比率计算的罚金,直至报酬费为零,如图 8-10 所示。

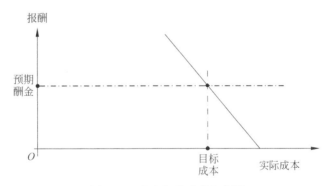

图 8-10　成本加激励酬金合同

成本加激励酬合同具有激励机制,其目标成本合理,奖惩比例合适,可以适用大多数项目,如长期的、硬件开发和试验要求多的项目。但需要注意的是,一旦承包商的报酬费降至零,可能不再注意项目成本。

4) 最大保障价格加奖励合同

在最大保障价格加奖励合同中,有两项成本指标:一是目标成本,二是最大保障价格。当成本低于目标成本时,承包商在得到预期的报酬之外,还可以得到所节省成本金额的按合同规定比率计算的奖金(招标人与承包商按预先商定的比例分享);当成本在目标成本与保证最大价格之间时,承包商报酬费是在预期的报酬费上减去所超支成本金额的按照合同规定比率计算的罚金,直至报酬费为零;当成本高于最大保障价格时,承包商将承担全部超出的部分,不但不赚钱,还要赔钱,如图 8-11 所示。

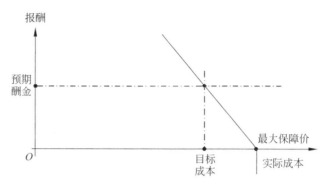

图 8-11　最大保障价格加奖励合同

最大保障价格加奖励合同能够有效地激励承包商节约成本,也能保证发包人的最大价格,与其他类型的成本加酬金合同相比,具有更广泛的应用范围。例如,当设计达到可以报总价的深度,就可以采用此合同。

8.3　项目的成本计划

项目成本是指为实现项目目标所消耗资源的费用总和。在实践中,项目成本的含义有所不同。对于内部项目来说,所有的项目费用都是由组织自行花费的,所以多数人就将这种项目的成本称为项目花费或项目费用。对于外部项目来说,受托方的项目成本等于整个项目活动消耗的全部资源所形成的费用总和;而委托方的项目成本还包含国家的税金和受托方的利润。为了叙述方便,这里所说的项目成本是指整个项目活动消耗的全部资源所形成的费用总和,包括税金和利润。

项目成本管理就是对项目成本所进行的管理活动,包括成本估算、预算、筹资、控制等过程,确保在批准的预算内实现项目目标。具体工作包括进行项目成本的估算和预算,制订项目成本计划与项目成本计划的执行和控制,以及项目成本的核算、分析和考核等管理工作。项目成本管理的目标就是在满足质量和进度要求的前提下,尽量降低项目的成本,确保在批准的预算内完成项目,而且项目成本越低越好。

项目成本计划是项目管理计划的组成部分,描述如何测算、安排和控制项目成本。由于实践中成本超支的情况时有发生,因而制订合理的项目成本计划是项目管理的关键任务之一。

8.3.1　项目成本计划的编制

项目成本计划编制的主要依据包括项目范围基准、项目进度基准和其他信息(如风险等)。其中,项目范围基准(包括项目范围说明书和 WBS 详细信息)定义了项目成本的数额。项目进度基准定义了项目成本发生的时间。

虽然不同的项目所需要的资源不同,但要实现项目目标就需要消耗一定的资源。为了编制项目成本计划,首先,利用工作分解结构等方法把项目分解成一系列活动并进行活动定义;然后,结合项目进度计划,估算各项活动所需资源和工时,确定项目需要什么资源、需要多少资源、什么时候投入,并编制资源需求计划;最后,根据资源需求计划和所掌握生产要素的市场价格与变动状态,开展项目成本的估算和编制成本预算计划。估算各项活动所需资源和工时的准确程度与项目活动信息的详细程度密切相关,活动信息越详细,成本估算就越准确。因而,根据项目活动相关信息的详细程度不同,项目成本可分为项目成本估算和项目成本预算等。

8.3.2 项目成本估算

项目成本估算是指为实现项目目标,根据项目资源计划所确定的资源需求,以及市场上各资源的价格信息,对项目所需资源的成本所进行的估算。项目成本估算中最主要的任务是确定整个项目所需人、机、料、费等成本要素及其费用多少;项目成本估算的结果包括项目成本估算文件和相关支持细节文件。值得注意的是,成本估算显然是在一个无法进行高度可靠的预计的环境下才采用,因为项目成本信息,不管是根据历史标准,还是对将来的预测,都只能将其作为一种估算。

在项目管理实践中,为了使时间、费用和工作范围内的资源得到最佳利用,人们开发出了不少成本估算方法,以尽量得到较好的估算。常见的成本估算方法包括经验估算法、类比估算法、参数估算法和基于 WBS 的估算法。此外,如果有项目资源计划,结合每项资源的价格,就可以获得项目成本计划。

1. 经验估算法

经验估算法(或称专家判断法)指根据个人的经验和判断对项目成本提出一个近似的数额。项目成本估算的准确程度取决于个人的经验。在实践中,这种方法有两种应用方式:一是专家小组法,由专家小组共同探讨并提出项目成本的数额;二是德尔斐法,组织专家讨论项目成本估算,然后由协调者联系、协调、分析和归纳专家意见,最终提出项目成本的数额。这种方法的优点是:主要依靠专家判断,适合于创新性的项目;而缺点是:在专家水平不一或专家对于项目理解不同时,容易使项目资源计划存在问题。因此,进行估计的人应有专业知识和丰富的经验。这种方法是一种最原始的方法,还称不上估算,只是一种近似的猜测,适用于准确程度要求不高的情况。

2. 类比估算法

类比估算法,也被称作自上而下法,是一种通过比照已完成的类似项目的实际成本,去估算出新项目成本的方法。这种方法的优点是省时和节省费用,但因为类比项目本身的差异和时间不同,导致估算的准确度低。因此,类比估算法在项目成本估算精确度要求不是很高的情况下使用。

3. 参数估算法

参数估算法是利用项目特性参数去建立数学模型来估算项目成本的方法。例如,工业项目使用项目设计生产能力、房屋建筑项目使用每平方米单价等。参数估算法是利用数学知识以过去为根据来预测未来,其前提是有过去类似项目的资料,而且这些资料应在同一基础上,具有可比性。此外,还要消除通货膨胀的影响。

4. 基于 WBS 的估算法

顾名思义,基于 WBS 的估算法(又称为自下而上的成本估算法)就是利用 WBS 方法,先把项目任务进行合理的细分,分到可以确认的程度,如某种材料、某种设备、某一活动单元等。然后估算每个 WBS 要素的费用。即先对 WBS 中的所有工作包分别进行成本估算;然后,逐级加总计算项目总成本;最后,加上企业管理费和间接费用的总和就可获得整个项目的目标成本。采用这种方法估算成本需要进行大量的计算,工作量较大。但这种方法的准确度较高,所获得的成本估算资料可以用来作为项目控制的依据。图 8-12 显示自下而上成本估算法的基本过程。

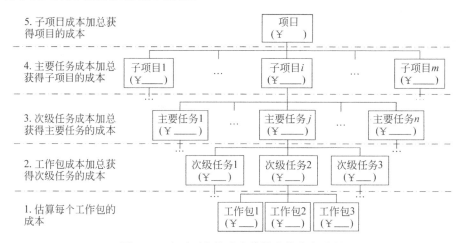

图 8-12 自下而上的成本估算法的基本过程

5. 三点估算法

由于存在不确定因素,成本估算也存在不确定性。为了简化项目管理的难度,与 PERT(项目计划评审方法)类似,使用 3 种成本估算值来界定项目成本的近似区间,提高项目成本估算的准确性:一是最可能成本(C_M),对所需进行的工作和相关费用进行比较现实的估算所得到的项目成本;二是最乐观成本(C_O),基于活动的最好情况所估算的项目成本;三是最悲观成本(C_P),基于活动的最差情况所估算的项目成本。如果项目成本符合正态(或贝塔)分布,则项目成本的估算值为

$$C_E = (C_O + 4C_M + C_P)/6$$

在实践中,上述 5 种成本估算方法可以结合起来使用。例如,对项目的主要部分进行详细估算,其他部分则按过去的经验或用因素估算法进行估算;对于不确定性大的活动采用三点估算法,其余的活动采用经验估算法或其他估算法,等等。

8.3.3 项目成本预算

项目成本预算是把估算的项目总成本分配到各个工作细目,以建立预算、标准和检测系统的过程。其目的是确定项目各活动的成本定额,并确定项目以外开支准备金的标准和使用规则以及为测量项目实际绩效提供标准与依据。

项目成本预算一般以项目的工作分解结构为基础,从上而下,将估算的项目总成本进

行逐层分配，直到将成本定额落实到具体的 WBS 要素上，其过程与基于 WBS 的成本估算法相反。结合项目进度计划，把 WBS 要素的预算成本均摊到 WBS 要素的持续时间上，从而获得详细的成本计划，如图 8-13 所示。

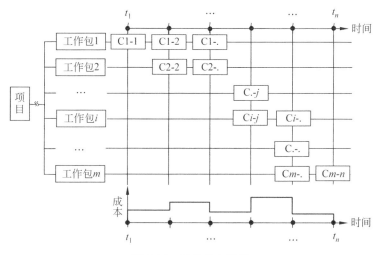

图 8-13　项目成本预算

从图 8-13 可以看出，项目成本计划的质量包含两个方面：一是成本数额的准确程度，二是成本发生时间的准确程度。因此，良好的项目成本计划不只是准确估算项目成本，还要准确估计项目活动的持续时间。

正确地编制成本预算，可为项目成本管理工作指明奋斗目标，并为进行成本管理提供直接依据；而且，成本预算还能动员和组织团队成员精打细算、挖掘潜力，控制成本耗费，促使项目团队有效地利用人力、物力、财力，以尽可能少的成本实现项目目标。同时，成本预算还可作为项目团队绩效的考评标准。

思 考 题

1. 简要说明资源计划编制的依据。
2. 采购方式有哪些？说明各自的优缺点。
3. 按照合同支付方式分类，有哪些合同类型？说明各自的优缺点。
4. 成本估算有哪些方法？说明各自的优缺点。
5. 简要说明资源计划与成本计划的关系。

第 9 章

项目计划的优化

在《环球 80 天》中,在福克先生的环球旅行途中突发事件不断,意外连连。为了实现在 80 天内环绕地球一圈并回到伦敦的目标,福克先生采用了以时间为主导的管理策略,对原来的行程和交通工具作了必要的调整,在他和他的仆人的努力下,最终在 80 天内环绕地球一圈并回到伦敦。虽然他在预期的时间内完成了环球旅行,但成本严重超支。这个故事说明目标有多个,但主导目标只有一个,在必要时其他的目标要为主导目标作牺牲。

在项目管理中,项目常常分阶段实施,并且分专项领域进行管理,如范围管理、进度管理、成本管理、质量管理、采购管理、风险管理等。然而,项目管理不是这些单项管理的简单集合,不是简单地把项目分解为若干个单项目标进行管理,而应该把项目看作一个系统进行管理,换句话说,要进行项目综合管理和项目计划优化。

9.1 项目计划优化概述

PRINCE2 把项目定义为"为了实现一个预定目标把人员、设备、材料及设施组织起来并加以管理的系统"。该定义明确地把项目看作系统,从而启发我们应系统地管理项目,特别是应对进度目标、成本目标和质量(绩效)目标进行整合与优化。

项目(特别是大型项目)的管理是一项非常复杂工作。根据笛卡儿的"必须将复杂问题分成若干个简单的部分来处理"的思想,项目管理工作一般分成若干专项管理工作,如针对项目范围大小的项目范围管理,针对项目工期目标的项目进度管理,针对项目预算目标的项目成本管理,针对项目质量目标的项目质量管理,针对项目不确定性的项目风险管理,针对设备和原材料的项目采购管理,针对项目团队的项目人力资源管理,针对项目信息沟通的项目沟通管理,等等。然而,局部最优并不能保证全局最优,项目管理需要有一种综合性的管理工作来协调和综合这些专项管理的目标、工作和过程。项目的这种综合性管理可称为项目综合管理,或称为项目集成管理、项目整合管理。简而言之,项目综合管理是指在项目的整个生命周期内,对所有的项目单项管理计划进行整合、执行及控制,以保证项目各要素相互协调,实现全局最优的全部工作和活动过程。

项目管理对象包括人力、物力、财力、时间、信息、风险六要素。人力就是项目团队,高效的项目团队管理应该使人尽其才,才尽其用,用人所长;物力包括设备、材料、仪器、能源以及其他物资,物力的管理就是要物尽其用,提高利用率;财力是指项目所掌握和支配的物质资料的价值表现,对财力就应该按经济规律进行有效管理,使资金的使用保证项目计划的完成;时间是物质存在的一种客观形式,表现为速度、效率,由过去、现在、将来构成连绵不断的系统，高效的时间管理应该考虑如何在尽可能短的时间内，做更多的事情，充分利用时间；信息是具有新内容、新知识的消息，在整个管理过程中，信息是不可缺少的要素，信息的管理是提高管理效能的重要部分；风险无处不在，无论人力、物力、财力、时间、信息中的哪一项都存在不确定性，风险管理就是识别、评估不确定性，制订相应管理计划，并实施和控制。相对于综合管理来说，这些对单一对象的管理可以看作"单项"管理。

单项管理对象比较单一，如进度管理、成本管理、质量管理等，着重于管理对象的自身管理；而项目综合管理对象由传统的进度、成本、质量、采购等单项管理转变为全部单项的集成管理，着重于各个单项管理之间的协调管理。由此可见，二者的管理对象不同：单项管理只关注某个特定的管理对象，而项目综合管理则关注全部单项的集成。

在综合管理中，把许多单项元素整合起来，各个元素互相渗透、互相吸纳而融合成一种新的"有机体"，而且这种有机体的效力要远远大于元素个体的简单相加。由此可见，项目综合管理就是一种效率和效果并重的管理模式，它从全局的、整体的观点出发，通过有机地协调项目各个要素（进度、成本、质量、资源等），在相互影响的项目各项具体目标和方案中权衡与选择，尽可能地消除项目各单项管理的局限性，从而实现最大限度地满足项目干系人的需求和期望的目的。项目综合管理如图9-1所示。

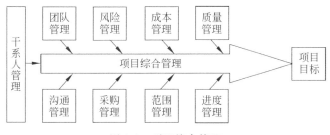

图9-1 项目综合管理

此外，二者之间的理论基础不同：单项管理模式是以分工理论为基础，而项目综合管理突出了一体化的整合思想。但是，无论是单项管理还是综合管理，都遵循管理的核心思想：计划、执行和控制。

在实践中，项目整合主要发生在项目进度、项目资源和项目成本管理之间，因而项目计划优化主要是项目进度与项目资源之间的优化和项目进度与项目成本之间的优化。

9.2 项目资源与进度的优化

在关键线路法中，每个项目活动的持续时间是在假定有充足的资源的条件下估算的，整个项目工期是假定资源没有限制条件下实现的。在实际工作中，一方面企业可以利用的资源是有限的，另一方面企业还要考虑资源的利用率的问题。前者产生有限资源的进度计划问题或者说受资源约束的进度安排问题，允许延长项目工期，但不能突破资源约束上限，即"资源有限，工期最短"；后者产生提高资源利用的进度计划问题，在不允许延长项目工期的前提下，减少资源需求的波动，尽量让资源需求比较均衡，即"工期固定，资源均衡"。为了简化分析，二者的前提条件是：①不改变网络计划中各项活动的逻辑关系；

②不改变网络计划中各项活动的持续时间；③网络计划中各项活动的资源强度（单位时间所需要的资源数量）为常数，而且是合理的，即项目活动按照某种水平均匀地使用选定的资源；④虽然网络计划中有些活动是可以中断和暂停的，但在本书中假设一项活动一旦开始就必须连续进行直至结束，中间不能停止或暂停。此外，不考虑加班和提高资源的生产率（如不同技术或者机器，自动化生产线等）等措施。

9.2.1 资源均衡的进度计划

从提出项目概念开始至项目终止的过程中，项目状态是变化的。这种状态变化可以用不同的指标值来度量，如在项目上花费的资金数量，为项目工作的人员数量，投入项目中的原材料数量，等等。这种状态变化可以用累计值来描述，也可以用单位时间的数值来描述；可以用指标值的数值来描述，也可以用指标值的相对值（如投入其中的工作量占整个项目的工作量的百分比）来描述。例如，项目开始时所需的资源（如资金、人工、材料等）较少，需求增长也比较缓慢；到项目中期所需的资源较多，需求增长也加快；在收尾阶段，所需的资源较少，需求逐渐减少；项目资源需求随时间变化的曲线呈S形。即按照对应时间点给出的累计的资源（如成本、工时或其他资源）而绘制的曲线，形状如英文字母S（起点和终点处平缓，中间陡峭），故称为S-曲线。S-曲线是表示项目的进度或累计成本随时间的变化曲线，如图9-2所示。

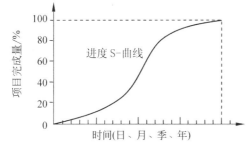
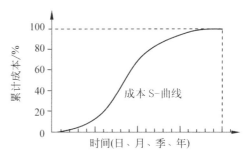

图 9-2　进度或累计成本随时间的变化曲线

按照对应时间点给出的资源（如成本、工时或其他资源）的需求量而绘制的曲线反映了资源需求量随着时间变化的情况，可以是连续变化，也可以是非连续变化，如图9-3所示。

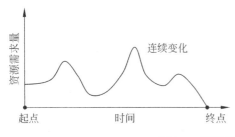
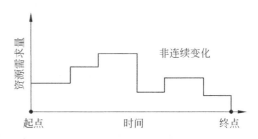

图 9-3　资源需求量随时间变化曲线

假设资源不受限制，则项目可以按计划进行，这时会出现另一个问题——资源用量的波动。如果资源用量,特别是人力资源和某些稀缺资源(如某些大型施工机械等)用量,波动过大,会影响管理和生产效率。因此,在项目工期内应让资源需求量尽可能的均衡,使在整个项目生命期内尽量不出现过多的资源需求高峰和低谷,提高资源的利用率,降低项目成本。

资源均衡的进度计划要求不能延长项目工期,即活动的进度安排需要满足规定的完工日期。因此,只能利用项目活动的时差,调整活动的开工时间,达到减小资源需求量的波动的目的。进行资源均衡的方法包括方差值最小法、极差最小值法、削峰填谷法等。

一般步骤如下。

(1) 按照各项活动的最早开始时间安排进度计划,并计算该进度安排的每个时间段(如每天、每周等)的资源需用量。

(2) 从网络的终点开始,按活动结束节点编号值从大到小的顺序依次进行调整。当某一节点同时作为多项活动的结束节点时,应先调整开始时间较迟的活动。在调整活动时,一项活动能够右移或左移必须同时满足下列两个条件:①活动具有机动时间,在不影响工期的前提下能够右移或左移;②活动满足判别式。

(3) 当所有活动均按上述顺序自右向左调整一次之后,为使资源用量更加均衡,再按上述顺序自右向左进行多次调整,直至所有活动既不能右移也不能左移为止。针对每个时间段,计算该进度安排的资源需用量的方差,对处在资源需求高峰时段和低谷时段的活动进行调整,每移动一个时段计算一次方差,如果方差减小,说明该移动能够使资源趋向均衡。

下面用一个例子加以说明。

例 9-1 已知某项目的时标网络计划如图 9-4 所示,活动所需要的人力资源数量和活动持续时间分别标在箭线的上下方。为了使资源需用量尽量均衡,试调整进度计划。

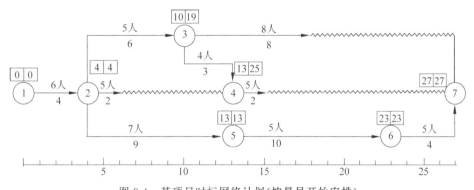

图 9-4 某项目时标网络计划(按最早开始安排)

解:

(1) 按照各项活动的最早开始时间安排进度计划,并计算该进度安排的每个时间段(如每天、每周等)的资源需求量,如图 9-5 所示。

(2) 从网络的终点开始,按活动结束节点编号值从大到小的顺序依次进行调整。当某一节点同时作为多项活动的结束节点时,应先调整开始时间较迟的活动。在调整活动时,一项活动能够右移或左移必须同时满足下列两个条件:①活动具有机动时间,在不影响工期的前提下能够右移或左移;②活动满足判别式。

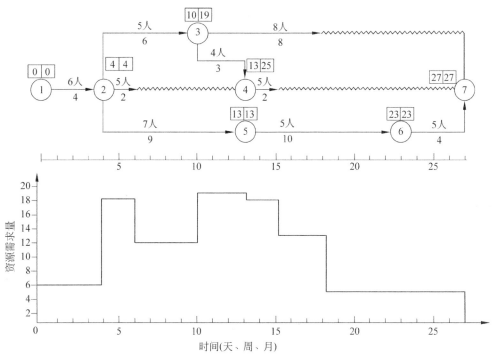

图 9-5　某项目进度网络与资源需求（最早开始）

（3）当所有活动均按上述顺序自右向左调整一次之后，为使资源用量更加均衡，再按上述顺序自右向左进行多次调整，直至所有活动既不能右移也不能左移为止，如图 9-6 所示。

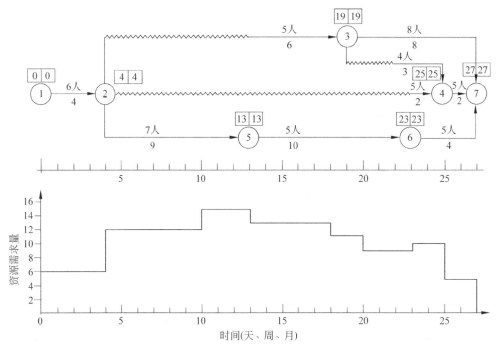

图 9-6　某项目进度网络与资源需求量（优化）

9.2.2 资源受限的进度计划

使用系统分析法制订项目工期计划的前提是项目的实施条件和资源十分充裕,没有限制。然而,在实践中,多数项目都存在不同程度的资源约束或限制,特别是某些数量有限的共用或关键资源。因此,有时需要使用资源水平法(有时又叫作基于资源的项目工期计划方法)去编制项目的工期计划。这种方法的基本指导思想是将稀缺资源优先分配到关键路线的项目活动上,尽量减少项目工期的延长时间。使用这种方法制订出的项目工期计划常常比使用系统分析法编制的项目工期计划的总工期要长,但是这种方法的结果更为经济和实用。

在有限资源的情况下,资源的时间安排原则有多种,例如:①当前时差最小的活动优先原则;②最早开工的活动优先原则;③持续时间最长的活动优先原则;④需要资源最多的活动优先原则;⑤需要资源和时间最多的活动优先原则。不同原则下,活动安排不同,因而项目工期的延长程度不同。下面以当前时差最小的活动优先原则,分析一个示例。

在分析示例之前,先要阐明什么是"当前时差"。当前时差是指在当前时间点计算项目活动还具有的时差,如图 9-7 所示。图中,活动 $i-j$ 的持续时间是 8 天,最早开始时间是 0,最迟结束时间是 17,理论上有 9 天时差。但由于某种原因或安排,没有在最早开始时间开工,到检查时已经是第 5 天,该时间点就是当前时间,这时再看活动 $i-j$ 还剩多少时差,该时差就是当前时差。因此,当前时差=最迟结束时间-持续时间-当前时间。此处,活动 $i-j$ 的当前时差=17-8-5=4。

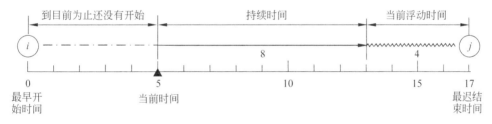

图 9-7 当前时差

例 9-2 某项目由 9 项活动组成,活动之间的关系如图 9-8 所示。图中,箭线上方标明活动所需要的人数,箭线下方标明活动的持续时间。项目团队由 20 人组成,假定一个工序一旦开始,中间不允许停,直到结束,以当前浮动时间最小的工序优先为原则,确定该工程的最短工期。

解:

为了便于理解,先将一般的双代号网络图转化为时标双代号网络图;然后,计算没有资源限制时的最短工期和各项活动的最迟结束时间,并按各项活动最早开始时间绘制所需要的人力需求曲线,如图 9-9 所示。

从图 9-9 可以看出,有一段时间所需要的人数超过 20 人。因此,原来的进度计划需要进行调整。每当某一活动结束,就会释放所占用的资源,因而需要重新安排这些资源。因此,计算从当前时间=0 开始,以后每当有活动结束,就是一个新的当前时间。

(1) $T=0$ 时,根据图 9-9,有 3 个项目活动可以开工。由于这 3 个活动需要 23 人,而

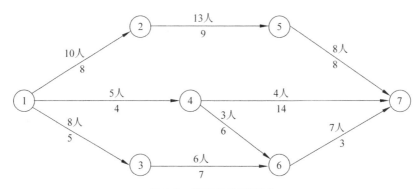

图 9-8 某项目的网络图

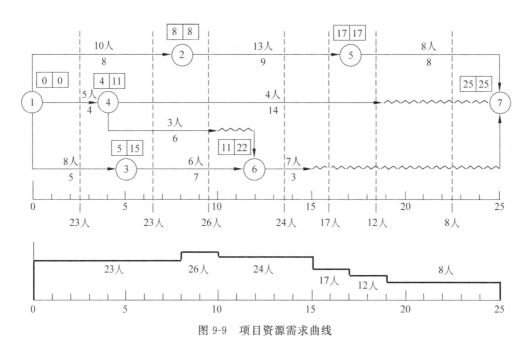

图 9-9 项目资源需求曲线

实际只有 20 人,因而不可能同时都开工。因此,计算这 3 项活动的当前时差,计算结果见表 9-1。从表 9-1 可以看出,活动 1—2 的当前时差最小,优先开工,占用 10 人,还剩下 10 人;其次是活动 1—4,占用 5 人,还剩下 5 人;活动 1—3 的当前时差最大,排在最后,需要 8 人,剩下的人不够,不得不延后开工。安排的结果是活动 1—2 和活动 1—4 开始,活动 1—3 延后,共使用 15 人,还有 5 人未使用。

表 9-1 资源受限的进度计划的计算($T=0$)

当前时间 (第 i 天)	项目活动 (i,j)	持续时间 /天	所需资源 /人	最迟结束 时间	当前时差 /天	活动优先 顺序	活动安排 决定	实际结束 时间	合计所 用资源
0	1—2	8	10	8	0	1	开始	8	15
	1—3	5	8	15	10	3	延后	—	
	1—4	4	5	11	7	2	开始	4*	

注:* 实际结束时间=当前时间+持续时间,最迟结束时间由网络图分析获得。

（2）$T=4$ 时，到第 4 天，活动 1—4 结束，释放出 5 人，加上未用的 5 人，共有 10 人可供使用。活动 1—4 结束后，活动 4—6 和活动 4—7 可以开工。根据计算（计算结果如表 9-2 所示），活动 1—3 优先开始，占用 8 人，还有 2 人未使用。

表 9-2 资源受限的进度计划的计算

当前时间（第 i 天）	项目活动 (i,j)	持续时间/天	所需资源/人	最迟结束时间	当前时差/天	活动优先顺序	活动安排决定	实际结束时间	合计所用资源
0	1—2	8	10	8	0	1	开始	8	15
	1—3	5	8	15	10	3	延后		
	1—4	4	5	11	7	2	开始	4*	
4	1—2	—	10	—	—	—	持续	8*	18
	1—3	5	8	15	6	1	开始	9	
	4—6	6	3	22	12	3	延后		
	4—7	14	4	25	7	2	延后		
8	1—3	—	8	—	—	—	持续	9*	15
	4—6	6	3	22	8	3	开始	14	
	4—7	14	4	25	3	2	开始	22	
	2—5	9	13	17	0	1	无法开始		
9	4—6	—	3	—	—	—	持续	14*	20
	4—7	—	4	—	—	—	持续	22	
	2—5	9	13	17	−1	1	开始	18	
	3—6	7	6	22	6	2	延后		
14	4—7	—	4	—	—	—	持续	22	17
	2—5	—	13	—	—	—	持续	18*	
	3—6	7	6	22	1	1	延后		
18	4—7	—	4	—	—	—	延后	22*	18
	3—6	7	6	22	−3	1	开始	25	
	5—7	8	8	25	−1	2	开始	26	
22	3—6	—	6	—	—	—	持续	25*	14
	5—7	—	8	—	—	—	持续	26	
25	5—7	—	8	—	—	—	持续	26*	15
	6—7	3	7	25	−3	1	开始	28	
26	6—7	—	—	—	—	—	持续	28	7

（3）$T=8$ 时，到第 8 天，活动 1—2 结束，释放出 10 人，加上未用的 2 人，有 12 人可供使用。活动 1—2 结束后，活动 2—5 可以开工。根据计算（计算结果见表 9-2），活动 4—7 优先开始，占用 4 人；其次是活动 4—6 优先开始，占用 3 人；实际共使用 7 人，还有 5 人未使用。

（4）$T=9$ 时，到第 9 天，活动 1—3 结束，释放出 8 人，加上未用的 5 人，有 13 人可供使用。活动 1—3 结束后，活动 3—6 可以开工。根据计算（计算结果见表 9-2），活动 2—5 优先开始，占用 13 人，还有 0 人未使用。

（5）$T=14$ 时，到第 14 天，活动 4—6 结束，释放出 3 人，加上未用的 0 人，有 3 人可供使用。活动 4—6 结束后，除了在继续的活动外，只有活动 3—6 待开工。由于活动 3—6

需要6人,没有足够的人可以开始活动3—6,因此,不得不延后。

(6) $T=18$ 时,到第18天,活动2—5结束,释放出13人,加上未用的3人,有16人可供使用。活动2—5结束后,活动5—7可以开工。根据计算(计算结果见表9-2),活动3—6优先开始,占用6人;其次是活动5—7优先开始,占用8人;共用14人,还有2人未使用。

(7) $T=22$ 时,到第22天,活动4—7结束,释放出4人,加上未用的2人,有6人可供使用。没有新的可开工活动。

(8) $T=25$ 时,到第25天,活动3—6结束,释放出6人,加上未用的6人,有12人可供使用。活动3—6结束后,活动6—7可以开工。根据计算(计算结果见表9-2),活动6—7优先开始,占用7人,还有5人未使用。

(9) $T=26$ 时,到第26天,活动5—7结束,释放出8人,加上未用的5人,有13人可供使用。没有新的可开工活动,活动6—7将在第28天结束。计算到此为止。

由于资源的限制,项目活动不能按照原进度计划实施。在新的进度计划下,项目工期由原来的25天延长至28天。调整后的进度计划如图9-10所示。

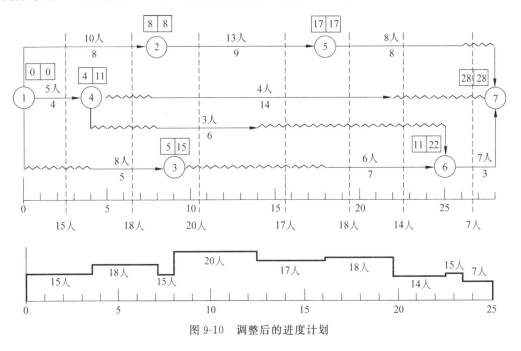

图9-10 调整后的进度计划

9.3 项目成本与进度的优化

成本与进度的关系比较复杂。这种复杂性是成本复杂性的反映。项目成本可以概括地分为两类:一是完成项目活动的直接成本;二是管理项目活动的间接成本。两类成本都与时间有关,项目活动的直接成本与时间的关系比较复杂。项目活动的执行存在一种最佳工作节奏(在此称为正常执行),该工作节奏使得生产效率最高,资源利用效果最好,从而使直接成本最低;偏离最佳工作节奏,无论是增加投入还是减少投入都会降低生产效率,降低资源的利用效果,导致直接成本的增加。换句话说,通常认为正常工作节奏的效率最高,花费最少;超过正常工作节奏、提高工作速度不仅不会节省成本,反而可能增加成本;低于正常工作节奏、放慢工作速度也不会节省成本,还有可能增加成本。图 9-11 定性描述活动持续时间与直接成本的关系。

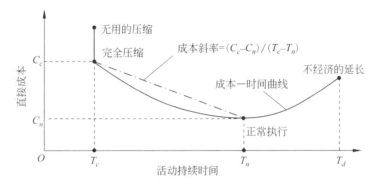

图 9-11　活动持续时间与直接成本的关系

图 9-11 中,与正常执行相对应的时间称为正常工期(T_n),即在正常工作节奏下所需要的工作时间;与正常节奏相对应的成本称为正常成本(C_n),即在正常工期内完成工作的费用。生产效率最高并不等于完成项目活动的速度最快。图 9-11 告诉我们,项目活动的持续时间是可以压缩的,但压缩工期是有代价的。

管理项目活动的间接成本与时间成正比。假设每天的管理是固定的,则随着项目工期的延长,间接成本会增加;反之,随着项目工期的缩短,间接成本也会减少。图 9-12 定性描述间接成本与时间的关系。

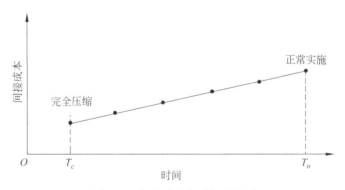

图 9-12　间接成本与时间的关系

项目总成本是直接成本与间接成本之和,如图 9-13 所示。如果压缩工期所增加的成本小于所节省的间接成本,则越压缩工期,总成本就越低。但是,压缩工期的直接成本并不是线性的。对于单个项目活动来说,随着工期的缩短,压缩工期变得越来越困难,需要增加的直接成本越来越大;对于整个项目来说,只有压缩关键路径上的活动才能缩短项目工期,随着工期的缩短,关键路径越来越多(注:关键线路上的活动工期压缩后,可能产生更多的关键线路),要压缩项目活动也越来越多,因而需要增加的直接成本也越来越大,最终超过了缩短项目工期所节省的间接成本。但是,在超过所节省的间接成本之前,存在一个最优时间点,使得项目总成本最低,这就是时间—成本优化的问题。

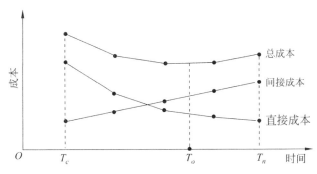

图 9-13 项目总成本与间接成本和直接成本的关系

综上所述,项目成本与进度平衡需要解决两类问题:一是项目工期压缩;二是时间—成本优化。无论是进行工期压缩还是进行时间—成本优化都需要分析两个参数:一是活动的可压缩时间;二是活动的单位压缩成本。活动的可压缩时间的计算方法如下。

活动的可压缩时间＝活动的正常持续时间－压缩后的持续时间

由于活动的直接成本随着活动持续时间的缩短而增加,活动的单位压缩成本的计算比较复杂。为了简化计算,把活动的直接成本与持续时间之间的关系近似为线性关系,即假设在可压缩的时间范围内,单位压缩成本是相同的。因此,活动的单位压缩成本可以用下述公式进行近似计算:

活动的单位压缩成本＝(压缩工期的直接成本－正常工期的直接成本)/可压缩的时间

9.3.1 项目工期的压缩

项目一般有 3 大目标:工期、成本和质量。在不同的情况下,这 3 大目标的重要性不同。当工期是最重要的目标时,将会想尽办法去缩短项目工期。然而,在保证质量的前提下缩短工期将增加项目的直接成本。因此,工期压缩的目标是以最低的成本增加获得最大的工期压缩。

工期压缩是指针对关键路径进行优化,结合成本因素、资源因素、工作时间因素、活动的可行进度因素对整个计划工期进行调整,直到关键路径所用的时间不能再压缩为止,得到最短工期。在进行工期压缩时,需要清楚地认识到:并不是所有的项目活动都能压缩;在可压缩的活动中并不是压缩任意一个项目活动就能缩短项目工期。项目工期是由关键路径上的活动所决定的,因此,只有压缩关键路径上的活动的持续时间,才能压缩项目工期;只有关键路径上的活动可压缩时,项目工期才可能被缩短。由于活动的特性不同,不同项目活动的单位时间的压缩成本(注:每压缩一个单位时间所需的额外成本,简称单位压缩成本)是不同的。

为了实现以最低的成本增加获得最大的工期压缩这一目标,项目工期压缩的步骤如下。

(1) 分析计算各项活动的可压缩时间和单位压缩成本。

(2) 分析网络计划的所有路径,并计算每条路径的时间。

(3) 在最长的路径中,选择单位压缩成本最低的活动开始压缩,最大压缩时间是最长路径与第二长路径的时间差额。如果第一项活动的压缩时间不够,则加上压缩成本第二低的活动,以此类推,直到实现所要求的压缩时间。

(4) 反复进行第(3)步,直至不能压缩为止。

例 9-3 某项目由 8 项活动组成,活动之间的关系如图 9-14 所示。在正常情况下完成各项活动所需要的时间和直接成本与在赶工期情况下完成各项活动所需要的时间和直接成本如表 9-3 所示。如果不计代价赶工期,该项目最快需要多少天才能完成?

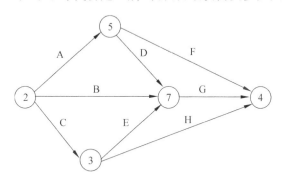

图 9-14 项目进度网络图

表 9-3 在正常和压缩情况下的持续时间和直接成本

项目活动	正常		压缩	
	持续时间/天	直接成本/元	持续时间/天	直接成本/元
A	4	100	3	200
B	7	280	5	520
C	3	50	2	100
D	5	200	3	360
E	2	160	2	160
F	10	230	8	350
G	7	200	5	480
H	6	210	4	410

解:

(1) 分析计算各项活动的可压缩时间和单位压缩成本,计算结果如表 9-4 所示。

表 9-4 各项活动的可压缩时间和单位压缩成本

项目活动	正常		压缩		可压缩的时间/天	单位压缩成本/(元/天)
	持续时间/天	直接成本/元	持续时间/天	直接成本/元		
A	4	100	3	200	1	100
B	7	280	5	520	2	120
C	3	50	2	100	1	50

续表

项目活动	正常		压缩		可压缩的时间/天	单位压缩成本/(元/天)
	持续时间/天	直接成本/元	持续时间/天	直接成本/元		
D	5	200	3	360	2	80
E	2	160	2	160	0	∞
F	10	230	8	350	2	60
G	7	200	5	480	2	140
H	6	210	4	410	2	100

（2）分析网络计划的所有路径，并计算每条路径的时间，如表 9-5 所示。

表 9-5 项目工期压缩分析矩阵（压缩之前）

路径	项目活动								路径时间
	A	B	C	D	E	F	G	H	
ADG	100			80			140		16
AF	100					60			14
BG		120					140		14
CEG			50		X		140		12
CH			50					100	9
可压缩的时间	1	2	1	2	0	2	2	2	
实际压缩时间									
剩余压缩时间									

（3）在最长的路径中，选择单位压缩成本最低的活动开始压缩，最大压缩时间是最长路径的工期与第二长路径的工期的时间差额。

最大压缩时间＝最长路径的工期－第二长路径的工期＝16－14＝2

第 1 次压缩的最大压缩时间是 2 天，关键路径 ADG 中，单位压缩成本最低的活动是 D，活动 D 的可压缩的时间是 2 天，刚好满足需要。第 1 次压缩的结果如表 9-6 所示。

表 9-6 项目工期压缩分析矩阵（第 1 次压缩）

路径	项目活动								路径时间
	A	B	C	D	E	F	G	H	
ADG	100			80			140		14
AF	100					60			14
BG		120					140		14
CEG			50		X		140		12

续表

路径	项目活动								路径时间
	A	B	C	D	E	F	G	H	
CH			50					100	9
可压缩的时间	1	2	1	2	0	2	2	2	
实际压缩时间				2					
剩余压缩时间	1	2	1	0	0	2	2	2	

（4）第 1 次工期压缩后，出现 3 条关键路径，再压缩时，3 条关键路径必须同时压缩才能缩短项目工期。

第 2 次压缩的最大压缩时间＝关键路径的工期－第二长路径的工期＝14－12＝2

从关键路径上压缩成本最低的活动组合开始，本次压缩有 4 组活动可压缩，如表 9-7 所示。其中，活动 A 和 G 各压缩 1 天，活动 D 释放 1 天，是最优选择。

表 9-7　能缩短项目工期的活动组合（第 2 次压缩）

活动组合	压缩成本	可压缩的时间
A，B	100＋120＝220	1
A，G	100＋140＝240	1
F，G	60＋140＝200	2
D，B，F	80＋60＋120＝260	0

第 2 次压缩后，最短工期为 13 天，如表 9-8 所示。

表 9-8　项目工期压缩分析矩阵（第 2 次压缩）

路径	项目活动								路径时间
	A	B	C	D	E	F	G	H	
ADG	100			80			140		13
AF	100					60			13
BG		120					140		13
CEG			50		X		140		11
CH			50					100	9
可压缩的时间	1	2	1	0	0	2	2	2	
实际压缩时间	1			－1			1		
剩余压缩时间	1	2	1	1	0	2	1	2	

（5）第 2 次工期压缩后，仍然是 3 条关键路径，再压缩时，3 条关键路径必须同时压缩才能缩短项目工期。

第 3 次压缩的最大压缩时间＝关键路径的工期－第二长路径的工期＝13－11＝2

从关键路径上压缩成本最低的活动组合开始,本次压缩只有 2 组活动可压缩,如表 9-9 所示。其中,活动 F 和 G 各压缩 1 天,是最优选择。

表 9-9 能缩短项目工期的活动组合(第 3 次压缩)

活动组合	压缩成本	可压缩的时间
A,B	100＋120＝220	0
A,G	100＋140＝240	0
F,G	60＋140＝200	1
D,B,F	80＋60＋120＝260	1

第 3 次压缩后,最短工期为 12 天,如表 9-10 所示。

表 9-10 项目工期压缩分析矩阵(第 3 次压缩)

路径	项目活动								路径时间
	A	B	C	D	E	F	G	H	
ADG	100			80			140		12
AF	100					60			12
BG		120					140		12
CEG			50		X		140		10
CH			50					100	9
可压缩的时间	0	2	1	1	0	2	1	2	
实际压缩时间						1	1		
剩余压缩时间	0	2	1	1	0	1	0	2	

(6) 第 3 次工期压缩后,仍然是 3 条关键路径,再压缩时,3 条关键路径必须同时压缩才能缩短项目工期。

第 4 次压缩的最大压缩时间＝关键路径的工期－第二长路径的工期＝12－10＝2

从关键路径上压缩成本最低的活动组合开始,本次压缩只有 1 组活动可压缩,如表 9-11 所示。其中,活动 D、B 和 F 各压缩 1 天。

表 9-11 能缩短项目工期的活动组合(第 4 次压缩)

活动组合	压缩成本	可压缩的时间
A,B	100＋120＝220	0
A,G	100＋140＝240	0
F,G	60＋140＝200	0
D,B,F	80＋60＋120＝260	1

第 4 次压缩后,最短工期为 11 天,如表 9-12 所示。

表 9-12 项目工期压缩分析矩阵(最终压缩结果)

路径	项目活动								路径时间
	A	B	C	D	E	F	G	H	
ADG	100			80			140		11
AF	100					60			11
BG		120					140		11
CEG			50		X		140		10
CH			50					100	9
可压缩的时间	1	2	1	1	0	1	0		
实际压缩时间		1		1		1			
剩余压缩时间	0	1	1	0	0	0	0	2	

(7) 第 4 次工期压缩后,不能再压缩了,工期压缩到此为止,最短工期为 11 天。

9.3.2 进度—成本优化方法

在实践中,项目管理费并不分摊到每项活动上。因此,一般是按照直接成本最小化的思想进行项目活动持续时间的估算,没有考虑缩短项目工期而节省的间接成本。由于缩短活动的持续时间一般会增加活动的直接成本,而缩短项目的工期一般会节省项目的间接成本,因此,如果直接成本的增加量小于间接成本的减少量,则工期值得压缩,而且会降低项目总成本,从而实现时间与成本的优化。此外,缩短项目工期还可以带来其他的收益,如项目早日投入使用创造的效益、资金的时间价值等。为了简化分析,此处不考虑这些收益。

为了实现以时间—成本最优这一目标,项目进度—成本优化的步骤如下。

(1) 分析计算各项活动的可压缩时间和单位压缩成本。

(2) 进行网络计划分析,计算项目工期,并找出所有的关键路径和非关键路径;计算非关键路径的总时差,确定最大压缩时间,即总时差中的最小值。

(3) 确定潜在的压缩对象。当只有一条关键路径时,关键路径上单位压缩成本超过间接成本的活动排除在外,其余活动是潜在的压缩对象;当有多条关键路径时,只有那些单位压缩成本小于间接成本的活动组合才是潜在的压缩对象。

(4) 进行工期压缩。在潜在的压缩对象中,选择单位压缩成本最低的压缩对象(活动或活动组合)开始压缩。

(5) 反复进行第(2)步至第(4)步,直至既不能压缩工期也不能节约成本为止。

例 9-4 在例 9-3 中,如果间接成本为每天 200 元,试找出时间—成本最优方案。

解:例题有两种解题方法,一是像例 9-3 一样,构建项目工期压缩分析矩阵,计算不同工期下的项目总成本,然后确定总成本最低所对应的工期,即为时间—成本最优;二是感性分析,从分析关键路径开始,如果一项活动或活动组合的单位压缩成本超过间接成本,则该活动或该活动组合不值得压缩。否则,就应进行压缩。

解 1:根据例 9-3 的计算结果,可以获得不同工期的直接成本,加上间接成本后,可以获得项目的总成本,计算结果如表 9-13 所示。从表 9-10 可以看出,项目总成本最低所对应的最短工期为 12 天。因此,时间—成本最优方案为对活动 A 压缩 1 天、D 压缩 2 天、F 压缩 1 天、G 压缩 2 天。

表 9-13 工期压缩与总成本的计算

成本	项目工期/天					
	16	15	14	13	12	11
直接成本/元	1 430	1 510	1 590	1 750	1 950	2 210
间接成本/元	3 200	3 000	2 800	2 600	2 400	2 200
总成本/元	4 630	4 510	4 390	4 350	4 350	4 410

解 2:

(1) 确定本次的最大压缩时间。在进行任何压缩之前,该项目只有一条关键路径 A—D—G,但有 4 条非关键路径:A—F、B—G、C—E—G、C—H。其中,第二长的路径为 A—F、B—G,二者与关键路径之间有 2 天的时差。因此,在本次压缩过程中,最大压缩时间为 2 天。

(2) 确定潜在的压缩对象。潜在的压缩对象在关键路径上的活动,即活动 A、D、G。其中,活动 A、D、G 的单位压缩成本分别为 100 元/天、80 元/天、140 元/天,均小于单位间接成本,都是潜在的压缩对象。

(3) 进行第 1 次工期压缩。为了降低成本,单位压缩成本最低的活动优先压缩。本次压缩的最大压缩时间为 2 天,活动 D 恰好能压缩 2 天。所以,本次对活动 D 压缩 2 天。压缩结果是,直接成本增加 160 元,工期缩短 2 天。

(4) 进行第 2 次工期压缩。第 1 次工期压缩后,产生 2 条新的关键路径 A—F 和 B—G,总共有 3 条关键路径。本次最大压缩时间为关键路径与第二长路径 C—E—G 的时间差(14−12=2 天),因为必须对 3 条关键路径同时进行压缩,潜在的压缩对象为活动组合,如表 9-14 所示。

表 9-14 能缩短项目工期的活动组合(第 2 次压缩)

活动组合	压缩成本/元	可压缩的时间/天
A,B	100+120=220	1
A,G	100+140=240	1
F,G	60+140=200	2
D,B,F	80+60+120=260	0

为了确定压缩对象，首先排除单位压缩成本大于单位间接成本的组合：AB 和 DBF。虽然活动组合 AG 的单位压缩成本超过单位间接成本，但是该组合的压缩使路径 A—D—G 成为非关键路径。为了避免不必要的压缩，在第 1 次工期压缩过程中被压缩 2 天的活动 D 可以少压缩 1 天，从而节省 80 元/天，使得组合 AG 压缩 1 天的实际成本为 160 元，不但小于单位间接成本，也小于活动组合 FG 的单位压缩成本。因此，活动 A 和 G 各压缩 1 天，是最优选择。压缩结果是，直接成本增加 160 元，工期缩短 1 天。

（5）进行第 3 次工期压缩。第 2 次工期压缩后，未产生新的关键路径，仍然有 3 条关键路径。本次最大压缩时间为关键路径与第二长路径 C—E—G 的时间差(13-11=2 天)，因为必须对 3 条关键路径同时进行压缩，潜在的压缩对象为活动组合，如表 9-15 所示。

表 9-15 能缩短项目工期的活动组合（第 3 次压缩）

活动组合	压缩成本	可压缩的时间
A，B	100+120=220	0
A，G	100+140=240	0
F，G	60+140=200	1
D，B，F	80+60+120=260	1

为了确定压缩对象，排除单位压缩成本大于单位间接成本的组合 DBF 后，剩下的活动组合 FG 的单位压缩成本等于单位间接成本，值得压缩。该组合最多能压缩 1 天，因此，活动 F 和 G 各压缩 1 天。压缩结果是，直接成本增加 200 元，工期缩短 1 天。

（6）由于再没有值得压缩的活动组合，工期压缩到此为止。最终结果是工期为 12 天，总成本为 4 350 元，如表 9-16 所示。

表 9-16 项目时间—成本优化的结果

总工期/天	正常	第 1 次压缩	第 2 次压缩	第 3 次压缩
	16	14	13	12
关键线路	A—D—G	A—D—G、A—F 和 B—G	A—D—G、A—F 和 B—G	A—D—G、A—F 和 B—G
直接成本/元	1 430	1 430+160	1 590+160	1 750+200
间接成本/元	3 200	3 200-400	2 800-200	2 600-200
总成本/元	4 630	4 390	4 350	4 350

思 考 题

1. 某项目由 8 项活动组成，活动之间的关系如图 9-15 所示。图中，箭线上方标明活动所需要的人数，箭线下方标明活动的持续时间。项目团队由 12 人组成，假定对于任何一项活动来说，如果人数不满足活动所需人数，则该活动不能开工；还假定一个工序一旦开始，中间不允许停，直到结束，以当前浮动时间最小的活动优先为原则，确定该工程的最短工期。

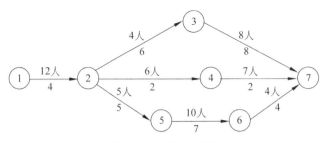

图 9-15 项目网络图

2. 表 9-17 所示为某项目活动在正常和压缩两种情况下的持续时间和直接成本,工序间关系如图 9-16 所示。如果间接成本为每天 300 元,试找出时间—成本最优方案。

表 9-17 某项活动在正常和压缩两种情况下的持续时间和直接成本

工序	正 常		压 缩	
	持续时间/天	直接成本/天	持续时间/天	直接成本/天
1-3	9	2 500	8	3 100
3-8	22	7 200	19	7 500
8-9	9	4 600	8	4 600
1-2	10	3 600	8	3 900
2-5	7	4 800	7	4 800
5-6	11	4 200	8	4 920
6-9	10	3 400	7	3 640
2-4	8	5 800	8	5 800
4-7	6	900	6	900
7-9	10	7 700	8	7 850
合计		44 700		

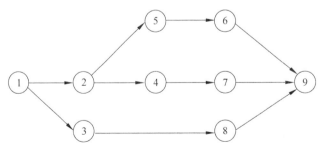

图 9-16 项目进度网络图

第 10 章

项目实施的控制

在《环球 80 天》中,福克先生基于《每日电讯报》的估算,制订了在 80 天内环游地球一周的旅行计划。福克先生是一个非常守时的人,自信能够按照《每日电讯报》制定的旅行路线和日程完成环球旅行,然而该旅行计划只是一个正常情况下的旅行计划,没有考虑不确定因素。在他环球旅行途中突发事件不断,行程和交通工具也作了必要的调整,与原计划有所不同。但尽管如此,在他和他的仆人的努力下,他最终在 80 天内环游地球一圈并回到伦敦。这个故事说明预先制订进度计划的重要性,也说明项目实施控制的重要性。

在项目管理中,在项目实施前要制订各种计划,在实施过程中,要进行项目范围、进度、成本、质量、风险等的控制。项目实施控制就是说可以及时地发现偏差、有效地缩小偏差、迅速地纠正或预防偏差,使项目始终按照合理的计划推进。

10.1 项目实施控制概述

为了对项目进行有效的控制,必须遵循以下准则:项目的执行自始至终必须以项目计划为依据,随时监测和调整项目计划,充分的、及时的信息沟通,详细准确地记录项目的进展和变化。

任何管理都遵循 PDCA 循环,即计划、执行、检查和行动,其中,检查和行动在实质上就是控制,目的是确保按计划执行,如果发现偏离,就采取相应的行动予以纠正。项目实施控制就是根据项目跟踪监测所提供的信息,对比原计划(或既定目标),找出偏差,分析成因,提出纠偏对策,实施纠偏措施的过程,从而确保按计划执行,实现项目的成本、进度和绩效等目标。良好的项目控制可以保证按照计划稳定地完成项目目标,项目实施控制流程如图 10-1 所示。

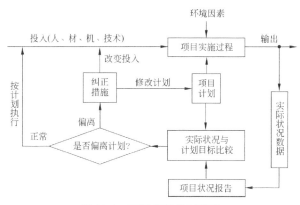

图 10-1 项目实施控制流程

图 10-1 是一个通用的控制流程,既适用于整个项目实施的控制,也适用于单个过程的控制和单项任务的控制。在项目实施过程中,主要控制包括项目范围控制、项目进度控制、项目成本控制、项目质量控制、项目风险控制。

10.2 项目范围控制

项目范围控制是监督项目和产品的范围状态,管理项目范围基准变更的过程,目的是在整个项目生命周期保持对项目范围基准的维护。在项目实施过程中,由于存在一些不确定因素(既有内部的因素,也有外部的因素),项目范围可能发生变更。所谓的项目范围变更是相对于项目计划中认可的和 WBS 中指定的最初范围,如增加或减少一些项目活动,或者改变一些项目活动。范围的改变与增加反映了要求和工作定义的变化,往往造成时间和成本的增加。因此,项目范围控制非常重要。

项目范围控制的主要依据包括项目范围基准、范围管理计划、需求管理计划、需求跟踪矩阵等。项目范围控制的主要工具是偏差分析,即一种确定实际绩效与基准的差异程度及原因的技术。通过比较项目绩效监测的结果与项目范围基准的差异程度,决定是否需要采取纠正或预防措施,并分析产生差异的原因,提出合适的纠正或预防措施。

项目范围控制的关键是变更控制。工作绩效信息是有关项目范围计划实施情况(对照范围基准)的、相互关联且与各种背景相结合的信息,包括变更的分类、范围偏差及其原因、偏差对进度和成本的影响,以及对未来范围绩效的预测。因此,对范围绩效的分析,可能导致对范围基准提出变更请求,如预防措施、纠偏措施、缺陷补救或改善请求。如果批准的变更请求对项目范围产生影响,则范围说明书、WBS 都需要重新修订和发布;如果批准的变更请求对成本和进度产生影响,则成本基准和进度基准也需要重新修订和发布。

10.3 项目进度控制

项目进度控制是监督项目活动状态,更新项目进展,管理项目进度基准变更,以实现进度计划的过程,目的是使项目遵循进度计划,按期交付项目产品或成果。项目进度控制的主要工作包括判断项目进度的当前状态,与进度基准比较看是否发生偏差,并对项目进度计划的实施与项目进度计划的变更进行管理。例如,对项目进度计划影响因素的控制(事前控制),度量项目实际进展情况,了解项目进展的当前状态,判断项目进展是否已经发生偏差;在发生进度偏差时,分析引起进度偏差的因素,对引起进度偏差的因素施加影响,从而控制项目进展。

在项目实施过程中,项目范围的改变、天气问题、材料运输的中断,以及成本、质量和绩效控制都可能造成进度变化。项目经理必须根据项目实际进度并结合当前的具体情况,适时地改进项目的实际工作或更新项目进度计划,以实现对项目工期全面有效的控制。此外,还应考虑项目进度变更对其他部分的影响因素,如项目进度变更对成本的影响,赶进度对项目质量的影响等。

10.3.1 项目进度控制依据

进度控制管理是动态的、全过程的管理,其主要方法是规划、控制、协调。项目进度控制的主要依据包括如下几个方面。

1. 项目进度计划文件

项目进度计划文件是项目进度计划控制最根本的依据,因为项目进度计划文件提供了度量项目实施绩效和报告项目进度计划执行情况的基准与依据,不够明确和拙劣的进度计划必然导致进度失控。因此,进度控制是采用科学的方法确定进度目标,编制进度计划与资源供应计划,进行进度控制,在与质量、费用、安全目标协调的基础上,实现工期目标。此外,在进行项目进度控制时,应注意所依据的进度计划是最新版本,并标明了截至获取数据日期的更新情况、已经完成的活动和已经开始的活动。

2. 项目进度计划实施情况报告

虽然进度计划实施过程中目标明确,但资源有限,不确定因素多,干扰因素多,这些因素有客观的,也有主观的,主客观条件不断变化,计划也随着改变。项目进度计划实施情况报告(或称工作绩效数据)提供了项目进度计划实施的实际情况及相关信息,包括哪些项目活动按期完成了、哪些未按期完成,哪些项目活动已经开始以及它们的进展情况(如实际持续时间、剩余持续时间和实际完成比例等),以及项目进度计划的总体完成情况等。在项目实施过程中必须不断掌握计划的实施状况,通过比较项目进度计划和项目进度计划实施情况报告,可以发现项目进度计划实施的问题和差距,并在必要时采取有效措施,使项目进度按预定的目标进行,确保目标的实现。

3. 项目进度变更的请求

项目进度变更的请求是对项目进度计划所提出的改动要求。项目进度的变更可能是要求延长或缩短项目的工期,也可能是要求增加或减少项目活动内容。无论哪种项目变更请求,都是项目进度计划控制的主要依据之一。

10.3.2 项目进度控制方法

项目内外各种因素具有不确定性,同时项目相关环境中存在一定的干扰,因此项目的实施难以完全按照项目计划进行,出现偏差是不可避免的。项目进度控制的核心就是将项目的实际进度与计划进度不断进行分析比较,不断进行进度计划的更新。项目进度控制包括两个方面:一是项目进度实际状态的度量;二是项目进度变更的控制。项目进度实际状态的度量方法主要有横道图比较法、前锋线比较法和挣值管理法。项目进度变更的控制主要是从程序上对项目进度变更的申请、批准和实施进行控制。挣值管理法包括项目成本控制,将在10.4.2节叙述,下面主要叙述横道图比较法和前锋线比较法。

1. 横道图比较法

横道图比较法就是将在项目进展中通过观测、检查收集到的信息,经整理后直接用横道图并列标于原计划的横道线,进行直观比较。通过分析比较,分析进度偏差的影响,找出原因,以保证工期不变、保证质量安全和所耗费用最少为目标,制定对策,指定专人负责落实,并对项目进度计划进行适当调整更新。

2. 前锋线比较法

在项目进度管理中,前锋线是指在时标网络计划上,从检查时刻的时标点出发,用点画线依次将各项工作实际进展位置点连接而成的折线。前锋线比较法就是通过实际进度前锋线与原进度计划中各工作箭线交点的位置来判断工作实际进度与计划进度的偏差,进而判定该偏差对后续工作及总工期影响程度的一种方法。具体操作如下:定期(或根据需要)收集项目进度实施情况的数据,将实际进度情况与项目进度计划进行比较,评估项目进度计划实施存在的偏差,并判断是否需要采用纠偏措施等。从对项目进度控制的角度来看,检测项目进度实际情况的间隔期越短,越有利于及早发现进度问题并采取纠正措施。但是,间隔期短,检测的频率高,管理成本会增加,甚至干扰项目进展。因此,应合理设定检测时间。一般来说,当项目进度出现问题时,应缩短检测间隔期,增加检测的频率,以便更好地控制项目进度计划的实施情况。采用前锋线比较法进行实际进度与计划进度比较的步骤如下。

1) 绘制时标网络计划图

为了用前锋线比较法度量项目进度,首先要绘制时标网络计划图。如果项目进度安排已经优化,则按优化后的进度安排进行绘制;如果项目进度安排没有特别说明,则按最早开始时间的进度安排进行绘制。为便于绘制前锋线,一般在时标网络计划图的上方和下方各设一时间坐标,如图10-2所示。

2) 绘制实际进度前锋线

项目实际进度前锋线是在时标网络计划图上标示。首先,在检查时间点画一垂线,代表原计划的项目进度;然后,度量每条路径上的实际进度情况:按该工作已完任务量比例进行标定,在工作箭线上从左至右按任务完成的比例标定其实际进展位置点;最后,在时标网络计划图上,从上方(或下方)时间坐标的检查日期开始绘制,依次连接相邻工作的实际进展位置点,最后与时标网络计划图下方坐标的检查日期相连接。

3) 进行实际进度与计划进度的比较

前锋线可以直观地反映出检查日期有关工作实际进度与计划进度之间的关系。对某项工作来说,其实际进度与计划进度之间的关系可能存在以下3种情况:一是工作实际进展位置点与检查日期重合,表明该工作实际进度与计划进度一致;二是工作实际进展位置点落在检查日期的右侧,表明该工作实际进度超前,超前的时间为二者之差;三是工作实际进展位置点落在检查日期的左侧,表明该工作实际进度拖后,拖后的时间为二者之差。

对于整个项目来说,比较结果有4种可能:一是实际进度前锋线与原进度计划重合,即进度符合计划,既没有滞后,也没有超前;二是实际进度前锋线在原进度计划的右侧,表明相关工作都超前;三是实际进度前锋线在原进度计划的左侧,表明相关工作都滞后;四是实际进度前锋线部分在原进度计划的右侧,但部分在原进度计划左侧,表明部分工作超前,但有部分工作滞后。图10-2是前锋线比较法的4种可能结果示例,图中的点画线是计划的进度线;点式虚线在计划的进度线右边,表明进度超前;双点画线在计划的进度线左边,表明进度滞后;虚线既有在计划的进度线左边的,又有在计划的进度线右边的,表明项目进度是混合状态,即有些项目活动滞后,有些项目活动超前,是否影响项目工期要看关键路径上的活动是否滞后,非关键路径上的活动滞后时间是否在总时差允许范围内。

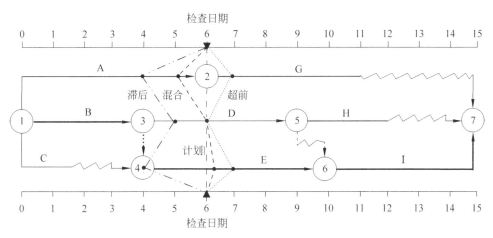

图 10-2 前锋线比较法的 4 种可能结果

4）预测进度偏差对后续工作及总工期的影响

确定项目进度状态后，根据项目活动的自由时差和总时差预测该进度偏差对后续工作及项目总工期的影响，进而判断是否需要采取纠偏措施。前锋线比较法是一种测定项目进度计划完成程度，并与项目进度计划进行比较，评估二者差距大小的管理控制方法，但本身并不能提供纠偏措施。在项目进度控制中，需要采取各种纠偏措施去保证项目的按时完工，如调整更新，主要是关键活动的调整、非关键活动的调整，改变某些活动的逻辑关系，重新编制计划等。

3. 挣值管理

挣值管理是一种将资源计划编制与进度安排、技术成本和进度要求相关联的管理技术。详见 10.4.2 节。

10.4 项目成本控制

项目成本控制是指在项目实施过程中依据项目成本预算，努力将项目实际成本控制在项目预算范围之内的管理工作。项目成本控制是监督项目状态、更新项目成本、管理项目成本基准变更的过程，其主要工作包括：不断度量项目实际发生的成本，分析和度量项目实际成本与项目预算之间的差异，采取纠偏措施或修订项目预算等方法，降低成本超支风险，在预算内交付项目产品或成果。项目成本控制几乎涵盖项目全过程。图 10-3 所示为工程项目成本控制在项目全过程中所涵盖的阶段。

项目成本控制的重点是分析项目资金支出与相应完成的实际工作之间的关系，按事先确定的项目成本预算基准计划，通过运用各种恰当的方法，对项目实施过程中所消耗的成本费用进行管理控制，以确保项目的实际成本限定在项目成本预算内。主要工作包括：识别影响项目成本的因素，对造成成本基准变更的因素施加影响，确保所有变更请求都得到及时处理，当变更实际发生时，管理这些变更，确保成本支出不超过批准的资金限额，既不超出按时段、按 WBS 组件、按活动分配的限额，也不超出项目总限额。图 10-4 所示为

图 10-3 工程项目成本控制在项目全过程中所涵盖的阶段

项目成本控制系统示意图。

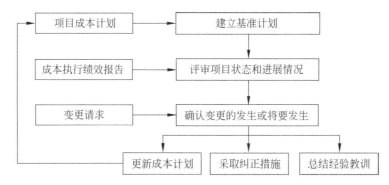

图 10-4 项目成本控制系统

10.4.1 项目成本控制依据

项目成本控制的依据包括：项目成本基准，成本管理计划，工作绩效数据。

1. 项目成本基准

成本基准（又称费用基准或项目基准预算）是判断成本是否超支的基准，它在以时段估算成本的基础上进一步精确、细化编制而成，通常以 S 曲线的形式表示，是按时间分段的项目成本预算，即对项目成本预算按时间进行分解和安排而形成的成本基准预算。对于大项目来说，可能有多个成本基准或资源基准或消耗品生产基准来度量项目绩效的不同方面。

成本基准计划对项目成本按时间进行分解，并在此基础上编制成本基准计划。

2. 成本管理计划

成本管理计划描述如何规划、安排和控制项目成本，并叙述成本管理过程及其工具和技术。例如，成本管理计划规定成本控制的临界值——在需要采取某种措施之前所允许发生的最大偏差，用于监督成本绩效。

3. 工作绩效数据

工作绩效数据是在执行项目工作的过程中，从每个正在执行的活动中收集的原始观察结果和测量值。工作绩效数据是关于项目进展情况的数据，主要包括已完成的工作、关键绩效指标、技术绩效测量结果、活动的实际起止时间、变更请求的具体内容、活动的实际成本等。

10.4.2 项目成本控制方法

只监督资金的支出，而不考虑由这些支出所带来的价值，对项目没有什么意义，最多只能使项目不超出预算。所以，项目成本控制的重点是分析项目资金支出与相应完成的实际工作之间的关系。因此，挣值管理法（earned value management，EVM）是一个比较理想的项目控制方法，也是项目成本控制的主要方法。

挣值管理法，又称为偏差分析法，是一种用与进度计划、成本预算和实际成本相联系的3个独立的变量进行项目绩效测量的方法。用工作量的预算费用来度量项目的进展情况，从而判断项目成本和进度绩效是否符合原定计划。例如，把在某阶段计划完成工作量的预算费用称为计划价值（plan value，PV），或直接称为"计划工作量的预算费用"（budgeted cost for work scheduled，BCWS）；把在该阶段实际完成工作量的预算费用称为挣得价值（earned value，EV），简称挣值，或直接称为"实际完成工作量的预算成本"（budgeted cost for work performed，BCWP）；把在该阶段实际完成工作量的实际费用称为实际成本（actual cost，AC），或直接称为"实际完成工作量的实际费用"（actual cost for work performed，ACWP）。三者的计算公式如下：

$$PV=BCWS=计划完成工作量 \times 预算定额$$
$$EV=BCWP=实际完成工作量 \times 预算定额$$
$$AC=ACWP=实际完成工作量 \times 实际单价$$

PV 的总和有时被称为绩效测量基准（performance measurement baseline，PMB），项目的总计划价值又被称为完工预算（budget at completion，BAC）；EV 的计算应该与 PMB 相对应，而且 EV 不得大于相应活动的 PV 总预算；AC 的计算必须与 PV 和 EV 的计算口径一致，如都只计算直接小时数，都只计算直接成本，或都计算包含间接成本在内的全部成本，AC 没有上限。

通过 PV、EV、AC 3个数据可以判断项目的进度和成本状态：挣值与计划价值之差称为进度偏差（schedule variance，SV），挣值与计划价值的比值称为进度绩效指数（schedule performed index，SPI），反映的是进度状态；挣值与实际成本之差称为成本偏差（cost variance，CV），挣值与实际成本的比值称为成本绩效指数（cost performed index，CPI），反映的是成本状态。上述4个评价指标的计算公式如下：

$$SV=EV-PV=BCWP-BCWS$$

当 SV 为正值时，表示进度提前；当 $SV=0$ 时，表示实际与计划相符；当 SV 为负值时，表示进度延误。

$$SPI=EV/PV=BCWP/BCWS$$

当 $SPI>1$ 时，表示进度超前；当 $SPI=1$ 时，表示实际进度与计划进度相同；当 $SPI<1$ 时，表示进度延误。

$$CV=EV-AC=BCWP-ACWP$$

当 CV 为正值时,表示实际消耗的人工(或费用)低于预算值,即有结余或效率高;当 CV=0 时,表示实际消耗的人工(或费用)等于预算值;当 CV 为负值时,表示实际消耗的人工(或费用)超出预算值或超支。

$$CPI = EV/AC = BCWP/ACWP$$

当 CPI>1 时,表示低于预算,即实际费用低于预算费用;当 CPI=1 时,表示实际费用与预算费用吻合;当 CPI<1 时,表示超出预算,即实际费用高于预算费用。

从进度和成本的角度看,项目有 9 种可能的状态,如表 10-1 所示。

表 10-1 项目的进度和成本状态

项目成本	项目进度		
	SV>0, SPI>1	SV=0, SPI=1	SV<0, SPI<1
CV>0,CPI>1	进度超前,成本节约	进度=计划,成本节约	进度滞后,成本节约
CV=0,CPI=1	进度超前,成本=预算	进度=计划,成本=预算	进度滞后,成本=预算
CV<0,CPI<1	进度超前,成本超支	进度=计划,成本超支	进度滞后,成本超支

了解项目的当前状态后,可以根据项目绩效对项目进行预测:估算项目完工时的总成本(estimate at completion,EAC)。项目完工估算就是依据项目成本实际的发生情况和各种相关影响因素的发展与变化,分析和预测项目成本未来的发展和变化趋势,并估算项目成本最终可能出现的结果。完工估算就是估算完成整个项目需要的成本,即已完成工作的实际成本加上完成剩余工作所需要的成本:

$$EAC = AC + ETC$$

式中,ETC 为完工尚需估算(estimate to completion,ETC),即完成剩余工作所需要的成本估算。ETC 的大小主要取决于成本绩效指数(CPI)和进度绩效指数(SPI)是否与之前的一样。根据剩余部分工作 CPI 和 SPI 的变化情况,有下列几种计算方法。

假设按照预算单价(以计划的成本绩效)完成剩余工作,则 ETC=BAC−EV,其中,BAC(buget cost at completion)为基线预算成本;假设以当前的成本绩效完成剩余的工作,则 ETC=(BAC−EV)/CPI。考虑到进度绩效指标 SPI 也会影响完成剩余工作的成本,需要计算一个由成本绩效指数(CPI)和进度绩效指数(SPI)综合确定的效率指数:CR=α×CPI+β×SPI。式中,α 和 β 分别为 CPI 和 SPI 的权重。假设以效率 CR 完成剩余的工作,则

$$ETC = (BAC-EV)/CR = (BAC-EV)/(\alpha \times CPI + \beta \times SPI)$$

当 CPI 和 SPI 的权重相同时,ETC=(BAC−EV)/(CPI×SPI)。

此外,还有两个参数值得说明,一个是完工尚需绩效指数(to-complete performance index,TCPI),即为了实现特定的管理目标,剩余资源的使用必须达到的绩效水平。如果要确保实际总成本不超过批准的 BAC,则 TCPI 是剩余工作所需成本与剩余工作的预算的比值:TCPI=(BAC−EV)/(BAC−AC);如果成本绩效无法提高,则需要调整预期总成本目标,如把项目总成本目标调整为 EAC,这时,TCPI=(BAC−EV)/(EAC−AC)。另一个是完工偏差(variance at completion,VAC),即预测项目在完工的时候将会出现的

总的项目的成本偏差,也就是项目原计划的预算减去完工估算：VAC＝BAC－EAC。

对计划价值、挣值和实际成本这3个参数,既可以分阶段进行监测和报告,也可以针对累计值进行监测和报告。图10-5所示为计划价值、挣值和实际成本累计值监测结果示例。

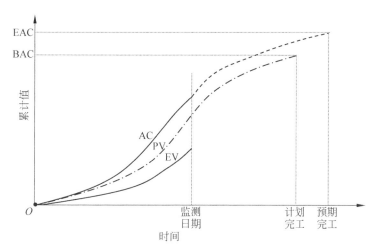

图10-5 计划价值、挣值和实际成本累计值监测结果

例10-1 某项目计划工期为40天,预算总成本为40万元。在项目的实施过程中,通过对成本的核算和有关成本与进度的记录得知,在开工后第20天的实际情况是：累计实际成本为20万元,所完成工作的计划预算成本额为10万元。试分析项目的成本执行情况和计划完工情况,并计算完工尚需估算、完工尚需绩效指数、完工估算和完工偏差。

解：由已知条件可知：当工期过半时,项目的计划成本发生额应该为20万元,即 PV=20万元。AC=20万元,EV=10万元,BAC=40万元。

CV＝EV－AC＝10－20＝－10(万元),由此可见,成本超支10万元。

SV＝EV－PV＝10－20＝－10(万元),由此可见,进度落后价值10万元的工作量。

SPI＝EV/PV＝10/20＝0.5,20天只完成了50％的计划工作量,进度滞后。

CPI＝EV/AC＝10/20＝0.5,完成同样的工作量实际发生成本是预算成本的2倍。

假设按照预算单价(以计划的成本绩效)完成剩余工作,则

$$ETC＝(BAC－EV)/CPI_0＝(40－10)/1＝30(万元)$$

式中,CPI_0 为计划的成本绩效指数。

$$EAC＝AC＋ETC＝20＋30＝50(万元)$$
$$VAC＝BAC－EAC＝40－50＝－10(万元)$$

假设以当前的成本绩效完成剩余的工作,则

$$ETC＝(BAC－EV)/CPI_c＝(40－10)/0.5＝60(万元)$$

式中,CPI_c 为当前的成本绩效指数。

$$EAC＝AC＋ETC＝20＋60＝80(万元)$$
$$VAC＝BAC－EAC＝40－80＝－40(万元)$$

假设以效率CR(＝CPI×SPI)完成剩余的工作,则

$$ETC=(BAC-EV)/(CPI \times SPI)=(40-10)/(0.5 \times 0.5)=120(万元)$$
$$EAC=AC+ETC=20+120=140(万元)$$
$$VAC=BAC-EAC=40-140=-100(万元)$$

为了确保实际总成本不超过批准的 BAC，则
$$TCPI=(BAC-EV)/(BAC-AC)=(40-10)/(40-20)=1.5$$，即只有以计划的成本绩效的 1.5 倍去完成剩余的工作，才能保证在预算内完成项目。

如果以当前的成本绩效完成剩余的工作，则
$$TCPI=(BAC-EV)/(EAC-AC)=(40-10)/(80-20)=0.5$$，与计算的 CPI 相同。

10.5 项目质量控制

项目是一系列具有开始和结束日期、相互协调和控制的活动。项目的最终可交付成果既可以是活动形成的产品，也可以是活动所提供的服务；所以项目的质量可以用最终交付的产品或服务的质量来度量。ISO 9000－2000 标准把质量定义为"一组固有特性满足要求的程度"。该质量定义并没有界定质量载体，完全适用于项目。因此，项目质量可以定义为项目最终可交付成果的一组固有特性能够满足用户要求的程度。但是，质量不是一个固定不变的概念，它是动态的、变化的、发展的，它随着时间、地点的不同而不同，随着社会的发展、技术的进步而不断更新和丰富。

项目质量形成过程兼具产品和服务两个方面的特性。所以项目质量的定义和内涵也具有自己的独特性：一是项目质量既具有产品质量的特性，又具有服务质量的特性；二是项目的质量是由整个项目活动的全过程形成的，受项目全过程的工作质量直接和综合影响。单从项目的最终可交付成果来看，项目质量与产品质量和服务质量相似。由于项目具有一次性、独特性与创新性，项目质量与产品或服务质量有两点不同：①产品或服务一般是在试生产之后以重复生产的方式提供的，在试生产期间，消除了影响质量的不确定因素，检验了质量控制措施，完善了质量保障体系；而一个项目质量在绝大多数情况下，在项目全过程完成以后才能最终形成。尽管在项目定义和设计阶段人们可以对项目的质量提出基本的要求，但是几乎没有一个项目是完全按照项目定义和设计阶段确定的项目质量完成的，绝大多数的项目在实现过程中，都会通过项目变更去修订和变更对于项目质量的要求与规定。②产品生产和服务提供因为是周而复始的（否则就属于项目了），所以它们在不断循环的过程中有持续改善和提高的余地与可能性。但是项目具有一次性和独特性，即使要改进也多数需要重新开展一个新项目。

10.5.1 项目质量控制过程

质量控制是为达到质量要求所采取的技术措施和管理措施方面的活动。其中，质量要求是指对于客户要求的表达以及由此转化得出的对具体实体特性的定量或定性的规定要求；而其中的具体技术措施和管理措施包括确定控制对象、规定控制标准、制订控制方法、选用检验技术、处理质量事故（失控）等。

项目质量控制注重过程控制。现代质量工程技术把质量控制划分为若干阶段，在产

品开发设计阶段的质量控制叫作质量设计。在制造中需要对生产过程进行监测,该阶段称作质量监控阶段。以抽样检验控制质量是传统的质量控制,被称为事后质量控制。在上述若干阶段中最重要的是质量设计,其次是质量监控,再次是事后质量控制。对于那些质量水平较低的生产工序,事后检验是不可少的,但质量控制应是源头治理,预防越早越好。事后检验控制要逐渐取消。事实上一些发达国家中的企业已经取消了事后检验。综上所述,过程监控是从源头控制产品质量的关键。

要保证产品质量,必须加强对生产过程的质量控制。质量控制是为了达到质量要求所采取的作业技术和活动。其目的在于监视过程并排除质量环所有阶段中导致不满意的因素,以此来确保产品质量。无论是零部件产品还是最终产品,它们的质量都可以用质量特性围绕设计目标值波动的大小来描述,波动越小则质量水平越高。当每个质量特性值都达到设计目标值,即波动为零,此时该产品的质量达到最高水平,但实际上这是永远不可能的。所以我们必须进行生产过程质量控制,最大限度地减少波动。

质量控制大致可以分为 7 个步骤:①选择控制对象;②选择需要监测的质量特性值;③确定规格标准,详细说明质量特性;④选定能准确测量该特性值的监测仪表,或自制测试手段;⑤进行实际测试并做好数据记录;⑥分析实际与规格之间存在差异的原因;⑦采取相应的纠正措施。在采取相应的纠正措施后,仍然要对过程进行监测,将过程保持在新的控制水准上。一旦出现新的影响因子,还需要测量数据、分析原因、进行纠正,因此这 7 个步骤形成了一个封闭式流程,称为"反馈环"。

在上述 7 个步骤中,最关键的有两点:一是质量控制系统的设计;二是质量控制技术的选用。

10.5.2 项目质量控制依据

项目质量控制依据主要包括质量测量指标、质量核对清单、工作绩效数据、批准的变更请求、可交付成果、项目文件等。

1. 质量测量指标

质量测量指标具体描述项目或产品属性,以及如何通过质量控制过程对其进行度量。质量测量指标包括准时性、缺陷频率、故障率、可用性、可靠性等。质量测量指标不但可以用于质量控制过程,还可以用于质量保障的实施。

2. 质量核对清单

质量核对清单,又称质量核对表,是一种结构化工具,具体列出各项内容,用来核实一系列步骤是否已经执行。基于项目的不同要求,质量核对表可以比较简单,也可以比较详细。

3. 工作绩效数据

工作绩效数据是在执行项目工作的过程中,从每个正在执行的活动中收集的原始观察结果和测量值。在这里,主要是指与质量有关的数据。

4. 批准的变更请求

项目变更请求是指项目在执行过程中对项目计划提出的各种改动要求,如范围变化、项目预算变更、进度估算变化或者质量要求的变化等都需要提出变更申请。因此,批准的变更请求也是质量控制的依据之一。

5. 可交付成果

可交付成果是项目管理中的阶段或最终交付物,是为完成某一过程、阶段或项目而必须交付的任何独特、可验证的产品、成果或提供的服务。交付的成果必须满足客户端要求,因此,可交付成果的要求或技术规范是质量控制的依据之一。

6. 项目文件

项目文件可能包括(但不限于)项目协议、质量审计报告、变更日志、过程文档,如用质量控制工具所产生的文档。项目实施机构应根据项目文件实施项目,因此,项目文件是质量控制的依据之一。

10.5.3 项目质量控制方法

在项目管理中,为了确保项目最终可交付成果的质量能够达到客户的要求和满足客户的期望,就必须开展质量管理活动。质量控制的工具很多,常见的有因果图、排列图、直方图、检查表、流程图、控制图、散布图7种。

1. 因果图(石川馨图)

因果图是由日本东京大学教授石川馨在1953年提出的,因而也称为石川馨图,又因为形象像鱼刺,又称为鱼刺图或鱼骨图,是用来分析问题的原因,并将众多的原因分类、分层的图形。因果图的本质是对原因进行逐层分解,首先寻找第1层级原因,然后在第1层级的每一个原因中寻找第2层级的原因,以此类推,直到找出全部的原因为止。图10-6所示为因果分析。

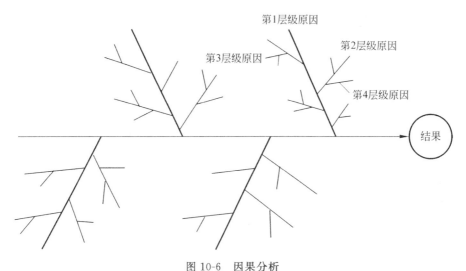

图 10-6 因果分析

导致过程或产品质量问题的因素可能有很多,通过因果图对这些因素进行全面系统的观察和分析,可以找出导致质量问题的全部原因。图10-7所示为工程质量因果分析示例。

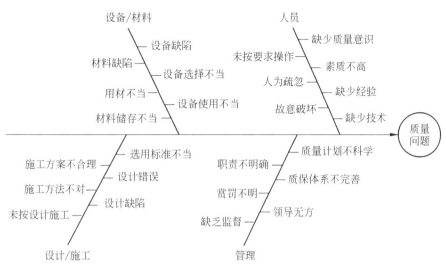

图 10-7　工程质量因果分析

2．排列图（帕累托图）

排列图又称帕累托图，它是将各个项目从最主要到最次要的顺序进行排列的一种工具。在质量控制中，假设影响质量的因素遵循帕累托法则（也叫二八定律，即 80% 的问题是 20% 的原因所造成的），可以将其按照重要程度依次排列，从而找出影响质量的"关键的少数"。如果消除这些关键少数，就可以解决绝大部分质量问题。图 10-8 所示为排列图（帕累托图）示例。

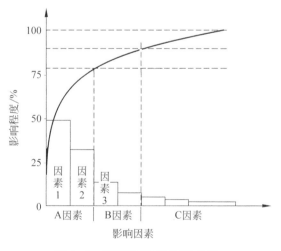

图 10-8　排列图（帕累托图）示例

3．直方图

直方图（histogram），又称质量分布图，是一种统计报告图，一般用横轴表示数据类型，纵轴表示分布情况。由于直方图能够直观地显示出数据的分布情况，因而用来预测并监控产品质量状况。从总体中随机抽取样本，将从样本中获得的数据进行整理，获得数据的分布情况,如标准型、锯齿型、偏峰型、陡壁型、平顶型、双峰型、孤岛型,根据这些数据找出质量波动规律,预测质量的好坏。图 10-9 所示为标准型直方图示例。

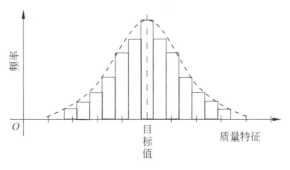

图 10-9 标准型直方图

4. 检查表

检查表,又称计数表,是用来系统地收集资料和积累数据,确认事实并对数据进行粗略整理和分析的统计图表。在对项目质量进行科学分析的基础上,系统地收集资料、积累信息、确认事实并对数据进行粗略的整理和分析,以便找出各种可能存在的影响质量的因素,可以与帕累托图和直方图配合使用。检查表可以细分为不合格项检查表、缺陷位置检查表、缺陷原因检查表等。

5. 流程图

流程图,也称过程图,是流经一个系统的信息流、观点流或部件流的图形代表。在项目质量控制中,流程图主要用来揭示和掌握项目质量状况。作为诊断工具,它能够辅助决策制定,让管理者清楚地知道问题可能出在什么地方,从而确定出可供选择的行动方案。流程图直观地描述一个工作过程的具体步骤,对准确了解事情是如何进行的,以及决定应如何改进极有帮助。

6. 控制图(休哈特图)

控制图是休哈特于 1924 年提出来的,因此也称休哈特图,其目的是消除产品质量形成过程中的异常波动。产品在制造过程中,质量波动是不可避免的,质量波动包括异常波动和正常波动,在质量控制过程中,控制图主要是用来发现过程中的异常波动。控制图可对过程状态进行监控,并可度量、诊断和改进过程状态。图 10-10 所示为控制图示例。

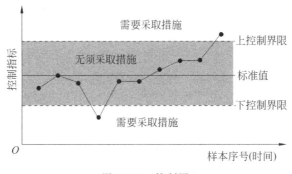

图 10-10 控制图

7. 散布图

在质量改进活动中,常常要分析研究两个相应变量是否存在相关关系。散布图就是把由实验或观测得到的统计资料用点在平面图上表示出来,根据其分布状态,发现和显示两组相关数据之间相关关系的类型和程度,从而把握二者之间的关系,为质量控制提供依据。图 10-11 所示为散布图示例。

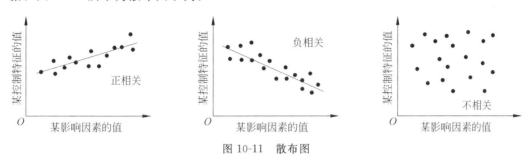

图 10-11 散布图

10.6 项目风险控制

日常生活中,人们提到"风险"一词时,首先想到的是"发生不良后果或损失的不确定性"。人们习惯于把遭受损失的可能性看作"风险",而把获得好处的可能性看作"机会"。

在项目管理中,国际标准化组织在 ISO 31000 中把风险定义为不确定性对目标的影响。其中,不确定性是指没有足够的信息或只有部分信息去了解或认知事件的可能性及其后果的状态;目标可以有不同方面(如财务、健康安全以及环境目标),可以体现在不同的层次(如战略、组织范围、项目、产品和过程);影响是指与期待的偏差,可能是积极的(正面的),也可能是消极的(负面的)。

从上述风险定义可以看出,风险具有两个特征:一是不确定性,即风险事件发生都是随机的,没有人能够准确预言风险发生的确切时间和内容。虽然人们通过长期的统计分析,发现了许多事物的发生和发展规律,但是即使这样也只是一种统计规律,即具有随机性的规律。二是对目标的影响,即这些事件如果发生会带来某种影响,特别是负面影响,如损失。肯定发生某种损失后果的事件不是风险,没有损失后果的不确定性事件也不是风险;只有当二者都存在时,才认为有风险。

从上述风险定义还可以看出,风险大小取决两个因素:一是实际结果与预期结果的偏离程度,偏离越大,对风险值的影响越大;二是每个可能的结果发生概率的大小,概率越大,对风险值的影响越大。因此,如果采取适当的措施减少损失发生的概率,或者采取及时而有效的措施减少损失,或者两种方式同时进行,那么风险可能带来机会,不仅仅控制了风险,可能还会带来收益。

项目风险就是项目生命周期中存在的风险。项目风险的定义与一般风险的定义没有本质的区别,只是项目风险的内涵限定在项目上。因此,项目风险可以定义为在项目过程中影响项目目标实现(如成本目标、质量目标和进度目标等)的不确定性以及影响程度;或者说项目风险是由于项目所处环境和条件的不确定性,项目的最终结果与项目干系人的期望产生背离,并给项目干系人带来损失的可能性,或可能造成损失的大小,或者二者的组合。

10.6.1 项目风险的发生过程

从时间上看,风险发展一般有3个阶段:一是风险潜伏阶段;二是风险发生阶段;三是造成后果阶段。从因果关系方面看,一件事情(或项目)之所以有风险,是因为存在风险因素。风险因素可能产生风险事件(在没有产生风险事件之前处于潜伏状态),风险事件造成事件后果,事件后果影响预期目标,如图10-12所示。

图10-12 项目风险的发生过程

1. 风险因素

一件事情是否有风险,首先看是否存在风险因素。风险因素是指增加风险事故发生的可能性或严重程度的任何事件。风险因素是风险事故发生的潜在原因,是造成损失的内在或间接原因。任何一个风险因素都可能产生风险事故,事件中包含的风险因素越多,产生风险事故的可能性越大。

根据风险因素的可观察性,风险因素分为有形风险因素和无形风险因素。有形风险因素或称物质风险因素,是指导致损失发生的物质方面的因素,如项目所在的地域、建筑结构形式和用途等。例如,南方地域要比北方地域发生洪灾的可能性大,木质结构的房屋要比水泥结构的房屋发生火灾的可能性大,等等。无形风险因素是非物质形态的因素,如文化、习俗和生活态度等。例如,由于人们的粗心大意或过失行为,增加风险事故发生的概率,扩大损失程度。如果人们以不诚实、或不良企图、或欺诈行为故意促使风险事故的发生,或扩大已发生的风险事故所造成的损失,则这种故意称为道德风险因素。

2. 风险事件

风险事件(又称风险事故)是指直接造成人身伤亡、财产损害或偏离预期结果等的偶发事件。例如,火灾、地震、洪水、龙卷风、雷电、爆炸、盗窃、抢劫、疾病、死亡等都是风险事故。

风险事件是造成损失的直接的或外在的原因。就某一事件来说,在一定条件下,如果它是造成损失的直接原因,那么它就是风险事故;而在其他条件下,如果它是造成损失的间接原因,它便是风险因素。以冰雹为例。如果下冰雹使得路滑而发生车祸,造成人员伤亡,这时冰雹是风险因素,车祸是风险事故。如果冰雹直接将行人砸成重伤,下冰雹本身就是风险事故。

3. 事件后果

事件后果是指风险事件发生后的结果,如人身伤亡、财产损害或偏离预期结果等。在风险管理中,着重于事件的不良后果,即风险损失。风险损失是指由于一个或多个意外事件的发生,在某一特定条件下产生的损失。通常我们将风险损失分为两类,即直接损失和间接损失。直接损失是指风险事故导致的财产本身损失和人身伤害,这类损失又称为实质损失;间接损失则是指由直接损失引起的其他损失,包括额外费用损失、收入损失和责任损失。风险损失是由意外事件引起的,具有非故意的、非预期的、非计划的特性。

10.6.2　项目风险的管理原则

为了有效地管理风险,国际标准化组织在 ISO 31000 中建议组织机构的各个层级应遵循11项基本原则:①风险管理应创造价值和保护价值;②风险管理应是整合在所有组织过程中的一部分;③风险管理应支持决策;④风险管理应明晰解决不确定性;⑤风险管理应具有系统性、结构化和及时性;⑥风险管理应基于最可用的信息;⑦风险管理应是量身打造的;⑧风险管理应考虑人文因素;⑨风险管理应是透明的和包容的;⑩风险管理应是动态的、迭代的和应对变化的;⑪风险管理应促进组织的持续改进。

上述风险管理原则包括管理风险的方针和目标、风险管理的角色定位和运作要求。管理风险的方针是不仅要保护价值(如避免损失),还要创造价值(如绩效的改进)。管理风险的目标是:帮助决策者作出明智的选择、优先的措施和辨别行动方向,明确地阐述不确定性概念、不确定性的性质以及如何加以解决,持续提升项目的工作绩效。风险管理的角色是项目管理职能之一,但不是孤立活动,而是整合在所有项目过程之中的。风险管理的运作应基于最可用的信息,应根据项目的外部和内部状况及风险状况量身打造,应采用系统的、结构化的方法进行及时性的管理,应让利益相关方(特别是各级决策者)参与风险管理,确保风险管理保持相关和先进性,应持续观察外部和内部事件的改变,适时地响应项目的变化。

项目风险管理在上述11项风险管理基本原则的基础上,还应遵循下列7项原则:①没有风险识别,就没有风险管理。风险识别是风险管理的前提,没有识别风险,无法预先制定风险对策和措施。②风险评估是风险对策的决策依据,风险评估的质量影响决策的正确性。③每一项风险都有相关联的、不可避免的成本,该成本应在过程中的某一环节吸收。④合理分配风险,减少项目总成本并促进双方的工作关系。⑤适当分散风险,让参与项目的各方或多或少承担一定的风险,避免风险集中在某一方,许多风险最好是分担。⑥风险与回报均衡,在承担风险的同时应获得相应的回报。⑦必须连续监测风险,不断更新风险管理计划以应对新出现的和新识别的潜在风险。

10.6.3　项目风险的控制措施

风险控制是指风险管理者制订计划和采取各种措施与方法,消灭或减少风险事件发生的各种可能性,或者减少风险事件发生时造成的损失。风险控制包括事前控制、事中控制和事后控制。事前控制的目的主要是降低损失的概率,事中和事后的控制主要是为了减少实际发生的损失。相应地有两种风险控制计划,即预防计划和应急计划。风险控制计划就是在风险识别和风险评估的基础上,预测将来可能会发生什么,然后准备一个详细的行动计划来处理风险。

预防计划是一组针对风险特性制定的降低或消除风险发生的工作程序和具体措施,其目的在于有针对性地预防损失的发生。预防措施的主要作用是降低损失发生的概率,在许多情况下也能在一定程度上降低损失的严重性。预防风险涉及一个现时成本与潜在损失比较的问题:若潜在损失远大于采取预防措施所支出的成本,就应采用预防风险手段。以兴修防洪堤坝为例,虽然施工成本很高,但与洪水泛滥造成的巨大灾害相比,就显得微不足道。

应急计划是在事先假定风险事件发生的前提下,所确定出的针对一些重大风险事件准备实施的行动计划,是一组事先编制好的、目的明确的工作程序和具体措施。目的是在风险发生时,为现场人员提供明确的行动指南,使其在各种严重的、恶性的紧急事件发生后,不至于惊慌失措,也不需要临时讨论研究应对措施,可以做到从容不迫、及时、妥善地处理,从而减少人员伤亡以及经济损失,使其影响程度减至最小。风险应急计划涉及各种不同的应急措施和不同的应急方案,可采用对多种风险可能性结果假设的"what…if"分析方法来制订。应急行动可作为事后的补救活动减轻风险造成的影响,或采取与初始计划平行的行动或者根据早期的风险征兆进行预防行动来减轻风险的影响。

在制订损失控制措施时,应注意下列几点:①必须以定量风险评价的结果为依据,才能确保损失控制措施具有针对性,取得预期的控制效果;②必须考虑其付出的代价,包括费用和时间两方面的代价,而时间方面的代价往往还会引起费用方面的代价;③在采用损失控制这一风险对策时,所制订的损失控制措施应当形成一个周密的、完整的损失控制计划系统;④试图减少风险通常需要增加大量的管理控制和监控系统,这些又增加了系统的复杂程度并带来了新的风险源。

思 考 题

1. 说明控制的基本原理。
2. 简述项目范围控制的要点。
3. 简述项目进度控制的要点。
4. 简述项目成本控制的要点。
5. 简述项目质量控制的要点。
6. 简述项目风险控制的要点。
7. 某综合楼工程,地下1层,地上10层,钢筋混凝土框架结构,建筑面积28 500m³,某施工单位与建设单位签订了工程施工合同,合同工期约定为20个月。施工单位根据合同工期编制了该工程项目的施工进度计划,并且绘制出施工进度网络计划,如图10-13所示(单位:月)。

在工程施工中发生了如下事件:
- 事件一:因建设单位修改设计,致使工作K停工2个月。
- 事件二:因建设单位供应的建筑材料未按时进场,致使工作H延期1个月。
- 事件三:因不可抗力原因致使工作F停工1个月。
- 事件四:因施工单位原因工程发生质量事故返工,致使工作M实际进度延迟1个月。

问题:
(1) 指出该网络计划的关键线路,并指出其由哪些关键工作组成。
(2) 针对本题上述各事件,施工单位是否可以提出工期索赔的要求?并分别说明

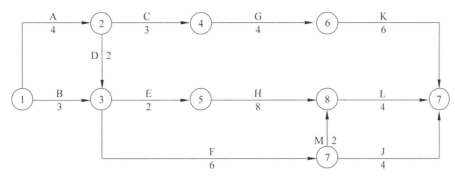

图 10-13 施工进度网络计划

理由。

（3）上述事件发生后，本工程网络计划的关键线路是否发生改变？如有改变，指出新的关键线路。

（4）对于索赔成立的事件，工期可以顺延几个月？实际工期是多少？

8. 某项目计划工期为 50 天，预算总成本为 60 万元。在项目的实施过程中，通过对成本的核算和有关成本与进度的记录得知，在开工后第 20 天的实际情况是：累计实际成本为 30 万元，所完成工作的计划预算成本额为 20 万元。试分析项目的成本执行情况和计划完工情况，并计算完工尚需估算、完工尚需绩效指数、完工估算和完工偏差。

第 11 章

项目收尾的管理

"慎始而敬终,终以不困"告诉我们,如果谨慎地开始一件事情,而且自始至终毫不怠慢,就不会有窘迫之患。项目管理不但要认真做好项目启动工作,而且要认真做好项目收尾工作,做到"善始善终,善作善成"。

项目收尾包括项目合同收尾和项目行政收尾。前者是对外(如果是外部项目),完成合同规定的责任和义务,获得客户或项目发起人的验收,正式结束项目;后者是对内,对项目团队成员进行评价,并进行人员安置和设备处置,以及总结项目成功的经验和失败的教训,改进机构的项目管理等。此外,项目执行机构还需要进行项目管理后评价,如评价机构的项目管理胜任力、项目管理成熟度、项目绩效等,以及分析项目失败的原因和识别项目管理的成功关键要素,以便提高机构的项目管理水平。

11.1 项目收尾管理概述

项目收尾是项目生命周期的最后一个阶段,也是项目管理的最后一个步骤,其主要工作包括项目合同收尾和行政管理收尾两部分。项目收尾有正常收尾与非正常收尾之分。无论是项目目标达成而正常终止,还是项目因某种原因被提前终止或者被取消,都需要进入项目收尾阶段,项目收尾的完成标志着项目的正式结束。

11.1.1 项目合同收尾

项目合同收尾是完成每个项目合同所必需的过程,其主要工作包括获得客户或发起人对项目最终产品、服务或成果的验收,并解决所有的遗留问题和正式结束项目。项目合同收尾的核心工作是交付项目成果。交付工作一般分两个步骤:首先进行自查自检,由项目团队全面检验项目工作和项目产出物,对照项目定义和决策阶段所提出的项目目标和项目产出物的要求,确认项目是否达到目标或要求,如果存在问题或缺陷,则进行整改或返工,直至达到目标和要求。然后,进行项目成果移交,由项目团队或项目执行机构与项目客户或发起人按照合同要求进行验收和移交工作,移交内容包括项目产出物的实物和项目产出物的产权或所有权。在验收移交过程中,如果项目客户或发起人根据合同对项目工作和项目产出物提出整改要求,项目团队则需要采取行动满足这类要求,直至项目最终成果被接收为止。

当项目正常收尾时,项目合同收尾是在合同双方当事人按照合同的规定履行完各自的责任义务后所需进行的一系列管理工作。一般来说,合同条款和条件规定了合同正常收尾的具体程序,如项目成果验收标准和移交程序。合同双方当事人只需根据项目合同条款的规定,逐项核对,看是否完成了合同要求的全部工作,并将项目结果移交给客户,进行项目结算(处理应收应付款)和处理未尽事宜。在合同收尾后,未解决的争议可能需进入诉讼程序。

当项目非正常收尾时,如果合同为提前终止规定了终止程序以及双方的责任和权利,则在项目合同收尾阶段,合同双方当事人可按照合同规定处理合同因故终止的未尽事宜。如果合同没有规定提前终止情况下双方的责任和权利,则在项目合同收尾阶段合同双方当事人需要通过协商谈判,甚至法律诉讼,来解决合同因故终止的未尽事宜。

11.1.2　项目行政收尾

项目行政收尾是完成项目管理所必需的过程,其主要工作包括全面、系统地回顾项目管理工作,进行项目管理后评价,考查"如果有机会重新做该项目可以如何改进",把有关经验教训提炼出来并形成文档,并使它成为"组织过程资产"的一部分,更新项目实施机构的过程资产。如果项目没有全部完成而提前结束,则应查明有哪些工作已经完成,完成到了什么程度,哪些工作没有完成并将核查结果记录在案,形成文件,并总结经验教训。

此外,随着项目接近尾声,大多数项目活动已经完成,团队成员将陆续从项目中释放出来,需要进行安置。项目人员的重新安置非常重要,如果处置不当,可能出现人心涣散,人人有后顾之忧,从而影响项目的按时完成。根据人员的来源不同,人员安置的途径有所不同。如果是项目执行机构内部招聘的人员,一般安排回到他们原来的部门或者安排到其他的项目中;如果是外聘的人员,一般由他们自己寻找出路或者推荐到其他项目中。无论哪种情况,一般都需要对团队成员在项目中的表现作出评价,作为人员重新安置的基础。

11.1.3　项目合同收尾与项目行政收尾的关系

项目合同收尾与项目行政收尾相关联,因为两者都涉及验证所有工作和可交付成果是否可以接受的工作。项目合同收尾涉及项目交付成果的核实,如所有工作是否按要求令客户满意地完成了;项目行政收尾需要用到项目合同收尾的相关资料,如更新记录以反映最后成果,并将其归档以备后用。

项目合同收尾与项目行政收尾之间也有区别:①项目行政收尾要由项目发起人或高级管理层给项目经理签发项目阶段结束或项目整体结束的书面确认,而项目合同收尾则要项目业主向项目承包商签发合同结束的书面确认。②从整个项目说,项目合同收尾发生在行政收尾之前,如果是以合同形式进行的项目,在收尾阶段,先要完成项目审计和合同收尾,然后才能结束项目行政收尾。

11.2　项目管理后评价

项目管理后评价,或称为项目实施过程后评价,是在项目结束后为了界定关键成功要素和改进项目管理而进行的评价,由项目执行机构对项目整个生命周期中各阶段管理工作进行的自我总结和评价,目的是对项目实施的管理情况进行总结和回顾,总结项目管理的经验教训,为项目执行机构积累经验,提出以项目管理后评价为基础的项目管理改进方案,从而提高项目管理水平。

项目管理后评价受到了高度重视,许多项目管理相关的行业协会和学术机构与专家个人提出多种评价模型。这些评价模型包括3方面的评价:一是项目执行机构的项目管理胜任力评价;二是项目执行机构的项目管理成熟度评价;三是项目管理绩效评价。

11.2.1 项目管理胜任力评价

项目执行机构是否能够胜任项目管理?国际项目管理协会构建了OCB(organizational competence baseline for developing competence in managing by projects,项目管理胜任力开发的机构胜任力基准,简称"机构胜任力基准"或"组织胜任力基准"),目的是评价机构的项目管理胜任力(注:也可用于项目集和项目组合管理胜任力的评价)。所谓的"机构胜任力基准"是指一个机构在支持和管理系统中整合与安排项目的人员、资源、过程、结构及文化等能力。

国际项目管理协会构建的机构胜任力基准包括5个方面:项目治理、项目管理、调整安排、人员胜任力、项目资源。

1. 项目治理的评价

项目治理是公司治理的一部分。通常由作为指导委员会的管理高层提供战略观点、政策、指针、决策、绩效管控和项目持续发展的方向。因此,项目治理的评价包括:使命、愿景和战略,管理发展,领导力,绩效4个方面的评价。

1) 使命、愿景和战略的评价

项目的使命、愿景和战略应该指导机构项目管理胜任力的长期发展。因此,首先确定项目实施机构是否有项目的使命、愿景和战略。如果有,则评价项目的使命、愿景和战略与机构的使命、愿景和战略是否一致。并且进一步评价机构的管理高层是否有效地把项目的使命、愿景和战略传递到所有的干系人,并提供必要的资源;项目的使命、愿景和战略是否定期进行评价和更新;机构是否有收集、分析与评价项目的使命、愿景和战略相关信息的过程;机构的管理高层在项目的使命、愿景和战略发展与更新过程中是否纳入相关的干系人。

2) 管理发展的评价

项目实施机构总是面临内部和外部的变化,项目的使命、愿景和战略应该指导项目管理的发展。因此,首先确定项目实施机构是否有项目管理发展目标。如果有,则评价项目管理发展目标与机构制定的项目的使命、愿景和战略是否一致,项目管理发展目标是否定期进行更新,机构是否有发展项目管理和收集、分析、评价与使用相关信息的过程(包括从过程中得到的教训),所有的相关干系人是否积极参与项目管理发展过程。

3) 领导力的评价

项目是由项目团队来完成的,而项目团队是项目实施机构的一部分,没有管理层的支持将事倍功半。因此,首先确定机构的各个管理层是否都表明致力于项目,并积极参与项目。如果是,则评价管理高层和高级执行人员是否确定了项目目标,并明确他们对项目的期望,机构是否能够在项目中发展领导力,各个管理层是否都建立了与干系人及干系人之间的理解沟通,所有的相关干系人是否积极反馈在项目中表现出来的领导力,机构是否培育连接战略和操作层面的决策过程。

4）绩效的评价

关键绩效目标包括项目进度目标、成本目标和质量目标。首先确定项目实施机构是否制订了项目的绩效目标，以及是否制订了项目管理的绩效目标。如果制订了绩效目标，则评价高层经理和高级执行人员是否表明了他们对绩效的期望，机构是否定期监测和控制绩效，项目经理和员工是否对绩效进行反馈，当未能实现绩效目标时，机构是否采取纠正行动。

2．项目管理的评价

项目管理是机构管理体系的一部分，通常由机构不同层级的（固定的和临时的）管理职能部门来进行，因而需要界定项目活动，需要有项目管理规范（如流程、方法、工具等）；每个项目都具有独特性，机构的项目管理规范应该有足够的适应性，相关人员应该能够理解和应用。因此，项目管理的评价主要包括以下几点。

（1）机构是否清楚地界定项目以及项目与其他活动的不同？

（2）机构是否界定不同类型的项目？

（3）机构是否有项目管理标准（如过程、方法和工具）？

（4）机构是否有使项目管理标准适合于项目的特殊需要的流程？

（5）所有的内部和外部相关的项目、项目集和项目组合的人员与经理是否能够获得、理解和应用项目管理标准？

（6）所有项目管理标准的使用者是否提供反馈和持续改进建议？

3．调整安排的评价

调整安排由管理高层设立绩效目标和期望，由项目经理在职能部门的支持下完成，并确保项目过程、结构和文化与内部及外部成员的过程、结构和文化一致。因此，调整安排的评价包括过程调整安排、结构调整安排、文化调整安排三个方面的评价。

1）过程调整安排的评价

项目实施机构应有效地使用资源，确保项目、项目集和项目组合之间的优化安排。因此，首先确定机构是否制定了项目、项目集和项目组合的过程安排标准。如果制定了相关标准，则评价机构是否确保项目、项目集和项目组合的过程与内部成员（职能部门）的过程相适应，机构是否确保项目、项目集和项目组合的过程与外部成员（客户、监管者、伙伴）的过程相适应，所有的项目、项目集和项目组合的人员和经理是否能够获得、理解和应用过程安排标准，所有过程安排标准的使用者是否提供反馈和持续改进建议。

2）结构调整安排的评价

项目一般是由临时的项目团队实施的。因此，评价机构是否制定了项目组织结构调整安排的标准，机构是否确保其在项目组织中的功能和角色与内部成员（职能部门）的功能和角色一致，机构是否确保其在项目组织中的功能和角色与外部成员（客户、监管者、伙伴）的功能和角色一致，所有的项目人员和经理是否能够获得、理解和应用结构安排标准，所有结构安排标准的使用者是否提供反馈和持续改进建议。

3）文化调整安排的评价

每个机构都有自己的公司文化，如价值观、愿景、行为规范、信仰、道德等。这些文化环境影响项目团队的行为。因此，需要评价机构是否培育了特定的项目导向的文化，机构是否有与项目相结合的文化安排标准、制度和指南，机构是否确保项目中的文化与所有的内部和外部成员的文化相适应，所有的项目人员和经理是否能够理解和应用期望的项目、项目集和项目组合文化，所有文化安排标准、规范和指针的使用者是否提供反馈和持续改进建议。

4．人员胜任力的评价

项目人员的胜任力、绩效和认可，由项目经理在职能部门的支持下负责实施，指导如何定义胜任力要求，确定胜任力的当前状态以及项目胜任力的持续发展。因此，人员胜任力的评价包括人员的胜任力要求、人员的胜任力状态、人员的胜任力获取、人员的胜任力开发 4 个方面的评价。

1）人员的胜任力要求评价

项目实施机构应定义、计划和控制项目人员的胜任力要求，从而确保在需要的时候能够提供足够的合格人员。因此，人员的胜任力要求评价判断机构是否对所有参与项目人员的胜任力要求进行了定性管理和定量管理，如建立了胜任力模型、制定了岗位说明等；机构是否为定义、计划和控制人员的胜任力要求提供标准、规范和指针；所有的项目人员和经理是否理解和应用这些标准、规范和指针；所有的项目人员和经理是否提供人员胜任力要求与标准的反馈和持续改进建议。

2）人员的胜任力状态评价

通过比较项目人员的胜任力状态与胜任力要求，可以确定项目人员的胜任力的差距、优势和劣势，从而扬长避短，开发项目人员的胜任力。因此，应判断机构是否对所有参与项目人员的胜任力状态进行分析；如果未能达到要求，机构是否制定纠正行动；机构是否提供分析、识别和评价人员胜任力的标准、规范和指针；这些标准、规范和指针是否被理解和应用；所有的项目人员和经理是否提供有关人员胜任力状态和标准的反馈。

3）人员的胜任力获取评价

具有合适胜任力的项目人员是实现项目愿景、目标和战略的关键。人员的胜任力获取评价主要是判断机构是否有识别、评价、选择和分配人员的标准；机构是否使用可获得的内部和外部来源获得人员的胜任力；在招聘和分配任务前，机构是否根据所制定的要求评价人员的合适性；这些标准、规范和指针是否被理解和应用；所有的项目人员和经理是否提供有关人员胜任力获得和标准的反馈。

4）人员的胜任力开发评价

通过胜任力开发可以使现有的项目人员能够满足项目对胜任力的要求。人员的胜任力开发评价主要是判断机构是否有选择、实施和评价人员胜任力开发的标准；机构是否使用可获得的内部和外部来源进行人员的胜任力开发；机构是否评价人员的胜任力开发的结果；这些标准、规范和指针是否被理解和应用；所有的项目人员和经理是否提供有关人员胜任力开发和标准的反馈。

5．项目资源的评价

项目资源由管理高层设立可用资源的目标和期望，由项目经理在金融、法律、采购和技术等职能部门的支持下负责实施，指导如何定义资源要求以及项目的持续发展和获得。

因此，项目资源的评价包括资源要求、资源状态、资源获取、资源开发 4 个方面的评价。

1）资源要求的评价

项目的实施需要各种资源，但项目实施机构的资源有限。因此，项目实施机构应定义、计划和控制项目资源（特别是稀缺资源）要求，从而确保在需要的时候能够提供足够的所需资源。资源要求评价主要是判断机构是否对项目所需资源的定性要求和定量要求进行管理，机构是否为定义、计划和控制资源要求提供标准、规范和指针，这些标准、规范和指针是否被理解和应用，所有的项目人员和经理是否提供关于资源要求和标准的反馈。

2）资源状态的评价

通过比较项目资源现状与项目资源要求，可以确定项目资源的差距、优势和劣势，从而扬长避短，正确处理项目资源的差距和劣势。因此，项目资源状态评价主要是判断机构是否分析部署给项目的资源状态；如果未能达到要求，机构是否制定纠正行动；机构是否提供分析、识别和评价资源状态的标准、规范和指针；这些标准、规范和指针是否被理解和应用；所有的项目人员和经理是否提供有关资源状态和标准的反馈。

3）资源获取的评价

项目所需资源是实现项目愿景、目标和战略的关键。项目资源获取评价主要是判断机构是否有识别、评价、选择和分配资源的标准；机构是否使用可获得的国内和国际来源获得资源；在获取和分配项目资源前，机构是否评价资源和供应者的适合性；这些标准、规范和指针是否被理解和应用；所有的项目人员和经理是否提供有关资源获取和标准的反馈。

4）资源开发的评价

有些项目所需资源（如技术诀窍、特殊设备和工具等）不太容易获得，需要进行资源开发，从而以可持续发展的方式满足项目对资源的需求。项目资源开发评价主要是判断机构是否有选择、实施和评价资源开发的标准；机构是否使用可获得的内部和外部供应商进行资源开发；机构是否评价资源开发的结果；这些标准、规范和指针是否被理解和应用；所有的项目人员和经理是否提供有关资源开发和标准的反馈。

6. 机构胜任力的评价标准

机构的胜任力可以分为 5 级：初始级、定义级、标准级、管理级和优化级。从 6 个方面判断胜任力的级别，如表 11-1 所示。

表 11-1 机构的胜任力级别评价标准

胜任力的级别	评价指标					
	标准的存在	标准的应用	标准的管理	干系人的参与	结果符合目标	完成项目依赖于
初始级	单个项目	有限领域	还没有	项目业主	一些好结果，但时间、预算和范围目标受到挑战	个人层级
定义级	部分项目	单个项目	有限领域	项目业主和重要内部干系人	低于基准	项目层级
标准级	多数项目	部分项目	单个项目	项目业主和所有内部干系人	达到基准	基于流程的项目

续表

胜任力的级别	评价指标					
	标准的存在	标准的应用	标准的管理	干系人的参与	结果符合目标	完成项目依赖于
管理级	全部项目	多数项目	部分项目	项目业主、所有内部干系人和重要外部干系人	自动高于基准项目组合,超预算在基准水平上	项目与项目集和/或项目组合结合
优化级	项目定制	全部项目	持续改进	所有相关干系人	多数项目能够实现目标,只有很少的项目组合预算超过标准	项目、项目集和/或项目组合与机构的战略结合,一般能达成目标

机构是否有项目管理标准(如过程、方法和工具)? 如果只是在单个项目中应用项目管理标准,则具备初始级胜任力;如果只是在机构的部分项目中应用项目管理标准,则具备定义级胜任力;如果只是在多数项目中应用项目管理标准,则具备标准级胜任力;如果在全部项目中应用项目管理标准,则具备管理级胜任力;如果有为项目定制的项目管理标准,则具备优化级胜任力。

11.2.2 项目管理成熟度评价

成熟度模型以结构化的方式评价机构的现有能力,从而帮助机构实现变革和改进。所谓的成熟度模型就是用来描述如何提高或获得某些期待物(如能力)的过程的框架。一个机构或个人的能力是从"不会"到"卓越"逐步提高的,这个逐步提高的过程可以分为若干个梯级,又根据每个梯级的特点,赋予一个名称。然而,目前没有统一的梯级划分,也没有统一的名称。

项目管理的绩效是项目管理能力的体现,而项目管理能力可以通过项目管理成熟度模型(project management maturity model,PM3)进行评价,从而了解自己的项目管理水平和能力,以便确定改进方向和制订改进计划。针对机构的项目管理能力成熟度,目前已经开发了多个成熟度模型,几个典型的成熟度模型叙述如下。

软件工程研究所(Software Engineering Institute,SEI)提出的能力成熟度模型(CMM)将能力成熟度分为5个梯级:①初始的(initial)。在这一成熟水平的组织,其软件开发过程是临时的,有时甚至是混乱的。没有几个过程是被定义的,常常靠个人的能力来取得成功。②可重复的(repeatable)。在这一成熟水平的组织建立了基本的项目管理过程来跟踪软件项目的成本、进度和功能。这些管理过程和方法可供重复使用,把过去成功的经验用于当前和今后类似的项目。③被定义的(defined)。在这个水平,管理活动和软件工程活动的软件过程被文档化、标准化,并被集成到组织的标准软件过程之中。④被管理的(managed)。在这一水平,组织收集软件过程和产品质量的详细措施,软件过程和产品都被置于定量的掌控之中。⑤优化的(optimizing)。处于这一成熟度模型的最高水平,组织能够运用从过程、创意和技术中得到的定量反馈,来对软件开发过程进行持续改进。

1. 美国项目管理协会的机构项目管理成熟度模型

美国项目管理协会构建了"机构的项目管理成熟度模型"(organizational project

management maturity model,OPM3),用来评估一个机构（注："机构"可以是整个公司，也可以是一个部门、功能小组或其他的组织机构）管理单个项目、项目群和项目组合的能力。该模型从两个维度来评价项目管理成熟度：一是对项目管理过程的规范化（standardizing）、可测评（measuring）、可控制（controlling）、持续改进（continuously improving）循环进行评价；二是从项目管理最佳实践维度进行评价。机构的项目管理成熟度评价可以是自我评价，也可以是专家评价。前者由机构自己对照自我评价表进行评价，后者由具有 OPM3 资质的专家进行评价。

自我评价表由一系列的问题组成，从规范化、可测评、可控制和持续改进 4 个方面进行评价。项目管理过程的规范化就是控制过程的主体规范化、文档规范化、沟通规范化，从而可重复实施并保持一致性；项目管理过程的可测评性就是测评这些过程实现期望结果的有效性，如把客户需求纳入测评，识别并测量关键特性，把输入与结果挂钩，以及测量的关键输入；项目管理过程的可控制性就是确保最佳实践的一致性、可靠性及其应用，即制订控制计划，实施控制计划，从而达到稳定性；项目管理过程的持续改进就是发现问题，实施改进方案，以实现更成功的项目结果——正确的项目，每次都能正确地完成。然后，根据评价结果判断机构的项目管理成熟度。相关的问题与 PMBOK 中项目管理过程相对应，回答"是"与"否"，肯定回答越多，机构的项目管理成熟度越高。以制定项目章程的过程为例，自我评价时需要回答下述 4 个问题。

制定项目章程的过程是否<u>规范化</u>？ 是/否

制定项目章程的过程是否<u>可测评</u>？ 是/否

制定项目章程的过程是否<u>可控制</u>？ 是/否

制定项目章程的过程是否<u>持续改进</u>？ 是/否

如果上述 4 个问题的回答都是肯定的，则说明所评价的机构在制定项目章程过程中的管理非常成熟。自我评价表中的问题可以根据具体情况进行设计，表 11-2 是机构的项目管理成熟度在规范化、持续改进等方面的自我评价示例。

表 11-2　机构的项目管理成熟度自我评价表（一）

问　　题	规范化	可测评	可控制	持续改进
制定项目章程的过程是否＿＿＿＿？				
制订项目管理计划的过程是否＿＿＿＿？				
指导和管理项目执行的过程是否＿＿＿＿？				
监控项目工作的过程是否＿＿＿＿？				
项目实施整合变更控制的过程是否＿＿＿＿？				
项目收尾过程或阶段收尾过程是否＿＿＿＿？				
收集项目需求的过程是否＿＿＿＿？				
定义项目范围的过程是否＿＿＿＿？				
创建项目 WBS 的过程是否＿＿＿＿？				
验证项目范围的过程是否＿＿＿＿？				

续表

问　　题	规范化	可测评	可控制	持续改进
控制项目范围的过程是否_____?				
定义项目活动的过程是否_____?				
安排项目活动顺序的过程是否_____?				
估算项目活动资源的过程是否_____?				
估算项目活动持续时间的过程是否_____?				
制订项目进度计划的过程是否_____?				
控制项目进度的过程是否_____?				
估算项目成本的过程是否_____?				
确定项目预算的过程是否_____?				
控制项目成本的过程是否_____?				
制订项目质量计划的过程是否_____?				
实施项目质量保证的过程是否_____?				
实施项目质量控制的过程是否_____?				
制订项目人力资源计划的过程是否_____?				
组建项目团队的过程是否_____?				
开发项目团队的过程是否_____?				
管理项目团队的过程是否_____?				
识别项目利益相关者的过程是否_____?				
制订项目沟通计划的过程是否_____?				
分发项目信息的过程是否_____?				
管理项目利益相关者预期的过程是否_____?				
报告项目绩效的过程是否_____?				
制订项目风险管理计划的过程是否_____?				
识别项目风险的过程是否_____?				
项目风险定性分析的过程是否_____?				
项目风险定量分析的过程是否_____?				
制订项目风险应对计划的过程是否_____?				
监控项目风险的过程是否_____?				
制订项目采购计划的过程是否_____?				
实施项目采购的过程是否_____?				
管理项目采购的过程是否_____?				
结束项目采购的过程是否_____?				

除了针对 PMBOK 的管理过程进行评价外,还应对机构的项目最佳实践进行评价,首先,识别出一组最佳项目管理实践;然后,对照最佳项目管理实践评价机构的项目管理成熟度。表 11-3 是项目管理最佳实践的自我评价示例。

表 11-3 机构的项目管理成熟度自我评价表(二)

问　题	是/否
是否具有机构项目管理政策和愿景?	
是否对所有的项目利益相关者进行机构项目管理政策和愿景方面的培训?	
是否具有支持机构项目管理与机构的愿景、目的和目标进行战略协同的过程?	
是否具有支持机构项目管理的资源配置过程?	
是否具有支持机构项目管理的管理体系?	
是否支持机构项目管理活动?	
是否具有支持机构项目管理活动的组织结构?	
是否具有合适的结构来支持机构项目管理环境和项目生命周期的能力管理?	
是否具有合适的结构来支持机构项目管理环境中的软技能的能力管理?	
是否具有合适能力的员工队伍来支持机构项目管理环境?	
是否具有一个支持机构项目管理环境所需角色的职业路线?	
是否具有评估胜任能力和正式绩效评估的程序?	
是否为机构项目管理角色提供项目管理培训?	
是否支持机构项目管理社区?	
是否支持在项目层面的机构项目管理实践?	
是否具有机构项目管理方法?	
是否在机构项目管理活动中使用机构项目管理技术?	
是否在机构项目管理活动中使用项目管理指标?	
是否在评价机构项目管理活动时应用项目成功标准?	
是否在机构项目管理活动中应用参照基准?	
是否在机构项目管理活动中应用项目管理信息系统和知识管理?	

2. 英国商务部的项目管理成熟度模型

英国商务部构建了两个项目管理成熟度模型,一个是 P3M3(project, programme and portfolio management maturity model),用于评价项目、项目群和项目组合的成熟度;另一个是 P2MM(PRINCE2 maturity model),用于评价 PRINCE2 应用的成熟度。

P3M3 模型将项目管理成熟度分为 5 个梯级,并从管理控制、效益管理、财务管理、干系人参与、风险管理、机构治理、资源管理 7 个方面对机构的项目管理成熟度进行评价。P3M3 模型的项目管理成熟度 5 个梯级的含义如下:①对过程的觉醒,评判机构是否认可项目,并采用与日常运作不同的方式进行运作,如在没有标准过程或跟踪体系条件下非正式地运作项目；②可重复的过程，评判机构是否确保每个项目的运作有自己的最低限度的过程和流程，项目之间存在有限的协调性或一致性；③被定义的过程，评判机构是否自己集中控制项目过程，单个项目能否在这些过程中作调整以便适应项目的特殊性；④被管理的过程，评判机构是否获得和保留项目管理绩效的具体措施，并通过质量管理机构实现更好的预期绩效；⑤优化的过程，评判机构是否通过主动解决问题和技术管理进行持续的过程改进，以便增强机构提高绩效和优化过程的能力。值得注意的是，常见的情况是一个机构并不是在 7 个方面都达到了某一成熟度级别，而是某些方面高于或低于该级别，因而需要做平衡处理。

P2MM 模型也将项目管理成熟度分为 5 个梯级：对过程的觉醒，可能会取得一些成功的活动，但这些通常是基于关键个人的能力，而不是整个机构的知识和能力；可重复的过程，组织能够在将来重复过去的成功做法；被定义的过程，有明确的目标、输入、活动、角色、验证步骤、输出和验收标准；被管理的过程，拥有成熟的能够被定量管理的行为和流程；优化的过程，使机构的过程能够持续改进。除了第 1 梯级的名称不同外，其他的梯级与软件工程研究所能力成熟度模型相同。

3. 其他的项目管理成熟度模型

Kerzner 将项目成熟度分为 5 个梯级：①通用术语（common language），在组织的各层次、各部门使用共同的管理术语；②通用过程（common processes），在一个项目上成功应用的管理过程，可重复用于其他项目；③ 单一方法（singular methodology），用项目管理来综合 TQM（全面质量管理）、风险管理、变革管理、协调设计等各种管理方法；④基准比较（benchmarking），将自己与其他企业及其管理因素进行比较，提取比较信息，用项目办公室来支持这些工作；⑤持续改进（continuous improvement），利用从基准比较中获得的信息建立经验学习文档，组织经验交流，在项目办公室的指导下改进项目管理战略规划。

Jugdev 和 Thomas 将项目管理成熟度也分为 5 个梯级：①就事论事地应对（ad-hoc）；②程序规范化办事（repeatable）；③组织化地管理（organized）；④整体化地管理（integrated）；⑤可持续改进（sustained）。

一般采用问卷评分法评估成熟度。为每个梯级设计一组评估题及相应的评估方法，通过得分高低判断是否达到了相应的水平。可以汇总评估本梯级的成熟度，分析不足和制订改进措施，确定是否进入下一梯级。例如，PRINCE2 成熟度的自我评价包括 9 个问题，每个问题有 5 个选择答案，分别对应 5 个梯级。其中，第一个问题是关于机构的总体成熟度水平；中间 7 个问题对应项目管理的 7 个方面——管理控制、收益管理、财务管理、项目干系人的参与、风险管理、机构治理、资源管理；最后一个问题是在总体成熟度水平与项目管理的 7 个方面之间进行交叉检查。

11.2.3 项目绩效评价

项目绩效评价是指对项目决策、准备、实施、竣工等全过程进行评价的活动。项目绩效评价的主要内容包括回顾项目实施的全过程、分析项目的绩效和影响、评价项目的目标实现程度、总结经验教训并提出对策建议等。

为了评价项目绩效,国际项目管理协会提出了项目卓越基准(project excellence baseline,IPMA PEB),并构建了项目卓越模型(project excellence model,PEM)。项目卓越基准明确了项目(或项目集)实现卓越需要具备什么,涵盖了项目卓越的基本要素,并表明如何加强和证明项目的卓越。项目卓越模型是从欧洲质量管理基金会(European Foundation for Quality Management)的卓越模型(excellence model,EFQM-EM)发展出来的,因而IPMA PEM更关注项目绩效目标,用于评价机构实现卓越项目管理的能力。

项目卓越模型包含3部分:人员与目的、过程与资源、项目结果。具有胜任力的人和机构并不能保证项目成功,正确使用和发挥人员与机构的能力才可能获得成功。促使项目管理卓越的要素包括人员、目的、过程、资源。其中,人员和目的是基础,合适的人员在优秀领导的领导和支持下,有共同的成功愿景,推动改进项目,从而实现卓越。同样的人员,如果没有共同的成功愿景,力不能往一块使,是难以实现卓越的。

项目卓越就是在人员与目的、过程与资源、项目结果等方面的管理绩效卓越。因此,项目卓越的评价标准包括上述3个方面的9个一级指标和20个二级指标,如表11-4所示。

表 11-4 项目卓越评价指标体系(项目卓越模型)

领域	一级指标	二级指标
人员与目的	领导力与价值	• 卓越的角色模型(A1a) • 项目干系人的考量(A1b) • 项目目标培训与变化适应性(A1c)
	目标与战略	• 管理项目干系人的需要、期望和要求(A2a) • 开发和实现项目目标(A2b) • 开发和实现项目战略(A2c)
	项目团队、伙伴和供应商	• 胜任力的识别和开发(A3a) • 成就的认可和授权(A3b) • 协作和沟通(A3c)
过程与资源	项目管理过程与资源	• 项目管理过程与资源(B1)
	其他关键过程和资源的管理	• 其他关键过程和资源的管理(B2)
项目结果	客户满意	• 客户的看法(C1a) • 客户满意指标(C1b)
	项目团队满意	• 项目团队的看法(C2a) • 项目团队满意指标(C2b)
	其他项目干系人满意	• 项目干系人的看法(C3a) • 项目干系人满意指标(C3b)
	项目结果和环境影响	• 所定项目目标的实现(C4a) • 超越所定项目目标及环境影响(C4b) • 项目绩效(C4c)

"人员与目的"包括3个一级指标:领导力与价值,目标与战略,项目团队、伙伴和供应商。其中,领导力与价值又细分为:卓越的角色模型(A1a),项目干系人的考量(A1b),项目目标培训与变化适应性(A1c);目标与战略又细分为:管理项目干系人的需要、期望

和要求（A2a），开发和实现项目目标（A2b），开发和实现项目战略（A2c）；项目团队、伙伴和供应商又细分为：胜任力的识别和开发（A3a），成就的认可和授权（A3b），协作和沟通（A3c）。"过程与资源"包括2个一级指标：项目管理过程与资源（B1）、其他关键过程和资源的管理（B2）。

根据PDCA循环对人员与目的、过程与资源进行评价：计划（确定一个好途径），项目团队如何选择项目总体战略、项目流程、方法、途径和适合于计划、执行与监控项目的工具，并反映项目的复杂性；执行（系统地应用所确定的途径），项目团队在实际项目中如何实施所选择的途径；检查（跟踪和分析所用途径的结果），从项目管理和项目结果这两个维度进行评价，项目团队如何规律性地检查项目中所用的过程和工具是否合适并进行优化，使之达到期望的结果，以及项目进展和成果是否符合计划；行动（完善和整合所确定的途径），从项目管理和项目结果这两个维度进行评价，项目团队如何驱动项目流程、方法、途径和工具的变革，从而确保它们完美地适合项目的计划、执行、监测和控制，以及如何开发和执行把项目带回正轨的措施。表11-5是"人员与目的"和"过程与资源"的评分标准。

表11-5 "人员与目的"和"过程与资源"的评分标准

计划 （确定一个好途径）	执行 （系统地应用所确定的途径）	检查 （跟踪和分析所用途径的结果）	行动 （完善和整合所确定的途径）	评分
满足项目需求的创新途径	所有相关项目干系人全心投入创新和改进途径，并系统应用该途径	所有相关项目干系人全心参与、积极主动寻找潜在的改进空间的活动	所有相关项目干系人全心参与、积极主动寻找潜在的改进空间的活动	~100分
满足项目需求的重大改进的已经证实的途径	所有相关项目干系人全心投入创新和改进途径，并系统应用该途径	所有相关项目干系人全心参与、积极主动寻找潜在的改进空间的活动	所有相关项目干系人全心参与、积极主动寻找潜在的改进空间的活动	~80分
所有相关项目干系人明确认可的、完全符合项目需要的、能胜任的途径	所有相关项目干系人系统地采用所选途径	规律地检测和分析所选途径的结果	当分析发现潜在的改进空间就采取有效措施	~60分
一些相关项目干系人认可的、部分符合项目需要的途径	相关的关键项目干系人采用所选途径的关键要素	在合理时间框架内项目领导关注与计划结果的重大偏差	在项目关键领域观察到的重大偏差都导致改进行动	~40分
一些相关项目干系人认可的途径	一些相关的项目干系人采用所选途径的某些要素	关键领域的主要偏差引起了项目领导的关注	当发生重大偏差时，有改进的打算	~20分
未经证实	未经证实	未经证实	未经证实	0分

"项目结果"包括4个一级指标：客户满意，项目团队满意，其他项目干系人满意，项目结果和环境影响。其中，客户满意又细分为客户的看法（C1a）和客户满意指标（C1b），项目团队满意又细分为项目团队的看法（C2a）和项目团队满意指标（C2b），其他项目干系人满意又细分为项目干系人的看法（C3a）和项目干系人满意指标（C3b）。项目干系人满

意度从项目干系人的看法和独立指标两个维度进行评价。其评价分为 4 部分：感知的满意水平，基于满意指标的期望的满意水平，所选途径与满意水平的联系，满意水平与行业基准的比较。表 11-6 是"项目干系人满意"的评分标准。

表 11-6 "项目干系人满意"的评分标准

感知的满意水平 （C1a/C2a/C3a）	基于满意指标的 期望的满意水平 （C1b/C2b/C3b）	所选途径与满意 水平的联系	满意水平与行业 基准的比较	评分
积极主动地表达了特别满意	全力支持、特别满意	所选途径能够建立新基准	建立了新基准	～100 分
特别满意	全力支持、特别满意	所选途径直接引向特别满意水平	在某些领域突出	～80 分
在所有关键领域得到肯定	在所有关键领域得到肯定	在所有关键领域有明确的联系	在所有关键领域都良好	～60 分
在某些领域得到肯定	在某些领域得到肯定	在某些领域有明确的联系	大多数领域都可接受	～40 分
中性	中性	联系弱	某些领域可接受	～20 分
负面	负面	未证实或所选途径明显导致不满意	未证实	0 分

项目结果和环境影响又细分为：所定项目目标的实现（C4a），超越所定项目目标及环境影响（C4b），项目绩效（C4c）。项目结果从根据项目目标定义的结果和项目绩效两个维度进行评价。其评价包括 4 部分：项目目标的实现，所用途径与目标实现的联系，趋势/倾向，结果与行业基准的比较。表 11-7 是"项目结果"的评分标准。

表 11-7 "项目结果"的评分标准

项目目标的实现	所用途径与目标实现的联系	趋势	结果与行业基准的比较	评分
持续超越	所选途径能够建立新基准	连续高于基准	建立了新基准	～100 分
超越	所选途径超越了目标	连续超越预期	在某些领域突出	～80 分
全部实现了	在所有关键领域有明显联系	在全部领域连续正效果	在全部领域都良好	～60 分
大多数都实现了	在某些领域有明显联系	在某些领域连续正效果	在大多数领域可接受	～40 分
只是部分实现	弱联系	零星的	在某些领域可接受	～20 分
未经证实	未经证实	未经证实	未经证实	0 分

通过对 3 个方面的 20 个指标的评分，汇总得到每个方面的总分，具体计算公式如下：

"人员与目的"得分：$[(A1a+A1b+A1c)/3+(A2a+A2b+A2c)/3+(A3a+A3b+A3c)/3]/3$

"过程与资源"得分：$(B1+B2)/2$

"项目结果"得分：$[(C1+C2+C3)/3+(C4a+C4b+C4c)/3]/2$

根据 3 项分数来判断项目管理绩效：如果"人员与目的"项的得分高于"过程与资源"项的得分，则属于领导驱动型管理；如果"过程与资源"项的得分高于"人员与目的"项的得分，则属于过程驱动型管理；如果"人员与目的"项的得分和"过程与资源"项的得分相当，则属于平衡型管理。

11.2.4 项目管理后评价的意义

质量管理中的戴明循环强调不断改进，这一理念同样适用于提高项目管理的"质量"：项目管理也要不断改进提高。项目行政收尾就是项目管理质量不断改进提高的关键环节：项目为什么会失败？有什么地方可以改进？吸取了什么教训？项目为什么成功？有什么经验值得传承？这一系列问题的回答将形成项目实施机构的过程资产，从而成为可以重复使用的资源。经验总结得越多，资源就越丰富，越能形成适合企业自身的项目管理模式，降低项目管理风险和管理成本。

项目管理后评价不是项目后评价，而是针对项目管理绩效的评价，是 PDCA 循环的最后一个环节（改进提高）的基础。项目管理后评价通过对项目管理过程的回顾和分析，总结项目管理各个环节的成功经验，查找项目管理各个环节的失败原因，总结经验教训，及时有效反馈信息，从而提高机构的项目管理水平。此外，通过内部的纵向比较，找出组织改进的方向；通过与外部的横向比较，找出机构的不足。

项目在结束后，通过项目管理后评价可以丰富机构的项目管理知识体系。因此，每位项目经理都应该在项目完成之后作总结，也可以称为完成之后的评估或回顾，或者更加有帮助的说法是完成后学习。这样做的目的是记录"所学到的教训"。

在项目收尾阶段，人们急于结束项目或来自下一份新工作的压力和激动经常使人们省掉一些完成后的总结活动。如果在项目完成之后没有进行正式的总结，吸取经验教训，在后来的项目中还可能重复相同的错误。因此，项目管理后评价应受到应有的重视。

11.3 项目成功要素分析

项目成功与否肯定受环境的影响，因而需要处理好环境因素。由于环境超出了项目经理的控制，分析项目成功要素时，不考虑环境对项目的影响，只考虑管理因素对项目成功的影响。影响项目成败的原因是复杂多样的，不同人的研究得到的项目成功要素都有所不同。

"智者见智，仁者见仁。"项目成功标准是相对的。严格地说，最终结果让所有的项目干系人都满意的项目才是成功的项目。由于项目干系人的目标常常有冲突，让所有的项目干系人都满意非常困难。对于外部项目的发起人而言，如果一个项目在规定的时间之内实现了预期的绩效目标而且不增加发起人的支出，则这个项目是一个成功的项目；反之，则是一个失败的项目。对于外部项目的执行人而言，如果一个项目在规定的时间之内实现了预期的绩效目标并赚取了预期的利润，则这个项目是一个成功的项目；反之，则是一个失败的项目。对于内部项目，项目发起人与项目执行人实际上是一家人，二者都满意时，项目才算成功。

因此，对于项目业主而言，项目成功的关键是合理界定项目范围和采购过程，监控项目实施。正确的项目应是经过严格的商业论证，清晰地界定项目各阶段的可交付成果，明确地定义项目参与各方的工作范围。如果项目范围偏小，则不能很好地满足预期目标；如果项目范围偏大，则可能造成不必要的浪费。采购过程是选择能够胜任的项目实施机构的关键。如果选择一个胜任力强的项目实施机构，则为项目成功奠定了基础；如果选择一个胜任力弱的项目实施机构，则为项目成功埋下了隐患。监控项目实施是维护项目业主权益的重要手段，签订项目合同后，不能放任不管，应监督项目实施机构按照合同要求去实施项目，必要时进行变更调整。

对于项目实施机构而言，项目成功的关键是制订合理的项目实施计划，组建高效的项目团队，合理地使用各种资源，并管控好各种项目风险。其中，项目团队不仅要满足项目实施的需要，而且要高效。不适当的项目组织通常导致项目失败，因为在这种项目组织中，没有清晰地定义各参与方的角色和责任，缺乏团队成员对项目管理决策的参与和对解决问题的参与；不适当的项目组织还包括项目团队过于庞大、项目组织结构过于复杂，项目团队缺乏团队精神和使命感等；项目团队与项目特征不匹配，成员不能胜任岗位要求。因此，项目团队应具有足够的胜任能力、角色和职责明确的组织结构、强有力的团队领导。然而，如果项目的成功完全依赖于项目经理的胜任力，则成功具有偶然性。由于个人的表现存在偶然性，机构的项目管理成熟度越高才越可靠。因此，项目实施机构应有完善的项目管理体系，如完善的控制程序，尤其是在应对变化方面。

项目管理应避免下述问题：对项目输出定义不充分，导致对项目预期结果的认识含糊不清；与利益干系人及利益团体的沟通不充分，导致交付结果与客户预期结果不一致；对项目管理的角色和职责界定不充分，导致不良的决策和缺乏方向性；对项目的工期和成本估算不足，导致项目延期、成本超支；计划及资源组合安排不当，导致不良的进度计划；度量不充分和对过程缺乏控制，导致项目的真实状态得不到及时的反映；缺乏质量控制，导致所交付的产品不可接受或不可使用；项目团队与职能部门之间协调不力，导致配合不良，支持不足，等等。

思 考 题

1. 为什么要进行项目收尾管理？
2. 项目管理后评价包括哪几个方面？
3. 项目管理胜任力评价包括哪些指标？
4. 怎样进行项目管理成熟度评价？
5. 项目成功要素有哪些？

教师服务

感谢您选用清华大学出版社的教材！为了更好地服务教学，我们为授课教师提供本书的教学辅助资源，以及本学科重点教材信息。请您扫码获取。

≫ 教辅获取

本书教辅资源，授课教师扫码获取

≫ 样书赠送

管理科学与工程类重点教材，教师扫码获取样书

 清华大学出版社

E-mail: tupfuwu@163.com
电话：010-83470332 / 83470142
地址：北京市海淀区双清路学研大厦 B 座 509

网址：https://www.tup.com.cn/
传真：8610-83470107
邮编：100084